Leif Kramp
Stephan Weichert

Die Meinungsmacher

Über die Verwahrlosung des
Hauptstadtjournalismus

| Hoffmann und Campe |

1. Auflage 2010
Copyright © 2010 by
Hoffmann und Campe Verlag, Hamburg
www.hoca.de
Satz: atelier eilenberger, Leipzig
Gesetzt aus der Minion Pro und Stone Sans
Druck und Bindung: C. H. Beck, Nördlingen
ISBN 978-3-455-50102-5

HOFFMANN
UND CAMPE

Ein Unternehmen der
GANSKE VERLAGSGRUPPE

»Wenn man ganz genau hinschaut, dann sieht man,
dass die politischen Journalisten eigentlich mehr
zur politischen Klasse gehören und weniger zum
Journalismus.«

Helmut Schmidt

Gewidmet unseren Eltern,
Gisela und Hans-Ludwig Kramp,
Ingrid und Karl-Heinz Weichert

Inhalt

Vorwort 9

Die Akteure und ihre Motive 13

Von Bonn nach Berlin:
Der Umzug der Medienmeute 15

Das Alphasyndrom:
Wie Hauptstadtjournalisten ticken 39

Die Journalisten und ihre Medien 65

Der große Medien-Hype:
Im Wettlauf der Leitmedien und Leitwölfe 67

Blogs, Twitter, Talkshows –
und die Selbstdarstellungsfalle 103

Die Journalisten und ihre Politiker 133

Regierungskommunikation 0.0 oder:
Die Wiederentdeckung des höfischen Meldewesens 135

Hinter den Kulissen der Berliner Republik 159

Die Journalisten und ihr Publikum 201

Im »Treibhaus«: Die Entzauberung der Politik
und die Entpolitisierung der Gesellschaft 203

Fazit 227

Raus aus dem Hamsterrad: Zehn Thesen
für einen besseren Hauptstadtjournalismus 227

Anmerkungen 250

Glossar: Hauptstadtjournalismus von A bis Z 261

Kurzbiographien der Gesprächspartner 289

Register 297

Vorwort

»Der Meinungsmacher! Endlich mal wieder ein
schönes Fremdwort! Heute leben die Menschen nicht
mehr vom Brot allein, sie brauchen auch eine
Meinung. Und der Konsum muss gedeckt werden.«

Otto Ritschl[1]

Wann hat es so was schon einmal gegeben: dass sich gestandene
Journalisten die Leviten lesen lassen und danach auch noch Bei-
fall klatschen? Am 8. Oktober 2009, zur Feier des 60-jährigen Be-
stehens der Bundespressekonferenz, passierte genau das; Bundespräsident Horst Köhler nutzte die Gunst der Stunde und forderte
in Berlin vom politischen Hauptstadtjournalismus des 21. Jahrhunderts mehr Standfestigkeit: »Haltung haben. Es ist ein ziemlich altes Wort. Aber ich finde, es könnte mal wieder in Mode
kommen«, sagte Köhler zum Jubiläum des am 11. Oktober 1949
in Bonn gegründeten Zusammenschlusses von heute mehr als
900 Hauptstadtkorrespondenten. »Genau wie ein anderes, viel
schlichteres Wort: Ahnung haben. Zusammen sind sie stark,
meine ich. Unterhaltung ist wichtig, auch in Ihrem Metier. Aber
als Mittel der Information. Nicht zu ihrem Ersatz.«[2]

Haltung und Unter-Haltung – dieses unvereinbare Gegensatz-
paar hatte es Köhler wohl angetan, als er die Berichterstattung
über den zurückliegenden Bundestagswahlkampf kritisierte – und
für seine deutlichen Worte wider Erwarten großen Zuspruch ern-
tete. Nicht ganz zu Unrecht, wenn man sich das teils unreflektierte
Gewese im Super-Wahlkampfjahr 2009 ins Gedächtnis ruft. Von

9

Mitverantwortung und demokratischer Kultur, die er einforderte, war im politischen Diskurs zu jener Zeit wahrlich nicht viel zu spüren. Stattdessen wurden private Petitessen zu parteipolitischen Kriegsschauplätzen aufgebauscht und mit teilweise unlauteren Methoden Medienkampagnen gefahren, um den politischen Gegner zu verunglimpfen. Und so versuchte Köhler tapfer, der Herde der bundespolitischen Berichterstatter ins Gewissen zu reden, um der Verwahrlosung ihres Metiers entgegenzuwirken.

Dass die Meinungsmacher als exponierte Vertreter ihrer Zunft schon immer anfällig waren für Oberflächenreize und Effekthascherei, beschäftigte schon etliche Autoren, ob sie nun wissenschaftliche Interessen antrieben oder diffuse Verschwörungstheorien. Auf originellste Weise näherte sich die im Januar 2009 verstorbene Fotografin Sabine Sauer dem Mysterium jener journalistischen Kommunikationselite, die es auf scheinbar so streitbare Weise versteht, die öffentliche Meinungsbildung zu diktieren. Sie drehte den Spieß kurzerhand um und schaute sich im heutigen Machtzentrum der Republik diejenigen an, die vor allem von der medialen Meinungsmache profitieren – und unter ihr leiden. Sauer fotografierte alte und junge Berliner, Brillen- und Hutträger, nackte und kostümierte Leute dabei, wie sie auf der Wiese am Teufelssee, in der S-Bahn, am Kranzler-Eck und am Kiosk die Schlagzeilen der Qualitäts- und Boulevardpresse lasen.[3] Schließlich, so die Logik ihrer fotografischen Tour d'horizon, würde die Meinungsmache ohne die Leser, Hörer und Zuschauer ins Leere laufen.

Für das vorliegende Buch bedienen wir uns eines weniger ausgefallenen, dafür aber fundierten Ansatzes. Wir haben 35 tonangebende Berichterstatter und politische Sprecher sowie einige schwer zugängliche Lobbyisten und Kommunikationsberater, die überwiegend im Hintergrund wirken, in längeren Expertengesprächen zum Zustand des Berliner Hauptstadtjournalismus befragt. Herausgekommen sind verblüffende Erkenntnisse über schwerwiegende Mängel in der Politikberichterstattung, über

Mechanismen und Konsequenzen publizistischer Macht und die fortschreitende Verwahrlosung im Umgang mit berufsethischen Normen, Regeln und Konventionen.

Unser Ziel ist es, akute Problemfelder zu benennen und die oft nur schemenhaft bekannten Meinungsmacher zu Wort kommen zu lassen. Es geht um die Macht über die Themensetzung in der Hauptstadt, das sogenannte Agenda-Setting, um die Risiken und Nebenwirkungen der politischen Kommunikation unter dem Einfluss des Internets und um die professionelle Recherche als Kernbereich des politischen Journalismus – etwa auch um die Quellen, aus denen die Meinungsmacher ihre Informationen schöpfen. Gerade die sich in Zeiten der Medienkrise verschärfenden Wettbewerbszwänge, der immense Zeitdruck durch die neuen Technologien und die wachsende Politikverdrossenheit führen dazu, dass die Hauptstadtjournalisten immer häufiger auf eine ausgewogene, faire und zeitintensive Berichterstattung verzichten, während sich im Umgang mit Politikern im Medientreibhaus Berlin-Mitte zunehmend ein Nähe-Distanz-Problem einschleicht.

Im Mittelpunkt des Buches stehen folgende Fragen: An welchen Stellen greifen das politische und das mediale System ineinander? Wie wirkt sich das vertraute Verhältnis zwischen Journalisten und Politikern langfristig auf die Berichterstattung aus? Welche Vorstellungen haben Journalisten von ihrem Publikum und umgekehrt? Wie äußert sich der angebliche Realitätsverlust der medialen und politischen Oberschicht? Und wie anfällig ist der Politikbetrieb für das Reiz-Reaktions-Schema der Medien? Das Buch analysiert damit zentrale Mängel und Defizite im Hauptstadtjournalismus und deren Auswirkungen auf die Politikberichterstattung.

Wir danken vor allem den Interviewpartnern für ihre Bereitschaft, uns einen selbstkritischen Einblick in ihren Berufsalltag, ihre Denkweisen und Probleme zu ermöglichen. Die diesem Buch vorausgegangene Untersuchung wurde im Auftrag des Netzwerk

Recherche e.V. durchgeführt, dessen Vorsitzenden Thomas Leif wir herzlich dafür danken. Dank gebührt auch Edda Humprecht für ihre umfassenden Recherchen sowie dem Lektor des Hoffmann und Campe Verlags Jens Petersen für die akkurate Lektüre des Manuskripts und hilfreiche Anmerkungen. Jelka Ehrlich und Iris Ockenfels danken wir schließlich für ihre unermessliche Geduld mit den Autoren bei der mitunter zeit- und nervenaufreibenden Arbeit an diesem Buch.

Hamburg, im März 2010   *Leif Kramp / Stephan Weichert*

Die Akteure und ihre Motive

Welche Beweggründe Journalisten antreiben, wenn sie recherchieren, ihre Artikel verfassen, TV-Beiträge produzieren oder sich vor der Kamera positionieren, ist häufig nicht mit journalistischen Ritualen und Regelwerken zu begründen: Im Berliner Politikalltag sind Berichterstatter – ähnlich wie früher in Bonn, aber doch unter anderen Bedingungen – eingebunden in ein weitverzweigtes Gewebe aus medienpolitisch-ökonomischen Abhängigkeiten und Zwängen, die für idealistische Motive keinen Spielraum lassen. Seit dem Umzug von Legislative und Exekutive nach Berlin ist die Medienblase heftig angeschwollen. Neue Wettbewerbszwänge und erhöhter Zeitdruck müssen in der »neuen« Hauptstadt daher häufig als Totschlagargumente für die Verwahrlosung berufsethischer Prinzipien herhalten – doch sind dies tatsächlich die einzigen Faktoren?

In Berlin zeichnet sich der Verfall des Qualitätsjournalismus besonders deutlich ab: Zwar sind bundesweit hochwertige Medienangebote von Rationalisierungseinschnitten und redaktionellem Umbau betroffen, aber gerade die Hauptstadtjournalisten leiden unter der ständigen Jagd nach der schnellen Schlagzeile oder der Exklusivmeldung mit großem Showeffekt – mit dem Er-

13

gebnis, dass kein Politiker und kein Journalist das diffuse Meinungsgeraune noch zu dechiffrieren weiß. Politische Skandale werden dagegen immer seltener aufgedeckt, vielmehr wird der »Skandaljournalismus« häufig allzu wörtlich genommen, um Aufmerksamkeit zu schinden. Vor dem Boulevard ist kaum ein Politiker gefeit: Wenn einflussreiche Hauptstadtjournalisten Indiskretionen der Politprominenz in den Newsmarkt streuen, können selbst Qualitätsmedien solche Indiskretionen nicht verschweigen. Andererseits drohen Politiker mit Liebesentzug, wenn sich vermeintliche Freunde unter den Journalisten als Spione in eigener Sache entpuppen.

Zu allem Überfluss sehen sich die Hauptstadtjournalisten als Einzelkämpfer, die sich zunehmend selbst verkaufen müssen. Das journalistische Selbstverständnis oszilliert immer mehr zwischen sogenannten Alphajournalisten und dem Reporter-Fußvolk, die im großen Vakuum der Medienwelt gemeinsam mit den Protagonisten ihrer Berichterstattung nach Geltung japsen. Vor allem ein Prinzip scheint sich mehr und mehr zu bewahrheiten: mitgehangen, mitgefangen im Rausch der Hauptstadteitelkeiten!

Von Bonn nach Berlin:
Der Umzug der Medienmeute

Was hat sich seit dem Umzug des Deutschen Bundestages im Jahr 1999 verändert, was ist gleich geblieben? Mit welchen Erwartungen und Enttäuschungen war der Neustart in Berlin verbunden? Wie unterscheidet sich der Hauptstadtjournalismus Berliner Prägung vom »rheinischen« Journalismus? Welches sind die wichtigsten Kennzeichen der viel gescholtenen Medienmeute? Wie hat sich der politische Journalismus durch den dauernden Belagerungszustand zwischen Borchardt und Bundestag gewandelt? Wie viele Kamerateams laufen den Politikern inzwischen hinterher? Eingangs gilt es zu klären, welche grundlegenden Konsequenzen, Entwicklungen und Befindlichkeiten der Regierungsumzug für den Journalismus mit sich brachte. Es geht um die Beschleunigung des Medienkarussells in der Hauptstadt, den schleichenden Bedeutungswandel des Journalismus und den sich immer stärker ausprägenden Inszenierungscharakter politischer Kommunikation, alles Faktoren, die den »schmalen Grat zwischen Journalismus und Politik« (Kurt Kister) ausmachen.

Der Berliner Journalismus gilt seit der Wiedervereinigung nicht nur als »arm, aber sexy«, sondern spätestens seit der Wahl von Klaus Wowereit im Jahr 2001 zum ersten homosexuellen Regierenden Bürgermeister an der Spree auch als bunter, exhibitionistischer und nervöser als der eher gemächliche Medienbetrieb in Restdeutschland. Das Facelifting und die architektonische Tour de Force der vergangenen zwei Jahrzehnte haben Berlin zweifellos zu einer der wichtigsten Metropolen mit kosmopolitischem Flair gemacht, das fast schon an die kulturelle Dynamik der legendären zwanziger Jahre heranreicht: Längst spielt Berlin, zumindest gesellschaftlich-kulturell gesehen, wieder in einer Liga mit Städten wie London, Paris, New York und Barcelona. Vor allem der Aufstieg der Stadt zum Medien- und Machtzentrum Deutschlands, aber auch die fiebrige Aufbruchstimmung in Kreativwirtschaft und Kulturszene hatten Folgen für die politische Berichterstattung: Auch wenn der Hauptstadtjournalismus seiner verspielten Experimentierphase der neunziger Jahre längst entwachsen ist und sich inzwischen gefestigte Organisationsformen herausbilden konnten, bleibt die politische Kommunikationsbranche gleichermaßen aufregend wie überhitzt.

Das Gros der Akteure in diesem Sammelbecken von Medien, Politik und Kultur streitet um Präsenz in der Medienöffentlichkeit und um Einflussnahme auf die politischen Entscheidungsträger. Die astronomischen Zahlen sprechen in diesem Sinne für sich: Im Jahr 2008 beschäftigte der Bund im Land Berlin laut Statistischem Bundesamt 31189 Personen (Beamte, Richter, Arbeitnehmer). 612 Abgeordnete des Deutschen Bundestages verfügen über insgesamt rund 2000 Mitarbeiter, dem gegenüber stehen 7000 Mitarbeiter in den Ministerien, rund 390 Mitarbeiter in den Geschäftsstellen der fünf im Bundestag vertretenen Parteien sowie insgesamt etwa 860 Beschäftigte in den fünf Fraktionen im Bundestag. Hinzu kommen 155 Auslandsvertretungen, 50 Thinktanks, die Büros der parteinahen Stiftungen sowie 653 kleinere Stiftungen, Kanzleien und zwei Dutzend Unternehmensberatungen, zahlreiche NGOs und die Forschungsinstitute der Hochschulen.[4]

Auf der anderen Seite entfaltet sich die viel- wie kleinteilige Kulturindustrie in nicht weniger beeindruckender Quantität: Die Anzahl der sozialversicherungspflichtigen Beschäftigten im Kultursektor (»Künstler und Kreative«) belief sich laut dem Kulturwirtschaftsbericht des Landes Berlin im Jahr 2006 sogar auf 57526 Personen. Im Mediensektor waren 2007 nach Angaben derselben Quelle insgesamt allein 22203 Personen beschäftigt. Davon sind laut aktuellen Mitgliederzahlen der Berufsverbände mindestens 8000 selbständige Journalisten und Pressefotografen, freischaffende Film- und Hörfunkkünstler, Beschäftigte bei Hörfunk- und Rundfunkanbietern sowie Zeitungs- und Zeitschriftenverlagen. Nach Schätzungen der Gesellschaft für PR-Agenturen gibt es außerdem rund 2000 Erwerbstätige in den rund 70 Berliner PR-Agenturen, die politische Kommunikation betreiben, und 1300 Mitarbeiter im Public-Affairs-Bereich. Aus der Statistik des Mikrozensus (Statistisches Bundesamt 2007) geht hervor, dass 2217 Personen im Marketing- und PR-Bereich in Berlin tätig sind. Nicht zu vergessen sind die rund 80 in Berlin ansässigen Konzernrepräsentanzen, 2088 beim Bundestag registrierte Verbände größtenteils mit Sitz in Berlin und – mit steigender Tendenz – eine ungenaue Anzahl einiger hundert nicht organisierter Ein-Mann-Beratungsunternehmen sowie über 4500 Lobbyisten und unzählige Gewerkschafter, denen sich vor allem ein Gebot des neuen Medienevangeliums eingebrannt hat: Wer in Berlin nicht medial präsent ist, hat von vornherein verloren.

Die Meute – Karriere eines Stigmas

Auf die unvermittelte Frage von Herlinde Koelbl, wie Journalisten es eigentlich finden, wenn sie von Politikern ständig herablassend behandelt werden, entgegnet der TV-Reporter Alexander Logemann in dem preisgekrönten Dokumentarfilm *Die Meute* entnervt: »Man muss auch verlieren können.« Logemann, der vor einigen Jahren noch Berliner Aushängeschild des der seriösen Politikberichterstattung eher unverdächtigen Privatsenders Sat.1 war, bekennt in dem Gespräch mit der Filmemacherin: »Wir sind die Jäger und Sammler und sind auf die Brotkrumen angewiesen, die ab und zu mal vom Tisch fallen.« Das sei im Schreibjournalismus anders, aber in der Fernseharbeit, wo es um Bilder gehe, um den schnellen Satz, der Emotionen ausdrücke und keinerlei Information rüberbringe, sei die Rangordnung klar – »da muss man eine Herablassung schlucken, um das an anderer Stelle wieder zu kompensieren«. Kameramann Fred Brück gibt sich im Gespräch noch offenherziger als sein Redakteur: »Manchmal denke ich, es ist der absolute Nonsens, den ich hier mache.« Politiker dächten, sie seien die Könige, und glaubten, sie könnten »mit Bodyguards rumlaufen und uns behandeln wie Schmeißfliegen«. Der Journalistenberuf gehe ihm mitunter schon ziemlich auf den Keks. »Auf der anderen Seite finde ich es auch immer spannend, am Puls der Zeit zu sein, da, wo es irgendwie auch brennt.«

Das Sat.1-Gespann und seine emsigen Leidensgenossen werden in *Die Meute* in den unterschiedlichsten Wartepositionen vor Regierungsgebäuden, Parteizentralen oder bei Empfängen gezeigt – bis sie sich schlagartig zu traubenartigen Ansammlungen formieren, sobald ein Politiker die Bühne betritt und sich die mit Kameras und Mikrophonen bewaffneten Journalisten auf ihn stürzen. So bricht der Film mit dem lange gehüteten Beichtgeheimnis der Berliner Medienrepublik, das auf einer fast schon masochistischen Hassliebe zwischen Journalisten und Politikern gründet: auf der einen Seite die Claqueure und Kontrolleure der Macht, immer auf der Jagd nach dem schnellen O-Ton und der gefälligen Schlagzeile, auf der anderen Seite die willfährigen Stichwortproduzenten und zugleich Medienopfer. Nicht umsonst wurde das ungewöhnliche Filmporträt eines Berufsstandes im Ausnahmezustand zur Allegorie für diese eigenwillige Symbiose im hauptstädtischen Mediengefüge, jedenfalls so, wie sie sich kurz nach dem Regierungsumzug von Bonn nach Berlin vielen Beobachtern darstellte.

Aber auch aus heutiger Perspektive zeichnet der Koelbl-Film und die darin eingefangenen Momente des Medienzirkus ein filigranes Sittengemälde des Wechselspiels von Berliner Presse und Politikbetrieb, das den Arbeitsalltag beider Metiers auf unschöne Weise einander anverwandelt: Die professionelle Schizophrenie, einerseits mächtig, andererseits auf das Wohlwollen des Gegenübers angewiesen zu sein, bildet nach wie vor den Schlüssel zum Verständnis der Hauptstadtmedien – mit dem einzigen Unterschied zu damals vielleicht, dass die physische Distanz zwischen beiden Symbionten stetig ab- und das Nachrichtentempo ebenso stetig zugenommen haben.

Rückblickend müssen die Phase der Übersiedlung des Regierungsapparats und der jähe Neustart in Berlin auch als eine Zeit der Umdeutung von Begriffen gelesen und interpretiert werden. So war zwar das Wort von der »Medienmeute« schon Anfang der neunziger Jahre, also noch zu Bonner Zeiten, gelegentlich im Zusammenhang mit journalistischem Fehlverhalten gebräuchlich. Zum Beispiel heißt es in der *taz* vom 25. September 1995: »Auch das Verhalten der Medienmeute auf dem Kindergipfel stieß auf Kritik. ›Die meisten Journalisten tummelten sich auf den Promi-Veranstaltungen. Und wenn die mit ihren Kameras und Mikrophonen herumwuchten, schüchtert das schon ein‹, bemängelte die 16-jährige Leonie Meroth aus Hamburg.«[5] Bei zunehmend kritischer Betrachtung von Journalismus und Medienpolitik in Presse und Rundfunk im Laufe des vergangenen Jahrzehnts wurde der Lauer- und Belagerungszustand der Medienschaffenden dann immer häufiger mit »Meute« gleichgesetzt. Doch erst mit dem anschwellenden Gewese der Berliner Meinungsmacher verwandelte sich der Begriff allmählich in eine Art Stigma, das der Branche seither anhaftet.

In den aufkeimenden medienethischen Debatten um die Verlotterung im journalistischen Treibhaus Berlin hat sich einige Jahre später der neutralere Begriff »Hauptstadtjournalismus« etabliert – und wurde ebenfalls zum geflügelten Wort. Vermehrt tauchte er ab Mitte der neunziger Jahre auf, jedoch marginal auf den Medienseiten der Tages- und Wochenzeitungen und eher synonym gebraucht für die Parlamentskorrespondenten, die im Auftrag ihrer Heimatredaktionen kontinuierlich über das Geschehen im Regierungszentrum berichteten. Doch spätestens seit dem Umzug der Bundesregierung an die Spree und dem allmählichen Aufkommen eines Großstadt-Feelings bildet sich die Medienszene ein, es entstünde ein neuer »Hauptstadtjournalismus«

mit anderen Berichterstattungsqualitäten und Konsequenzen für das Publikum.

Genauer untersucht hat dieses Phänomen die an der New Yorker Columbia University promovierte Soziologin Sophie Mützel: In einer dickleibigen Dissertation mit dem Titel »Making meaning of the move of the German capital: Networks, logics, and the emergence of capital city journalism« aus dem Jahr 2002, die nie in deutscher Übersetzung erschien, beschreibt Mützel aus soziologischer Netzwerkperspektive die historischen Logiken und Brüche, die zur Entstehung eines »hauptstadtjournalistischen Stils« beigetragen haben. In dieser Studie, der ersten und in ihrer Dichte einzigen dieser Art, untersucht Mützel den Abschied vom beschaulichen Regierungssitz in Bonn und den Umzug in die neue alte Hauptstadt und dessen Folgen als wesentlichen Impuls im Übergang zur sogenannten Berliner Republik. Bevor der »Capital City Journalism« dann auch an anderer Stelle akademisch ausgiebig gewürdigt und empirisch untersucht wurde[6] und sehr viel später eine regelrechte Publikationswelle mit neuen Etiketten wie *Republik der Wichtigtuer* (Bruns), *Nervöse Zone* (Hachmeister) und *Die Alpha-Journalisten* (Weichert/Zabel) auslöste, begann noch vor dem Regierungsumzug eine öffentliche Debatte um die Entstehung eben jener »Berliner Republik«, der nichts Geringeres als die Neudefinition des hergebrachten Politikverständnisses zugrunde liegen sollte.

Ausrufung der »Berliner Republik«

Dies dürfte wohl auch der Zeitpunkt gewesen sein, an dem einige sozialdemokratische Bundestagsabgeordnete in einem Berliner Hinterzimmer den Entschluss fassten, eine eigene Zeitschrift unter ebendiesem Titel herauszugeben: Gegründet 1999, begriff sich die Zweimonatszeitschrift *Berliner Republik*, zunächst unter redaktioneller Leitung des SPD-Abgeordneten und ehemaligen Redakteurs der *Kieler Rundschau* Hans-Peter Bartels, seit 2001 mit dem Politikwissenschaftler und Ex-*Zeit*-Redakteur Tobias Dürr als Chefredakteur, als »Ort fortschrittsorientierter Debatten zur Zukunft Deutschlands und Europas«. Warum diese Neugründung geradezu bezeichnend für die Aufbruchstimmung innerhalb bestimmter politischer Zirkel zu jener Zeit war, verdeutlicht vor allem die editorische Konstruktion der Zeitschrift: Ursprünglich von zwölf überwiegend jüngeren Bundestagsabgeordneten herausgegeben, die sich im Verein »Berliner Republik e.V.« zusammenschlossen (inzwischen fungieren 52 aktive und ehemalige Abgeordnete als Herausgeber), und mit einem politisch unverbrauchten zwölfköpfigen Redaktionsbeirat ausgestattet, markiert das im Berliner Vorwärts-Verlag erscheinende Intelligenzblatt die Trendwende der Partei unter Gerhard Schröder – verkörpert durch das reformistische »Netzwerk Berlin«, das neben den Parlamentarischen Linken und dem Seeheimer Kreis als dritte Strömung innerhalb der SPD-Bundestagsfraktion gilt.

Obwohl die Auflage der *Berliner Republik* laut Eigenauskunft bei nur etwa 10 000 Exemplaren liegt, hat sie sich als modernistischer Gegenentwurf zur über 130 Jahre alten und lange Zeit arg verstaubt anmutenden SPD-Mitgliederzeitung *Vorwärts* (IVW-geprüfte Druckauflage im vierten Quartal 2009: 484 360 Exemplare) im publizistisch-politischen Meinungsspektrum etabliert. Unter Beteiligung namhafter Autoren aus Politik, Journalismus und Wissenschaft wie dem amerikanischen Kolumnisten Eric Alterman (*The Nation*), den Historikern Paul Nolte und Heinrich August Winkler, WAZ-Geschäftsführer Bodo Hombach und dem ehemaligen Bundeskanzler Gerhard Schröder sowie wichtiger Parteireformer im Herausgeberbeiboot – unter anderem Sigmar Gabriel, Hubertus Heil, Matthias Platzeck, Carsten Schneider, Carola Reimann, Peer Steinbrück, Wolfgang Tiefensee, Ute Vogt, Frank-Walter Steinmeier – steht sie für den vergleichsweise unverkrampften Stil einer neuen sozialdemokratischen Abgeordnetengeneration, die in der Nachfolge der Alt-Achtundsechziger angetreten ist, das politische Denken und Handeln grundlegend zu verändern. Die Redaktion beschreibt diesen frischen Anstrich in ihrem Leitbild als »offen für neue Ideen, undogmatisch und konstruktiv, ohne Stereotypen von Rechts und Links, stets auf der Suche nach einem neuen Ton verbindlicher Politik und dem besseren Argument«. Für den SPD-Fraktionsvorsitzenden Steinmeier hat die Zeitung gar »die Neubestimmung deutscher Politik von Anfang an zu ihrer Sache gemacht« und »mit wichtigen Impulsen befruchtet und vorangetrieben«.

Dass dieser Gegenentwurf des Politischen irgendwann auch auf die Politikberichterstattung selbst abfärbte, verwundert kaum. Als Gerhard Schröder 1998 als siebter Bundeskanzler der Bundesrepublik Deutschland und dritter sozialdemokratischer Kanzler die Regierungsgeschäfte übernahm, änderte sich nicht nur das politische, sondern auch das publizistische Meinungsklima zusehends: Der lockere »Bild, BamS und Glotze«-Stil des kumpeligen SPD-Wüterichs hatte es den Medien schwer angetan. Schröder hatte teilweise rekordverdächtige Popularitätswerte, auch und vor allem unter Medienvertretern: Die Berliner Republik erlag dem süßlichen Charme eines Großreformers und Hedonisten, der ihr die blühenden Landschaften bestellen wollte, ein Versprechen, das bereits ein anderer gegeben hatte, ohne es halten zu können. Schröder packte, oft hemdsärmelig und siegesgewiss, überall dort an, wo ihm ein gewaltiges Medienecho sicher war. Er prägte in Deutschland Schlagworte wie »Basta«, »Dritter Weg«, »Neue Mitte« und »Politik der ruhigen Hand« – stets angetrieben von dem strategischen Interesse, die Meinungsmacher in den Redaktionsstuben der Verlage, Rundfunkhäuser und Fernsehanstalten auf Linie zu bringen. Das blieb nicht folgenlos: Die tonangebenden Medien – von ARD und ZDF über *Frankfurter Allgemeine*, *Süddeutsche*, *Frankfurter Rundschau* bis hin zu *Zeit* und *Bild* – tolerierten seine Starallüren nicht nur; sie bereiteten ihm die Bühne für eine Amtszeit, die als erste »Medienkanzlerschaft« in die Geschichte einging. Von da an wurden die traditionellen

Kommunikationsverhältnisse auf den Kopf gestellt. Und die Reise in die Berliner Republik begann.

Die Konjunktur der Hauptstadtmedien

Den Journalisten bot dieser Sinneswandel hin zu einer zuvor ungekannten Dramatik und Selbstdarstellung der politischen Führungskaste vielfältige Anlässe, den Regierungsumzug und den Vereinigungsprozess kritisch zu betrachten. Sie debattierten in ihren Leitartikeln und Kommentaren aber auch, ob und wie die neue Republik anders und vielleicht sogar besser als ihre Vorgängerin sein könnte. Man kann den enthusiastischen Gemütszustand jedoch nur verstehen, wenn man die Aktivitäten der Zeitungshäuser in dieser Zeit analysiert, die sich nicht unwesentlich am Hype um die neue Hauptstadt beteiligten: Während die Bevölkerungszahl in Berlin im Zeitraum 1997 bis 2000 trotz des Zuzugs einer hohen Zahl an Parlamentariern und der rund 3700 Pendler größtenteils mit Zweitwohnsitz Berlin leicht abnahm[7], rüsteten die Verlage und Rundfunksender kontinuierlich auf. Zwar unterhielten die meisten von ihnen schon zuvor eigene Redaktionsbüros im Zentrum Berlins, doch wurden diese zwischen 1996 und 1999 personell und finanziell noch einmal erheblich aufgestockt. Nach dem 2009 verstorbenen Erich Böhme, von 1990 bis 1994 prominenter Herausgeber der *Berliner Zeitung*, berief der Hamburger Zeitschriftenverlag Gruner+Jahr im Januar 1996 den ehemaligen Redaktionsleiter der österreichischen *Presse* zum neuen Chefredakteur des traditionsreichen Ostberliner Blattes: Michael Maier startete in Berlin mit dem Anspruch, »einen neuen Typ überregionaler Hauptstadtzeitung« zu machen – irgendwo angesiedelt zwischen *Süddeutsche Zeitung* und *New York Times*. Das Redaktionsbudget betrug seinerzeit üppige 30 Millionen Mark, abgeworben wurden profilierte Schreiber von *Frankfurter Allgemeine* und *Süddeutsche*. Aus der *Berliner Zeitung* wurde »eine der buntesten Redaktionen des ganzen Landes«, schrieb Journa-listen-Legende Herbert Riehl-Heyse damals.[8]

Doch die anfängliche Euphorie war nur von kurzer Dauer: Bereits im Mai 1999 trat Martin E. Süskind, der 2009 verstorbene ältere Bruder des Bestseller-Autors Patrick Süskind (*Das Parfum*) und zuvor Chefredakteur beim *Kölner Stadt-Anzeiger*, als neuer Chefredakteur an. Er stand – wie schon Maier – vor dem großen Erbe, dem Leserschwund vor allem im Ostteil der Stadt entgegen-zuwirken. Trotz des umfangreichen Faceliftings der Zeitung und einer tiefgreifenden inhaltlichen Neuausrichtung, die bereits un-ter Maiers Ägide begonnen hatten, bestand die Schwierigkeit für Süskind darin, die Position der *Berliner Zeitung* als weiterhin auf-lagenstärkste Stimme Berlins (zweites Quartal 1999: 209 574 Ex-emplare) gegenüber dem regionalen Konkurrenten *Tagesspiegel* (142 820) unter dem Chefredakteur Giovanni di Lorenzo zu stär-ken, der fast zeitgleich vom Georg von Holtzbrinck Verlag eigens von der *Süddeutschen Zeitung* geholt wurde. Das bedeutete aller-dings, bei konstant sinkender Auflage im Osten der Stadt gerade im Westen neue Leserkreise zu erschließen und dem charismati-schen Gegenspieler mit den überregionalen Blattmacherqualitä-ten intellektuell auf Augenhöhe zu begegnen.

Doch auch die Chefredaktion des *Tagesspiegel*, seit Jahrzehn-ten das unangefochtene Leib- und Magenblatt der Westberliner, spürte den Druck, den die Neujustierung der Verlagslandschaft auslöste. Waren die Reaktionen auf die Kampfansagen des auf-lagenstärkeren Konkurrenten bis zum ungeklärten Termin des Regierungsumzugs eher verhalten, schickte sich di Lorenzo an, das Blatt schon zu seinem Antritt durch ein lesefreundlicheres Layout und eine modernere inhaltliche Struktur aufzupeppen: Mit dem Relaunch verschwand nicht nur das FDP-freundliche Gelb im Header und wurde durch ein provokantes Dunkelrot er-setzt, sondern zudem wurden auch Kolumnen mit prominenten Publizisten (unter anderem Diedrich Diedrichsen, Harald Mar-tenstein, Henryk M. Broder, Moritz Rinke, Lutz Hachmeister) neu im Feuilleton platziert, die Medienseite personell aufgestockt und eigene Seiten für Wissenschaft und Multimedia eingeführt, vor allem, um jüngere Leser zu gewinnen. Später entwickelte di Lorenzo, gemeinsam mit dem Jungredakteur Christoph Amend (heute Redaktionsleiter des *Zeit Magazins*), die Beilage »Sonntag«, die dem *Tagesspiegel* mit pfiffigen Rubriken wie dem nachdenklichen Kettenbrief von hauptstädtischen Anekdoten und einem großformatigen Interview zunehmend Magazincharakter verlieh.

Buntes Stühlerücken auf dem Springer-Boulevard

Bereits im November 1998 hatte sich auch die konservative *Welt* einen neuen Look verpasst: Der zu diesem Zeitpunkt wenig bekannte promovierte Musikwissenschaftler und vormalige Chefredakteur der *Hamburger Morgenpost* Mathias Oliver Christian Döpfner, der heute als Vorstandsvorsitzender der Axel Springer AG das Unternehmen lenkt, wird im Frühjahr 1998 auf den Chefsessel der überregionalen Tageszeitung berufen und krempelt diese optisch wie inhaltlich grundlegend um. Seine Vision ist es, *Die Welt* – in Konkurrenz zur *Süddeutschen* und *Frankfurter Allgemeinen* – zur »bürgerlichen Stimme der Berliner Republik« zu machen und ihren immensen Verlust von damals geschätzten 40 bis 70 Millionen Mark jährlich einzudämmen. Auf Hauptstadtterrain wurden 1997 nicht einmal 23 000 von insgesamt 220 586 Exemplaren abgesetzt (im vierten Quartal 2009 lag die verkaufte Auflage bei nur noch 13 568 Exemplaren), was im Vergleich zu *Tagesspiegel* (129 647) und *Berliner Zeitung* (217 200) natürlich nur einen Bruchteil des Berliner Zeitungsmarktes ausmachte. Kurzfristig reüssierte Döpfner: Mit aufgemotzten Meinungsbeiträgen und ausladenden Reportagen in den Ressorts Politik, Wirtschaft, Lokales und Feuilleton sowie der Literaturbeilage »Die Literarische Welt« und personeller Unterstützung des ehemaligen Madrider *FAZ*-Korrespondenten Wolfram Weimer an seiner Seite als stellvertretendem Chefredakteur konnte er den Anzeigenumsatz um 27 Prozent und die Auflage des Blattes binnen eines Jahres um sieben Prozent (rund 15 000 Exemplare) steigern – während die *Berliner Zeitung*, aber auch *B.Z.* und *Bild* an Auflage einbüßten und *Der Tagesspiegel* sich nur um einige hundert Exemplare verbesserte. Ein vorübergehender Erfolg für Döpfner, der als »kleines ›Welt‹-Wunder« gefeiert wurde.[9]

Auch auf dem Zeitungsboulevard gab es tiefe Einschnitte: Zum »Kult-Chefredakteur« der *B.Z.* und *B.Z. am Sonntag*, damals noch im Portfolio des Axel Springer Verlags (bevor sie im November 2006 in die hundertprozentige Tochtergesellschaft B.Z.-Ullstein GmbH ausgegliedert wurde), stieg im Juli 1998 der ehemalige Chefredakteur der Boulevard-Zeitschrift *Bunte* und heutige Springer-Chefkolumnist Franz Josef Wagner (»Post von Wagner«) auf. Dieser hatte bereits Anfang der neunziger Jahre als Gründungschefredakteur des schon nach rund einem Jahr wieder eingestellten ostdeutschen Revolverblattes *Super!* (Startauflage 500 000 Exemplare) mit üblen Schlagzeilen von sich reden gemacht (»Angeber-Wessi mit Bierflasche erschlagen – ganz Bernau freut sich«; *Super!* vom 3. Mai 1991). Um auf dem hart umkämpften Berliner Zeitungsmarkt mithalten zu können, der zu dieser Zeit auch im Boulevardbereich in Ost- und Westleserschaft gespalten ist, setzt die *B.Z.* nun mit Wagner gezielt auf Emotionalisierung und hauptstädtische Promi-Berichterstattung.[10] Zweieinhalb Jahre erträgt ihn die *B.Z.*-Redaktion, doch dann muss der »Großstadt-Indianer«[11] wegen eines verunglückten Titelaufmachers über die Berliner Olympia-Schwimmerin Franziska van Almsick (»Franziska van Speck – als Molch holt man kein Gold«) und kontinuierlich sinkender Auflage – bei über 290 000 Exemplaren fing Wagner an, zwei Jahre später stand sie bei weniger als 260 000 Exemplaren – 18 Monate später seinen Wigwam im Kreuzberger Axel-Springer-Hochaus räumen.[12] Anfang 2001 wird er von dem aus Weimar stammenden DDR-Flüchtling und gefürchteten politischen Hardliner Georg Gafron beerbt, der bis 2003 das *B.Z.*-

Zepter schwingen darf und das Boulevardblatt zum Berliner CDU-Kampagnenorgan umfunktioniert, unter anderem zur Unterstützung des Regierenden CDU-Bürgermeisters Eberhard Diepgen, bei der Auflage aber ebenfalls kein glückliches Händchen hat.[13] Das bunte Stühlerücken ist zu dieser Zeit auch bei der *B.Z.*-Schwester *Bild* in vollem Gange: Nachdem der ehemalige *B.Z.*-Chef Claus Larass, *Bild*-Chefredakteur von 1994 bis 1997, also noch lange vor Wagners Intermezzo, kräftige Auflagenzuwächse verbuchen konnte, erreichte das Blatt zeitweise elf Millionen Leser, mehr als jedes andere Medium des Landes: »Selbst das Fernsehen kann das heute nur noch selten bieten«, verkündete Larass nicht ohne Stolz, wobei die Berlin/Brandenburg-Ausgabe von *Bild* 1997 gerade mal 162 830 Exemplare absetzte, etwas mehr als halb so viel wie Konkurrent *B.Z.* in der Prä-Wagner-Ära (307 962 Exemplare).[14]

Doch plötzlich kommt es zu unerwarteten Turbulenzen im Hause Springer: Während der *Bild*-Chef im Urlaub weilt, gibt Springer-Vorstandschef Jürgen Richter ohne Rücksprache mit Larass bekannt, dass dessen Adlatus, der erst 33-jährige für die Innenpolitik zuständige *Bild*-Vizechef, zum neuen Chefredakteur des eher bedeutungslosen Springer-Auslandsdienstes (SAD) berufen werden soll. Der Name des jungen Helmut-Kohl-Verehrers, der einige Jahre später, am 1. Januar 2001, selbst die Chefredaktion von Deutschlands »Stimmungskanone« (Hans-Jürgen Jakobs) an sich reißen sollte: Kai Diekmann. Doch der Personalstreit zwischen *Bild*-Chefredaktion und Vorstand endet anders, als erwartet: »Diekmann hätte dem Kohl-Club beitreten können, tat dies aber doch nicht. Kohl war nützlich für Diekmanns Karriere, aber nicht von zentraler Bedeutung«, porträtiert Roger Boyes, der Berliner Korrespondent der Londoner *Times*, den Emporkömmling. Zum Ausgang des Duells schreibt Boyes: »Jürgen Richter missdeutete diese Beziehung. Und verlor den Kampf. Sein Versuch, Diekmann in die machtlose Position des Leiters vom Springer-

Auslandsdienst zu drängen, schlug fehl; blockiert durch das Votum des Kohl-Anhängers Claus Larass ... und Leo Kirch. 1998 wurde Richter durch Gus Fischer ersetzt und Diekmann mit der Verjüngung der *Welt am Sonntag* betraut. Es war eine sehr aufreibende Zeit für Diekmann; Fotografien aus dem Jahre 1997 – der Zeit der Scheidung von Jonica [Jahr] und der Auseinandersetzungen mit dem Vorstand – zeigen ihn bleich und mit dunklen, verquollenen Augen.«[15]

Diekmann lehnt die Versetzung ab, und Larass beschuldigt Richter, in die Kompetenz der Chefredaktion eingegriffen zu haben. Nach dem Aufstieg von Larass Ende 1997 in den Zeitungsvorstand des Springer-Verlags hat *Bild* – auch die Berlin-Ausgabe – in den Jahren 1998 und 1999 jedoch mit hohen Auflagenverlusten zu kämpfen. Wieder unter der Chefredaktion einer provokanten Medienfigur, Udo Röbel, der wegen seines engen Kontakts zu den Geiselnehmern von Gladbeck zehn Jahre zuvor der »Beihilfe« bezichtigt wurde, werden kurzerhand einige Regionalbüros geschlossen. Zugleich rückt auch die *Bild* wie zuvor schon die *B.Z.* wegen des steigenden Konkurrenzdrucks und des schrumpfenden Anzeigenmarktes die Berlin-Berichterstattung stärker in den Mittelpunkt.[16] Doch erst ab 2001, unter dem neuen *Bild*-Chefredakteur Diekmann, verzeichnet das Blatt wieder enorme Zuwächse, vor allem in Baden-Württemberg, erreicht in Berlin jedoch nie das Auflagenniveau der hauseigenen Konkurrenz.

Entstehung eines journalistischen »Hauptstadtstils«

Nicht weit vom Axel-Springer-Haus an der Kreuzung der heutigen Rudi-Dutschke-Straße/Axel-Springer-Straße, dem Hauptsitz des Unternehmens, verfolgte auch die Redaktion der linksalternativen *tageszeitung* (*taz*) aufmerksam wie skeptisch den Konkurrenzkampf um die Vormachtstellung auf dem Berliner Zeitungsmarkt. Nachdem sich die 1978 als Genossenschaftsmodell gestartete Zeitung in der ehemaligen Kochstraße 23 im Herbst 1997 zu einem neuen Layout und einer aufgehübschten Blattgestaltung durchgerungen hatte, bekannte sie sich nach dem Einzug der rot-grünen Regierung in den Bundestag im Herbst 1998 ebenfalls zur Berliner Republik – und mischte im ungleichen Zweikampf gegen Springer den auch sonst von der *taz* als zu dominant empfundenen bürgerlichen Zeitungsmarkt auf.[17]

Um stärker ins hauptstädtische Lebensgefühl einzutauchen und dadurch neue Leser zu erschließen, wollen auch die zwei tonangebenden Prestige-Titel der alten Bonner Republik im Berliner Medienmonopoly mitmischen: Vorreiter ist die *Süddeutsche Zeitung*, die schon vom 22. Februar 1995 an jeweils mittwochs eine Berlin-Seite präsentiert, um der überwiegend bayerischen Leserschaft das Großstadtleben in Berlin schmackhaft zu machen. Die zu dieser Zeit noch an das Politikbuch angegliederte Beilage solle sich »vorwiegend mit den politischen, wirtschaftlichen und städtebaulichen Fragen beschäftigen, die beim Bau der neuen Hauptstadt, beim Umzug der Bundesinstitutionen nach Berlin und beim Zusammenwachsen der Stadt entstehen«, kündigt das Blatt an.[18] »Auch die Reaktionen darauf in Berlin und im Bundesgebiet sollen beobachtet werden«, heißt es weiter. »Je näher der Tag des Umzugs rückt, umso wichtiger wird dieses Thema für alle, nicht nur für die Berliner. Immer mehr Leser haben jetzt schon aus politischen oder geschäftlichen Gründen mit Berlin zu tun. Mit einem regelmäßig geführten ›Berliner Gespräch‹, mit Glossen und Reportagen sollen Entwicklungen und Stimmungen beschrieben werden.«

Ab dem 19. April 1999 erscheint die Berlin-Seite dann täglich, ebenfalls in der ersten Zeitungslage und mit dem ambitionierten Anspruch, »das politische, kulturelle und gesellschaftliche Leben, Entwicklungen und Stimmungen in der Bundeshauptstadt in den verschiedensten journalistischen Formen«[19] widerzuspiegeln. Chefredakteur Hans Werner Kilz gibt sich die Ehre, den *SZ*-Lesern die aufwändigen Bemühungen um die Leser der Berliner

Republik höchstpersönlich mitzuteilen: »Die Berlin-Berichterstattung der *Süddeutschen Zeitung* wird erweitert und neu geordnet«, schreibt Kilz. »Von heute an erscheint im Politik- und Nachrichtenteil täglich eine Berlin-Seite, die es bisher nur am Mittwoch gab. In Berlin, Brandenburg und den anderen neuen Bundesländern wird das Angebot um eine weitere Seite im Feuilletonteil ergänzt, die unsere Leser über Veranstaltungen der Theater, Kinos, Opernhäuser und Universitäten informiert.« Den publizistischen Schwenk auf die Hauptstadt erklärt Kilz folgendermaßen: »Die *Süddeutsche Zeitung* verstärkt die Berlin-Berichterstattung, weil sich mit dem Umzug von Parlament und Regierung neue politische und gesellschaftliche Entwicklungen ergeben. Wir hoffen, auf diese Weise große Teile unserer Leser besser informieren und unterhalten zu können. Wer in Bonn *SZ* gelesen hat, erwartet von unserer Zeitung, dass sie mitzieht nach Berlin. Darauf sind wir eingestellt.«[20] Man wolle keinen Lokalteil machen, der mit den regionalen Blättern konkurriere, versichert Kilz, die *Süddeutsche* greife aber Berliner Themen auf, um »alles Wichtige und Wissenswerte aus der Hauptstadt über Berlin hinauszuheben«. Möglich machen solle dies ein Team aus 25 Redakteuren, Reportern und Mitarbeitern, das ab dem Spätsommer ein hochkomfortables Hauptstadtbüro in der Französischen Straße 47 nahe dem Gendarmenmarkt bezieht, zwei Etagen über der 1992 eröffneten »Promi-Kantine« Borchardt, schon damals Treffpunkt der Schönen, Reichen und Mächtigen. Gleichwohl, beschwichtigt Kilz, würden diejenigen überregionalen Leser, die eine »besondere Beziehung zu Bayern oder München« haben, auch weiterhin »umfassend unterrichtet«.

Obwohl auch die *Frankfurter Allgemeine* bereits seit Anfang der neunziger Jahre lokalpolitische Berichte aus Berlin brachte, sträubte sich die Zeitung anfangs noch gegen die geographische Neuorientierung und beginnt erst nach der Bundestagswahl, sich ernsthaft mit den kultur- und sozialpolitischen Implikationen der Berliner Republik auseinanderzusetzen. Im hochkonjunkturellen

Taumel des Jahres 1998 plant die *FAZ* unter Federführung des Mitherausgebers Frank Schirrmacher schließlich, eine großzügig gestaltete Hauptstadtbeilage zu gründen, die zum Vorzeigeprojekt und Experimentierfeld für das altehrwürdige Feuilleton des Blattes werden soll: die »Berliner Seiten«.[21] Als 35 Redakteure mit dem damals erst 28-jährigen Florian Illies an der Spitze ihr Büro ebenfalls nahe der Friedrichstraße beziehen, wandelt sich der Hauptstadtfokus der *FAZ* plötzlich vom Chronisten der Lokalpolitik zum popjournalistischen Epizentrum der Berliner Avantgarde: Illies und der angeheuerte Trupp talentierter Jungschreiber und Popliteraten (Eckhart Nickel, Moritz von Uslar, Stefanie Flamm und andere) betrachten Berlin fortan »als Bühne, auf der Stücke, die später in ganz Deutschland gespielt werden, zur Premiere kommen«[22]. Sie verblüffen die Republik mit einem Feuilleton-Remix aus berührenden Sozialreportagen, heiteren Stadtkolumnen und ironischen Meinungsstücken, häufig aus der normalerweise verpönten Ich-Perspektive geschrieben, der stilbildend blieb: Der neue journalistische »Hauptstadtstil« ist geboren.

Vom Raumschiff Bonn zur politikverdrossenen Berlin-Society

Die Identitätsbildung der gerade ausgerufenen Berliner Republik, die im Hauptstadtjournalismus ihren Wegbereiter fand, schien damit zunächst vom Wirken einiger weniger Überzeugungstäter und ihren unorthodoxen Begriffsschablonen abzuhängen, was einer grundlegenden Wende im Hauptstadtjournalismus gleichkam: Erst durch dieses erste Puzzlestück der »Berliner Seiten«, ein häufig zwischen Hochmut und Übermut alternierendes Experiment, konnte der Hauptstadtjournalismus seinen publizistischen Kurs aufnehmen und zu der Konfiguration finden, die ihn bis heute prägt. In einem Essay für den Band *Die Alpha-Journalisten* kommt Sophie Mützel zu dem Schluss, dass die Genese eines Hauptstadtjournalismus Berliner Prägung nicht nur mit dem Wettlauf um die Etablierung *einer* Stimme der Hauptstadt, die Ost und West vereinen sollte, untrennbar verbunden war, sondern eben auch mit jener phantasievollen Neuerfindung des originär deutschen Popjournalismus.

Anhand von fünf Entwicklungsphasen analysiert Mützel, wie der Hauptstadtjournalismus an der Spree zu seiner Unverwechselbarkeit gelangte: Auf die enorme »Aufrüstung der Redaktionsressourcen« in Erwartung des Regierungsumzugs (Phase I) folgte zunächst die »Zeitungsschlacht um Berlin« (Phase II). Später wurde mit Etablierung der »Berliner Seiten« versucht, einen neuartigen »Anspruch auf Deutungsmacht« geltend zu machen (Phase III). In den Folgejahren wurde dann zwar recht bald das »Ende des ›rheinischen Journalismus‹« besiegelt (Phase IV), zugleich litten aber auch die üppig ausgestatteten Hauptstadtbüros wegen der allgemeinen Anzeigenflaute in der Medienkrise (Phase V) der Jahre 2001/2002 an einschneidenden Sparmaßnahmen – was dazu führte, dass etwa die prestigeträchtigen Hauptstadtteile bei der *Frankfurter Allgemeinen*, der *Süddeutschen* und auch bei der *Frankfurter Rundschau* (wöchentlich seit 1998) bereits im Sommer 2002 sämtlich wieder eingestellt werden mussten.[23] »Verlustbringer« und reiner »Luxus« sei die Berliner Lokalredaktion immer gewesen, raunte es hämisch, aber auch etwas resigniert in den zahlreichen Pressenachrufen auf die einstigen popjournalistischen Stars und ihre Spielwiesen.[24] Während in der alten Hauptstadt noch der Bonner *General-Anzeiger* eine luxuriöse Monopolstellung als Begleiter der politischen Großwetterlage genoss, profitierten in Berlin also letztlich die Platzhirsche *Tagesspiegel* und *Berliner Zeitung* unter den veränderten Standortbedingungen vom kräftigen Profilierungsschub mit bundesweiter Strahlkraft. Im Blick hatten beide Zeitungen jedoch weniger den besonderen Hauptstadtjournalismus, sondern, ganz profan, die Auflagensteigerung.

Obwohl der Philosophie des *Anything Goes* in den Berliner

Redaktionsstuben wegen finanzieller Sackgassen damit alsbald ein jähes Ende bereitet wurde und auch die Auflagen der Zeitungen trotz vielfältiger Anstrengungen nur unwesentlich hinzugewannen, wirken die Impulse der ambitionierten Postmodernisten und Popliteraten bis heute nach: Der Metropolenjournalismus beharkt seit jenen Anfangsjahren weniger das trockene politische Tagesgeschäft, vielmehr werden turbulente Tratsch- und Klatschgeschichten über die politische Klasse und die Kulturmedienindustrie erzählt, zwei Sphären, die in den schwülen Sommernächten Berlins häufig ineinander verschmelzen. Es werden Galas besucht, Vernissagen beäugt und Politikkongresse zelebriert – und danach wankt man gemeinsam zu den legendären Afterhour-Partys in eines dieser Lokale mit so wohlklingenden Namen wie »Restaurant Borchardt«, »Bocca Di Bacco«, »Café Einstein Unter den Linden« oder in die 2007 eröffnete Edelrotisserie »Grill Royal«. Hier ließ und lässt sich das »Closed-Shop«-Prinzip ungestört kultivieren, das sich über Jahre zu einer eingeschworenen Promigemeinschaft auswuchs und zum großen Nachteil vieler auswärtiger Regionalzeitungen und Lokalredaktionen gereichte, die fortan das bunte Treiben meist nur als Zaungäste beobachten konnten.

Wenn man den Hauptstadtjournalisten Glauben schenkt, ist Berlin damit zur »Bühne von Politik und Medien geworden, die von der Lebenswirklichkeit der Bürger weiter entfernt ist als das legendäre Raumschiff Bonn« – so jedenfalls urteilt Tissy Bruns, ehemalige Vorsitzende der Bundespressekonferenz und Parlamentskorrespondentin des Berliner *Tagesspiegel*, in ihrem Buch *Republik der Wichtigtuer. Ein Bericht aus Berlin.*[25] Kaum etwas habe dem Ansehen und der Glaubwürdigkeit des etablierten Politikjournalismus mehr schaden können als jener habituelle Strukturwandel, der mit dem Umzug des Regierungsapparats einhergegangen sei: »Berlin-Mitte ist das Zentrum des politikverdrossenen Deutschland. Politiker und Medien beleuchten und beklatschen sich auf dieser Bühne gegenseitig, als Darsteller,

Publikum und Kritiker. Von den Bürgern werden sie als eine selbstbezogene Kaste wahrgenommen, die in einem Boot sitzt, durch eine gleichartige Lebensweise verbunden, auf der sicheren Seite und jenseits der Risiken, die sie in Ausübung ihrer öffentlichen Macht den Bürgern zumuten«, schreibt Bruns.

»New in Town«: Neustart zwischen Erwartung und Enttäuschung

Dem Generalverdacht, Politikern und Journalisten gehe vor allem dadurch der Draht zur sozialen Wirklichkeit verloren, dass sie allzu oft (im übertragenen Sinne) miteinander ins Bett stiegen, widersprechen noch einschlägige Leitartikel von vor rund zehn Jahren: »Am Ende des Jahrtausends steckt die Gesellschaft in einer tiefen ethischen Krise. Der Konsens darüber, was gut und was böse ist, schwindet, in der Politik spielt das Gemeinwohl kaum eine Rolle, in der Wirtschaft dominiert der Eigennutz. Sind die Deutschen ein Volk ohne Moral?«, fragt etwa der *Spiegel* in der Titelgeschichte »Tanz ums goldene Kalb« vom 20. Dezember 1999. Patrik Schwarz von der *taz* ätzt am 20. Juli 2001 unter der Überschrift »Eigenlob als Konjunkturspritze«: »Des Kanzlers Rezept: Für je toller wir uns halten, desto schneller wächst die Wirtschaft.« Und Stefan Reinecke räsoniert, ebenfalls in der *taz*, zum Jahreswechsel 2001 über den »bösen 68er Drachen«: »Die ›Berliner Republik‹ probt das intelligente Crossover von konservativer Kulturkritik und Traditionssozialdemokratie. Bislang allerdings bleibt es beim Generationenbashing.«

Doch eine Annäherung von Journalisten und Politikern, die die Grundstimmung der jungen Berliner Republik schon damals vergiftete, war natürlich ebenso wenig verantwortlich für den Imageverlust des politischen Journalismus, wie der Umzug nach Berlin allein den Ausschlag gab: Schon die ersten Anzeichen der sich rasant wandelnden technologischen und ökonomischen Voraussetzungen der redaktionellen Arbeitswelt haben im vergangenen Jahrzehnt zu dem geführt, was Hauptstadtjournalisten gemeinhin unter dem Schlagwort »Turbogang im Hamsterrad«[26] beklagen. »Ganz entschieden hat der Beruf der Berliner Korrespondenten sich in acht Berliner Jahren mehr verändert als in ein oder zwei Jahrzehnten zuvor«, notiert Tissy Bruns.[27] Wenngleich die Jahre 1989 und 1998 wichtige politische Einschnitte markierten, hätten vor allem die digitalen Technologien den Berufsalltag nachhaltig umgekrempelt. Gemessen an der Büroausstattung des Kanzleramts anno 1998 (Schreibmaschinen, Faxgeräte) hat nach Meinung von Uwe-Karsten Heye, dem ehemaligen Sprecher der Regierung Schröder, sogar eine »kommunikative Revolution« stattgefunden. Ein daraus resultierendes Problem sei, dass »die Beschleunigung und das damit verbundene Anschwellen der Menge von Informationen und Nachrichten« stattfänden, die Konsequenzen allerdings nur selten mitbedacht würden.[28]

Um den einzelnen Faktoren nachzuspüren, die nun tatsächlich die neue Qualität des Politikjournalismus Berliner Prägung ausmachen, reicht allerdings ein Blick auf die geringe Halbwertszeit von Nachrichten, die Politiker und Journalisten in ihrem Tagwerk gleichermaßen lähmt, allein nicht aus. Gerade die Flüchtigkeit der digitalen Kommunikationssphäre und der anstehende (und teils vollzogene) Generationenwechsel nagen am Selbstbewusstsein der klassischen Hauptstadtmedien: Vor allem die wachsende Angst, nicht mehr die alleinigen Dirigenten im Meinungskonzert zu sein, sorgt dafür, dass die politisch-publizistische Klasse einen enormen Bedeutungsverlust erleidet und jeder für sich gegen diese neue Medienwelt ankämpfen muss. Ist es da verwunderlich, wenn die beiden gar nicht mal so ungleichen Berufsgruppen beieinander Halt suchen und sich zunehmend in eine Art pragmatischer Zweckgemeinschaft flüchten?

Dass der erhöhte Beschleunigungs- und Konkurrenzdruck im technologisierten Alltagsgeschäft zu einer schleichenden Verwahrlosung des Berufs führt, offenbaren etliche wesentliche

Merkmale des Berliner Hauptstadtjournalismus im Unterschied zum rheinischen Pendant: Während auf Branchen-Events, in Hintergrundkreisen oder in der Bundestagskantine eifrig miteinander kokettiert wird, sind langwierige Recherchen, engagierte wie unabhängige Kontrollen politischer Prozesse und Sachthemen nach Meinung vieler Hauptstadtjournalisten praktisch immer seltener zu leisten. Damit ist das Verhältnis zwischen Medien und Politik von einer starken Ambivalenz gekennzeichnet: Blieb in Bonn das Private in der Politik meist unangetastet, rücken in Berlin immer häufiger Tabuthemen ins Rampenlicht, werden amouröse Abenteuer und Skandälchen von Spitzenpolitikern inzwischen weidlich ausgeschlachtet, auch weil sich die Qualitätsblätter nicht gegen das forsche Agenda Setting des Boulevards wehren können, sondern mitschwimmen wollen im Strom politisch entbehrlicher, aber verkäuflicher Themen wie Seitensprüngen und sexuellen Neigungen. Das traute Abhängigkeits- wie Vertrauensverhältnis zwischen Journalisten und Politikern wirkt auch handwerklich auffällig belastet. Damit lassen sich einige grundlegende Merkmale des Berliner Hauptstadtjournalismus zusammenfassen, die noch genauer zur Sprache kommen werden:

- **Unternehmerisch:** Mit dem Regierungsumzug wird ein starkes Interesse der Verlage, Agenturen und Rundfunksender deutlich, sich in Berlin mit eigenen, teils üppig ausgestatteten Dependancen gegenüber den politischen Stellen zu positionieren, was den Leistungs- und Wettbewerbsdruck der Medien untereinander enorm erhöht.

- **Personell:** Zahlenmäßig gesehen bleibt nach dem Regierungsumzug ein Großteil der erfahrenen Politikjournalisten und Parlamentskorrespondenten in Bonn zurück, viele Redaktionen heuern deshalb Nachwuchsjournalisten an, denen sowohl das politische Fachwissen als auch die Erfahrung im Umgang mit Spitzenpolitikern fehlt.

- **Technologisch:** Der unvermeidliche Technologieschub in den Redaktionen, der vor allem auf der Etablierung neuer Internetangebote (*Spiegel Online*) und digitaler Kommunikationskanäle gründet, verändert Tempo und Qualität der Berichterstattung, aber auch die Strategien der politischen Kommunikation grundlegend.

- **Stilistisch:** Stimmungen und Erlebnisse in der Hauptstadt werden von Zeitungen und Sendern durch spezielle »Berlin-Seiten«, TV-Magazine und neue redaktionelle Schwerpunkte eingefangen. Sie begründen einen journalistischen »Hauptstadtstil«, der seinen Fokus vor allem auf popkulturelle und soziale Themen richtet.
- **Handwerklich:** Die zunehmende Personalisierung und Boulevardisierung des Politikbetriebs unter der rot-grünen Regierungskoalition wirkt sich nachhaltig auf das journalistische Handwerk aus; Politikjournalismus konzentriert sich – oft aus Zeitgründen – auf gefällige Oberflächenreize, Skandale und mediale Performance-Kritik, vernachlässigt werden aufwändige Recherchen und politische Sachthemen, die schwer vermittelt werden können.
- **Atmosphärisch:** Die räumlich-psychologische Verschmelzung von politischem Personal, Medienvertretern und Kulturindustrie erschafft in Berlin eine neue Schickeria, in der sich die Prinzipien des »Sehen-und-gesehen-Werdens« und »Wer-kennt-wen?« zur Leitwährung entwickeln; atmosphärisch ist die Hauptstadt damit auf dem besten Weg, sich in ein mediales Kasperletheater zu verwandeln.

Die »Neue Mitte« Berlins mit ihren Edelrestaurants rund um den Gendarmenmarkt, in denen die Schönen, Betuchten und Mächtigen ein- und ausgehen, faszinieren die neuen Protagonisten in Journalismus und Politik gleichermaßen – während ihnen »rauere« Gegenden wie Neukölln oder Kreuzberg bis heute eher fremd geblieben sind. Dass die vergleichsweise geräuscharme Kulisse und familiäre rheinische Beziehungskiste gegen ein Vakuum an neurotischen Unverbindlichkeiten im lauten, exhibitionistischen Berlin eingetauscht werden, bedauern daher vor allem diejenigen Meinungsmacher, die ihre Karriere bereits in Bonn begannen, sich dem Umzug der Bundesregierung jedoch beugen mussten und mit ihren Redaktionen in die Hauptstadt wechselten. Die meisten von ihnen haben ihre ursprünglichen beruflichen Ziele und Erwartungen daher stark heruntergeschraubt oder zumindest relativiert: Die Verhältnisse in der Hauptstadt, vor allem die mannigfaltigen Manipulationsinstrumente der politischen Kommunikation, haben sie desillusioniert.

Die jüngeren und meist sehr zielstrebigen Kollegen dagegen, die ihre Karriere erst in Berlin starteten, haben die enorme Bedeutung der Bundespressekonferenz[29], auf der man in Bonn noch persönlich zu erscheinen hatte, und den freundschaftlichen Arbeitskonsens zwischen Journalisten und Politikern gar nicht mehr erlebt. Sie wuchsen sofort in den stündlichen Produktionsstress und die Schnelllebigkeit hinein, die das Internet erzeugt, nahmen die starke Konkurrenzsituation auf dem Medienmarkt und die eigene Unterbezahlung als gegeben hin und halten die Recherche vor Ort mittels Informanten oder per Telefon seit jeher für überbewertet. Doch es wäre vorschnell und unfair zu behaupten, dass gerade diese unerfahrene Journalistengeneration die Skandalisierung, Inszenierung und Enttabuisierung der Politik selbst vorangetrieben habe. Sie mögen aufgrund ihrer prekären Arbeitsverhältnisse die schleichende Verwahrlosung des Hauptstadtjournalismus zwar ausgehalten und mitgetragen haben, doch sie haben sie nicht erzeugt.

Das Alphasyndrom:
Wie Hauptstadtjournalisten ticken

Wie funktioniert der Hauptstadtjournalismus? Wer sind die »Alphajournalisten«, die das Medienangebot in der deutschen Hauptstadt prägen? Wie leben und arbeiten die Taktgeber und Leitfiguren des Berufsstandes? Wie inszenieren sich einige Journalistenstars selbst, und wie gehen sie mit ihrer eigenen Prominenz um? Welche Probleme ergeben sich daraus im Umgang mit Politikern – und umgekehrt? Wer sind die digitalen Leitwölfe, die »Next Generation« im Berliner Mediengehege? Welchen Einfluss haben Blogger und Online-Chefs auf die politische Meinungsbildung? Und in welchem Maße verändert sich durch sie und ihre Medien der Journalistenberuf insgesamt?

Das Kapitel klärt wichtige Begriffe und benennt die neuen und alten wortführenden Akteure der Hauptstadtmedien, hinterfragt ihren Einfluss auf den politischen Betrieb und diskutiert die daraus entstehenden *déformations professionelles*. Eine der wichtigsten Unterschiede zwischen Alphatieren und Mitläufern besteht vor allem in der Kenntlichkeit der Journalisten. Daher ist es bezeichnend, dass für die einen das Prädikat »Alpha« wie eine Auszeichnung klingt, für andere, die im Hintergrund wirken und unerkannt bleiben wollen, eher wie eine Majestätsbeleidigung. Die nächste Generation hat es da sehr viel leichter: In der Anonymität des Internet zählt weniger das reale Self-Marketing als vielmehr die »credibility« durch gegenseitige Link-Verweise und originelle Leserkommentare, die dem jeweiligen Autor Glaubwürdigkeit attestieren und Ansehen verleihen – oder das genaue Gegenteil. Doch trotz aller Eitelkeitsfallen, die dem Journalismus Berliner Prägung eigen sind, ist eines nicht wegzudiskutieren: Die Medienszene schmort nach wie vor im eigenen Saft – und das zu Lasten der politischen Berichterstattung.

Gockel unter sich

Wenn sich die im Angloamerikanischen gern als »Talking Heads« belächelten und doch insgeheim verehrten Fernsehgesichter produzieren, steht der Inhalt in der Regel an zweiter Stelle. Zuallererst gilt es, sich und seine abgeklärte Haltung über die Politik und ihre stets als unehrlich kritisierten Amtsträger in den Vordergrund und damit in den Fokus der Aufmerksamkeit zu stellen. Da wettert Hans-Ulrich Jörges, *Stern*-Chefredakteur für besondere Aufgaben, als über jeden Zweifel erhabene Lichtgestalt mit ebenso scharfer Zunge gegen Lafontaine und zu Guttenberg. Was zählt, ist nicht konstruktive, nachhaltige Kritik, sondern die Provokation, der Krawall, die Aufmerksamkeit, und die ist den Berliner Spießtreibern zumindest unter ihresgleichen sicher. Wie Fixsterne weisen sie dem Berichterstattungsrudel den Weg. Der jedoch führt nicht selten ins Hundertste und Tausendste – je mehr Brimborium, desto besser – und damit ins Nichts.

Es gibt wohl keinen besseren Begriff als den des »Alphasyndroms«, um das Verhältnis zwischen den Dompteuren im Berliner Medienzirkus und der Masse der Journalistenakrobaten zu beschreiben, die eher unbeachtet vom Publikum ihre Kunststückchen betreibt. Während sich einige clowneske Figuren durch ein wohl kalkuliertes System der publizistischen Selbstveredelung eine gewisse Narrenfreiheit auch außerhalb der Hauptstadt erschrieben haben – beispielhaft dafür stehen Starkolumnisten wie Henryk M. Broder (*Spiegel*) oder Franz Josef Wagner (*Bild*) –, konnten sich die Stimmen, Gesichter und Gesten anderer Wortführer mit eigenen, teils gleichnamigen Fernsehsendungen wie Anne Will, Maybrit Illner, Sandra Maischberger oder Frank Plasberg in die Gedächtnisse der Bevölkerung einimpfen. Daneben reüssierten Leitwölfe der Berliner Republik wie Frank Schirrmacher (*Frankfurter Allgemeine*), Giovanni di Lorenzo (*Tagesspiegel*, *Die Zeit*), Kai Diekmann (*Bild*) oder Wolfram Weimer (*Cicero*, *Focus*) in der Rolle des schmissigen Herausgebers und Großpublizisten von politischem Gewicht – allesamt zumindest mit einem Zweitwohnsitz in Berlin. Meinungsstarke Schwergewichte wie Hans-Ulrich Jörges vom *Stern* haben sich die Hauptstadt schon vor Jahren zum Königreich gemacht.

Neben Bernd Ulrich, dem langjährigen Leiter des Hauptstadtbüros der Hamburger Wochenzeitung *Die Zeit*, für die er heute als stellvertretender Chefredakteur tätig ist, oder seinem *Spiegel*-Kollegen Gabor Steingart, noch bevor dieser als Korrespondent in die USA entschwebte und jetzt wieder als *Handelsblatt*-Chefredakteur eingeflogen wurde, gilt Jörges vielen als das wackerste Alphamännchen der Berliner Medienrepublik: inszenierungsfreudig, streitlustig und immer zur Stelle, wenn markige Sprüche gefordert sind. Je mehr Dampf Jörges ablässt, desto mehr Leben kommt in den sonst so gesitteten Tagesablauf hinter den überwachten Mauern der Parteizentralen. Der gebürtige Thüringer war nie um klare Worte verlegen, zumindest wenn sie seinem Verständnis von Wahrhaftigkeit entsprechen: Gerhard Schröder bezeichnete er wegen des Bundeswehreinsatzes auf dem Balkan als Kriegsverbrecher, die Große Koalition als »Tante-Angela-Laden« und Berlin wegen des Streites um den Religionsunterricht als »gottlos«. Der Überzeugungskern, den Jörges bei Politikern vermisst, wird von ihm konsequent nachgeliefert. Niemand kommt ungeschoren davon: Wie kein anderer treibt Jörges mit seinen Zwischenrufen im *Stern* den Blutdruck der »politischen Verantwortlichen«, wie er seine Gegenspieler gern mit beißender Förmlichkeit nennt, allwöchentlich in die Höhe. Er hat die publizistische Kraftmeierei perfektioniert, weil sie ihm Relevanz sichert: Schon lange jenseits von Gut und Böse, predigt er über die Falschheit der Politik und nimmt für sich in Anspruch, ein Lügengebilde nach dem anderen zu entlarven. Entsprechend versteht er sich auch nicht als Besserwisser, sondern als »Bessermacher«: Kein Text eine Schaumschlägerei, sondern eine Waffe der konsequenten Politkritik.

Aber wer auf dem Thron sitzt, wird beschossen. Jörges wetterte gegen Kohl, gegen Schröder, gegen Merkel. Macht macht verdächtig – das wird sich auch in Zukunft nicht ändern. Doch wenn donnerstags aus dem obersten Stockwerk des *Stern*-Gebäudes in der Anna-Louisa-Karsch-Straße scharf geschossen wird, dann mutet es nicht nur manchem Redaktionskollegen in der Hamburger Redaktionszentrale an, als schreibe ein Einzelkämpfer im Elfenbeinturm: Jörges verkehrt dank seiner exponierten Stellung in höheren Sphären, selbst das Gros der Hauptstadtjournalisten läuft ihm nur selten über den Weg.

Das Alphaprinzip folgt damit den Grundsätzen sozialer Exklusion. Als publizistische Oligarchen stilisieren sich die wenigen Leitwölfe zu Meinungsführern, die sich bewusst von der Masse der Journaille abheben, um ihr wichtigstes Kapital, ihr Image als Wegweiser und Stichwortgeber des öffentlichen Diskurses, zu sichern und zu mehren. Allenfalls untereinander herrscht ein Austausch auf gleicher Augenhöhe: Kritik – weitgehend Fehlanzeige, es sei denn, es handelt sich um Sticheleien unter Freunden.

Auf dieser Ebene hackt niemand dem anderen in aller Öffentlichkeit ein Auge aus, meint Thomas Kröter (*Kölner Stadt-Anzeiger).* Dafür seien sich die Mitglieder der Elite untereinander viel zu ähnlich, glaubt auch der ehemalige Regierungssprecher Thomas Steg:»Die Journalisten, die heute in den höchsten Funktionen die wichtigsten Medien repräsentieren, sind von ihrer Biographie, ihrem Habitus, ihrer sozialen Herkunft, ihren Anschauungsweisen und ihrer Lebenseinstellung her sehr ähnlich. Deswegen ist das gar nicht verwunderlich, dass sie sich miteinander und untereinander gut verstehen, geschäftlich hin und wieder die gleichen Interessen verfolgen oder gemeinsame Projekte gegen die Politik vertreten.« Jedoch, so Steg, bestehe in einer Gesellschaft wie der unseren ohne klare ideologische Gegensätze nicht nur die Chance publizistischer Unabhängigkeit, sondern in gleichem Maße auch die Gefahr der Beliebigkeit. Tatsächlich wird so manchem Spießtreiber verdeckter Opportunismus vorgeworfen: Die Meinungen drehten sich so stark im Wind, dass kaum nachzuvollziehen sei, für was oder gegen wen beim nächsten Mal gewettert werde. Es ist nicht ganz klar, ob die wandelbaren Haltungen manches Meinungsmachers aus einer tiefen Desillusionierung resultieren oder aus dem einfachen Motiv, sich in der Rolle des Wachhundes und Wadenbeißers oder, idealistischer, des Aufklärers und Kontrolleurs in jeder Diskussion unentbehrlich zu machen.

Wie fernab sich die Alphatiere des Hauptstadtjournalismus mit ihrer starken Meinungsmache, aber geringer Bodenhaftung von der Alltagserfahrung der überwiegenden Mehrheit der Berliner Berichterstatter bewegen, lässt sich eindrucksvoll an der Ausgestaltung ihrer publizistischen Parallelwelten zeigen: Man verkehrt unter sich, Kontakte zum Berichterstattungspöbel bleiben eher zufällig. Wer kann es ihnen verdenken: Ihre Selbstinszenierung katapultierte die publizistischen Rädelsführer nicht nur in verantwortliche Positionen von Verlagen und TV-Unternehmen, sondern trieb die meisten von ihnen auch in die prestigeträchtigen Talkshows und Debattierrunden, zu der nur die wenigsten Zugang erhalten, um sich öffentliche Gefechte um die Deutung von Weltproblemen zu liefern.[30]

Ob nun die kommunikativen Zugpferde einen »Kontrollverlust unseres Denkens« attestieren, »Die Machtfrage« stellen oder »Seichtgebiete« ergründen – schon entwerfen sich Vertreter der nächsten Alphageneration des Online-Journalismus als Bonivants der Digitalisierung und warnen vor dem »großen Ausverkauf der freien Meinung« oder propagieren ein »intelligentes Leben jenseits der Festanstellung«. Publizistische Bohemiens wie Sascha Lobo, Christian Kracht oder Florian Illies können es sich leisten, selbiges zu fordern und damit die alltäglichen und immer stärker auch existentiellen Nöte von freischaffenden Journalisten lapidar fortzuwischen, so als könne jeder wie sie. Geld verdienen müssen aber auch sie und dies nicht selten mit Werbe- oder Eventagenturen, mit Vortragshonoraren – oder ganz klassisch als Buchautoren. Der kluge Netzaktivist Markus Beckedahl (netzpolitik.org), der streitbare Stefan Niggemeier (bildblog), die liebreizende Mercedes Bunz (*Tagesspiegel Online, Guardian*): Sie alle pflegen in

Berlin ihre ganz persönliche Marke, die sie zu Fixpunkten im alltäglichen Nachrichten- und Meinungsrausch macht und ihnen die Aufmerksamkeit ihrer Kollegen sichert. Die Alpha-Onliner haben bewiesen, dass weder Medienform noch Medientitel bestimmen, wer zum Olymp des medialen Politdiskurses aufsteigen darf, sondern ganz allein die Inszenierungsfähigkeit und Strategie des Journalisten selbst.

Zwar sind die alten und jungen Taktgeber der Branche bisweilen medial allgegenwärtig, stellen selbst aber eine unsichtbare Koordinate auf der Matrix des Mediengeschäfts dar. Allenfalls sind sie einer breiteren Allgemeinheit dank ihrer Talkshowauftritte, Expertenstatements oder gleich eigenen Beiträge als Fernsehgesichter bekannt. Doch so sehr sie Debatten weiterdrehen und publizistisch ausschlachten, so wenig weiß man über den publizistischen Überbau in Gestalt der »Alphajournalisten«. Wo der mediale Schein alles ist und das bodenständige Sein ungern preisgegeben wird, werden viele Fragen nur allzu gern verschleiert: Wie leben und arbeiten sie? Welches professionelle Selbstverständnis, welche publizistischen Strategien haben sie? Droht die Gefahr von Meinungskartellen? Und braucht unsere Medienrepublik solche Meinungsmacher überhaupt?

Zum Sozialverhalten der Alphatiere im Journalismus

Auf das obere halbe Prozent im deutschen Journalismus, eine Kleingruppe von nicht mehr als 100 Personen, schätzt der Kommunikationswissenschaftler Siegfried Weischenberg diese Clique der Alphatiere, die – so ergab eine Befragung von Weischenberg, Maja Malik und Armin Scholl aus dem Jahr 2006[31] – durch ihre publizistische Sonderstellung als Chefredakteure, Kolumnisten oder TV-Moderatoren die öffentliche Agenda prägen und dadurch automatisch Definitionsmacht ausüben. Sie arbeiteten bei überregional bedeutsamen Leitmedien, genössen immense berufliche Freiräume, etwa für parallele Sachbuch- und Filmprojekte, und verdienten in der Regel gutes Geld – immerhin bis zu fünfstellige Monatsgehälter, wenn die Berechnungen des Hamburger Forscherteams stimmen.

Der Alphajournalismus ist also bei weitem kein Massenphänomen: Erst ihr Werdegang, Status und Einkommen machen die Kleingruppe der »Alphas« zu den Tonangebern und Meinungsmachern im publizistischen Spektrum. Nach Recherchen der drei Kommunikationswissenschaftler handelt es sich dabei um Top-Enthüller, Edelfedern, Chefredakteure und oberste Auguren von Medienunternehmen, die »erheblichen Einfluss besitzen, aber nur innerhalb der Branche gut bekannt sind und von der Öffentlichkeit eher marginal wahrgenommen werden«. Viel mehr weiß man allerdings nicht über die oberen Einhundert, zumal sich ihre Vernetzung untereinander im Verborgenen – oder besser: in den VIP-Lounges der regelmäßig wiederkehrenden Prominentenpartys und Galadinners in Berlin-Mitte abspielt, wo sie mit Politikern, Wirtschaftsbossen, Spin Doctors und Lobbyisten an weiß gedeckten Tischen Austern schlürfen und teure Bordeaux-Jahrgänge verkosten. Tuchfühlung mit den Mächtigen unterliegt nicht der Beliebigkeit, sondern wird als Form der Anerkennung verstanden, die den eigenen Marktwert des Meinungsführers abermals steigert.

Tissy Bruns erkennt in diesem eitlen Treiben der Hauptstadtszene eine selbst verschuldete Deformation der Medienbranche, die aus der starken Selbstbezüglichkeit ihrer Akteure resultiert. Ein gravierendes Problem sei, dass die Alphajournalisten »öffentliche Akteure sind, die keine vierte Gewalt über sich haben und keiner Wiederwahl ins Auge sehen müssen«. Deshalb rief Bruns 2007 dazu auf, dass die Alphajournalisten Gegenstand öffentlicher Kritik werden müssten – auch wenn es für Redaktionen leichter sei, »Kanzlerinnen, Parteichefs oder Minister in Grund und Boden zu kritisieren, als bei einem wichtigen Berufskollegen Legende und Wirklichkeit zu trennen«.

Der Kaste der Schwarzbrotjournalisten, zu der sich Parlamentskorrespondenten wie Bruns zählen, gilt dieser überschaubare Personenkreis als rotes Tuch, als eine Art Stigma für die gesamte Profession: »Der Alphajournalismus ist die Kehrseite des Vertrauens- und Glaubwürdigkeitsverlustes, den die Medien der Politik täglich vorhalten, der sie aber längst selbst erreicht hat«, notiert Bruns. Auch sie klagt, dass Schein und Sein in einem argen Missverhältnis stünden – gerade deshalb gehe es bei den ritualisierten Hahnenkämpfen im Journalismus oft lautstark und großkotzig zu: um zu übertünchen, dass der Einfluss des politischen Journalismus auf die Köpfe und Herzen der Menschen in Wahrheit immer mehr schwindet, weil er – so Bruns – »im großen Rauschen untergeht«.

Ein Blick auf unsere nächsten Artverwandten offenbart zumindest einen Teilaspekt, der erhellt, warum dieser Bedeutungswandel ausgerechnet für die politischen Wortführer der Medienrepublik existenziell bedrohlich ist: Robert M. Sapolsky, amerikanischer Neurowissenschaftler, wurde vor einigen Jahren im Interview mit dem Wirtschaftsmagazin *Brand eins* zum Sozialverhalten von Affen befragt. Seit 25 Jahren hielt sich der Professor von der Stanford University jeden Sommer für drei Monate in Tansania auf, um in der afrikanischen Savanne zu erforschen, wie sich der soziale Rang von Pavianen auf deren Stressanfälligkeit auswirkt – gewissermaßen als Vorbild für unsere westlichen Gesellschaften. Wie Sapolsky herausfand, reichen Muskelkraft und lautes Gebrüll keineswegs aus, um sich an der Spitze einer Gemeinschaft langfristig zu behaupten; vielmehr seien dazu vor allem emotionale Intelligenz und soziales Durchsetzungsvermögen erforderlich. Deshalb halte das Alphatier in einer Gruppe »seine Position noch eine ganze Weile, auch wenn es körperlich längst abgebaut hat«, bemerkte er gegenüber der Interviewerin.

Nicht minder originell war der Einwurf des Affenforschers auf die Frage, wozu eine Horde Primaten dann einen Boss brauche: »Vor 30 Jahren glaubte man, das Alphatier würde die Weibchen beschützen, seine Gruppe zu Futterplätzen führen und dafür sorgen, dass die besten Gene weitergegeben werden.« Das alles habe sich jedoch als kompletter Unfug erwiesen: Ein Alphamännchen passe allenfalls auf sich selbst auf, so Sapolsky, es wisse im Gegensatz zu den erfahrenen Weibchen überhaupt nicht, wo es etwas zu fressen gebe, und den größten Fortpflanzungserfolg könne es auch nicht unbedingt verbuchen. Das ernüchternde Fazit des Interviewten:»Die Gruppe braucht das Alphatier also überhaupt nicht.«

Autoritätshörigkeit und Etikettenschwindel: Auch wenn sich Sapolsky nicht explizit zur Übertragbarkeit des animalischen Verhaltens auf menschliches Sozialgehabe geäußert hat – im Tollhaus der Berliner Medienrepublik geht es im Grunde nicht viel anders zu als auf dem von ihm beschriebenen Affenplaneten. Diejenigen Journalisten, die in der Hierarchie ganz unten stehen, müssen – um bei den Worten des kalifornischen Gehirnexperten zu bleiben – »am meisten einstecken« und haben »am wenigsten Einfluss auf den Lauf der Dinge«. Sobald sie eine Beute ergattern, »kommt das Alphamännchen und schnappt sie ihnen einfach weg«. Die Alphatiere wiederum, eine Handvoll Wortführer, haben ihr Gebrüll und eine ausgeklügelte Eigenvermarktung weit nach vorn gebracht: Knüpft man auch hier Parallelen zwischen Sapolskys Theorie und der publizistischen Rangordnung in der Hauptstadt, ist der Status der Alphajournalisten also nicht zwangsläufig festgeschrieben, doch liegt ihm auch nicht unbedingt besonderer journalistischer Fleiß zugrunde. Frontaktivisten sind nicht zwingend die besten Recherchewühlmäuse, wohl aber virtuose Selbstdarsteller, die geschickt ihre politischen Duftmarken setzen, soziale Schwingungen im Lande mit medienwirksamen Statements aufblähen oder hin und wieder Pseudoereignisse ohne jegliche Nachrichtenrelevanz für ihre Zwecke veranstalten – während das journalistische Prekariat das Nachsehen hat.

Alpha- und Omegajournalisten in der medialen Hackordnung

Tissy Bruns hat auch den treffenden Terminus »Medienbrötler« geprägt, der gerade diese Kehrseite des Alphasyndroms offenbart. Medienbrötler meint im Gegensatz zu den Kaviarlöfflern im Mediengewerbe die Brotkrustennager: Mitarbeiter von Nachrichtenagenturen, Tageszeitungen, Online-Medien und Fernsehsendern, von denen jeder Einzelne weniger verdient als ein Sparkassenangestellter, aber nicht weniger arbeitet als ein Neurochirurg. Das untere Drittel im Berliner Medienbetrieb sind schlecht bezahlte Pauschalisten mit 70-Stunden-Wochen, Fließbandarbeiter und Teilzeitpublizisten ohne geregeltes Einkommen sowie junge Amateure, die meist nur Meldungen einkürzen, Statements verhackstücken oder Infohäppchen zu einem Medienbrei verrühren dürfen, der mitunter kaum noch etwas mit Journalismus zu tun hat. Diese »Mainstream-Gruppe« bildet eine neue Unterschicht im Journalismus, die nur eines im Sinn hat: bis Monatsende über die Runden zu kommen. Die derzeitige Wirtschaftskrise der Verlagsbranche hat noch sichtbarer gemacht, dass viele von ihnen die brachialen Umwälzungen im Medienräderwerk beruflich wohl nicht überleben werden.

So hat sich auch unter den Berliner Politikberichterstattern über die Jahre hinweg ein regelrechtes Kastensystem aus »Alphas« und »Omegas« herausgebildet, das zu Bonner Zeiten noch in den Anfängen steckte: Die geringe Zahl der Alphas verfügt heute über weitreichende Meinungsmacht und nimmt in Kommentaren und Leitartikeln indirekt Einfluss auf das politische Tagesgeschehen; nicht gerade wenige der Medienarbeiter verstehen sich hingegen eher als »Omegatiere«, die sich mit der Kärrnerarbeit des (parlamentarischen) Journalismus zu befassen haben und ihr Selbstwertgefühl aus der pflichtbewussten Erfüllung einer reinen Chronistenrolle speisen.

Zwischen den Vorboten eines unkenntlichen Medienproletariats und der seltenen Spezies der Promijournalisten gibt es – wie im wirklichen Leben – natürlich noch eine weitere große Schicht. Tissy Bruns und viele ihrer Kollegen bestreiten jedenfalls vehement, zu den Alphajournalisten zu gehören:»Die Legende, dass wir ständig im Borchardt und Einstein sitzen und Politikergespräche führen, trifft auf mich und 99 Prozent meiner Zunft nicht zu. Daran erkennt man wahrscheinlich den Unterschied zwischen Alphajournalisten und Medienbrötlern« – kokettiert Bruns beim Plausch im Café Einstein Unter den Linden. Kaum ein Hauptstadtjournalist reklamiere den Begriff des Alphatiers für sich. So wird vielmehr beklagt, dass sich die Branche zunehmend in Statusgewinner und Statusverlierer aufspaltet. Zwischen diesen Extrempolen pendeln sich drei weitere Typen von Hauptstadtjournalisten ein, die sich durch spezifische Arbeitsweisen und ihre Bekanntheit unterscheiden: *Alphajournalisten* stehen ganz oben in der publizistischen Hackordnung und dominieren durch ihre exponierte Stellung die Deutungshoheit innerhalb der politischen Berichterstattung. *Redaktions- und Ressortleiter* von Leitmedien sind im Berliner Politikbetrieb hoch angesehen und rege umworben, aber außerhalb des Alltagsgeschäfts keine wirklichen Berühmtheiten. Sie zehren von ihrer fachlichen Reputation und dem Zugang zu politischen Hintergrundkreisen. *Agenturjournalisten* gehören zu den einflussreichsten Journalisten, weil sie die wertvollen Nachrichten liefern, über die zuerst die Branche, dann die ganze Nation spricht. Dennoch sind sie nahezu unbekannt; selbst in Fachkreisen sind die Agenturleute nicht sonderlich bekannt und vertrauen auf ihre persönlichen Kontakte zur Politik.

Eine wachsende Bedeutung haben auch *Boulevardjournalisten*, die schon lange nicht mehr nur für einschlägige Krawallblätter wie *Bild* oder *B.Z.* arbeiten, sondern mittlerweile in beinahe sämtlichen Medienangeboten, dem Diktum der Leserbedarfsbefriedigung folgend, eine Aufwertung erfahren haben und als Kolumnisten selbst prominent werden, indem sie sich unter anderem auf das Enthüllen privater Geheimnisse von Politikern verstehen. Dieser Typ existiert häufig in Personalunion mit den basalen Berichterstattungspflichten des Hauptstadtjournalisten, weil von ihm erwartet wird, mehr Würze in das trockene Politikressort zu bringen. Tatsächliche Boulevardveteranen sind selbst in erlauchten Politikerkreisen bekannt und werden wegen ihrer Reichweite gleichermaßen geliebt wie gefürchtet. Unter Kollegen genießt der waschechte Boulevardjournalist allerdings keinen guten Ruf. Ganz unten im Hauptstadtjournalismus rangiert das *Fußvolk*, meist schlecht bezahlte »Medienbrötler« und Nachwuchsjournalisten, deren Namen weder einem breiten Publikum noch einer Fachöffentlichkeit geläufig sind und die im Terminstress kaum eine Chance haben, Karriere zu machen.

Gerade vor dem Hintergrund dieser wachsenden Bekanntheits- und Einkommensklüfte erhalten die Ursachen für das Streben nach Prominenz einzelner Journalisten besondere Brisanz: Persönliche Zwänge, nicht erreichte Ideale und unangenehme Abhängigkeiten setzen die Kontrollmechanismen im Politikjournalismus allmählich außer Kraft. Sabine Adler, Büroleiterin beim Deutschlandfunk in Berlin, erkennt schon im Beruf des Journalisten das Hauptübel aller Wichtigtuerei: »Natürlich sind wir alle Wichtigtuer«, räumt sie ein. »Das hat weniger mit Eitelkeit zu tun, als es auf den ersten Blick scheinen mag. Wir bekommen qua unserer Profession eine Bedeutung, weil wir die Medien benutzen können, um uns – bewusst oder unbewusst – in Szene zu setzen. Niemand sonst bekommt mit seiner unmaßgeblichen Meinung derartig viel Aufmerksamkeit.« Dieser Bedeutungskatalysator funktioniert Adler zufolge auch und gerade innerhalb des Eitelkeitsmediums Fernsehen. Klingt auch logisch: Wer seine Ansichten vor einer breiten Zuschauerschaft auf öffentlichen Bühnen absondern darf, hat zwar nicht immer etwas Kluges zu sagen. Er kommt sich aber überdimensional wichtig vor.

»Alphajournalisten – die neuen Intellektuellen?«

»Eitelkeit ist sicherlich eine Eigenschaft, die Politiker und Journalisten verbindet«, schrieb Herlinde Koelbl schon 2001 im Begleitbuch zu ihrem preisgekrönten Dokumentarfilm *Die Meute* über die herumlungernden Berliner Journalisten. Aus heutiger Perspektive, über 20 Jahre nach der Wende und zehn Jahre nach dem Regierungsumzug möchte man ergänzen, dass die ungebändigte Anziehung zwischen Medienmeute und Politbetrieb den politischen Dialog noch mehr gelähmt hat und noch seltener aus dem journalistischen Ideal der Aufklärung herrührt. Eine kleine Gemeinde geltungssüchtiger Medienpromis, die sich gern mit Politikern in der Öffentlichkeit zeigen, dominiert das redaktionelle Tagesgeschäft, zettelt Debatten an, lenkt das politische Feuilleton und wirkt in die öffentliche Sphäre hinein – so zumindest der erste Eindruck. Durch ihr dauerhaftes Mitteilungsbedürfnis auf allen Medienkanälen sichern sich diese Lichtgestalten ein Mitspracherecht auf höchster Ebene und beeinflussen so zugleich, was ihre Kollegen denken und publizieren – oder verschweigen.

Verschämt fragte denn auch die Hauspostille der Friedrich-Ebert-Stiftung, *Neue Gesellschaft/Frankfurter Hefte*, zum 70. Geburtstag des vor einigen Jahren verstorbenen SPD-Medienpolitikers Peter Glotz »Alphajournalisten – die neuen Intellektuellen?«, eine Frage, die sich an die Substanz unserer Mediendemokratie richtet: den »allerneuesten Strukturwandel der Öffentlichkeit, der« – so drückt es der Dortmunder Politologe Thomas Meyer im Editorial der Zeitschrift aus – »unter anderem auch die Rolle des Intellektuellen im politischen Leben von Grund auf verändert«. Meyer hat beobachtet, dass der Typ des literarischen oder sozialwissenschaftlichen Intellektuellen, den Peter Glotz zweifellos repräsentierte, »Zug um Zug von der Bildfläche« verschwindet. Die Altmeister der öffentlichen Intervention und der Mobilisierung moralischer Energien des Gemeinwesens, auch vernachlässigter Diskurse (Meyer nennt sie »ehrwürdige Heroen dieses Metiers«)

würden immer älter, ohne Nachfolger von vergleichbarem Format zu finden. Statt eines längst überfälligen Generationenwechsels der intellektuellen Oberschicht habe lediglich ein Stabswechsel stattgefunden: »An ihre Stelle ist ein Typ Alphajournalisten getreten, der in einflussreicher Position nicht nur die Thematisierung, sondern auch die Entthematisierung politischer Fragen organisiert«, schreibt der Politikwissenschaftler. Sein Berufsgeheimnis sei die »kommerziell angetriebene Netzwerkarbeit über die ehemaligen Blatt- und Genregrenzen hinweg«, um zu beeinflussen, was herrschende Meinung im Lande werden soll.

Die Konsequenz dieser publizistischen Schulterschlüsse – manche Beobachter sprechen von »Meinungskartellen« – kann allerorten besichtigt werden, zumal im Berlin unter der Großen Koalition: Kommerzialisierung, Entertainment und die Beweihräucherung des Status quo verschmelzen, politische Richtungsdebatten kommen gar nicht erst auf, gesellschaftliche Aufklärung bleibt auf der Strecke: »Es ist der Schritt von Habermas zu Schirrmacher zu Diekmann«, so Meyer. Diesen tiefer gehenden Rollenwandel vom literarisch-sozialwissenschaftlich gefärbten Intellektuellen zum mal schillernd-protzigen, mal opportunistischen, aber immer bedeutungsschwangeren Alphajournalismus erkennt auch der Medienforscher Lutz Hachmeister, und er beobachtet zudem eine schleichende Auflösung publizistischer Genres, die mit der Dominanz der politischen Feuilletons überregionaler Prestigeblätter wie *Frankfurter Allgemeine*, *Süddeutsche* oder *Welt* einhergehe: Die dort geführten politisch-kulturellen Diskurse überstrahlten die traditionellen Wirtschafts- und Politikressorts gelegentlich, aber spürbar immer öfter.

Hachmeister, selbst Publizist mit stattlicher Reichweite und treuem Fanpublikum, vermisst die Kenntlichkeit lebender Personen in der Bundesrepublik, die sich in aktuelle Debatten mischen, mithin als Persönlichkeiten des öffentlichen Lebens eine lebendige Debattenkultur prägen – übrigens nicht nur auf Seiten der Publizistik, sondern auch in den Reihen der großen Politik. In seinem Buch *Nervöse Zone. Politik und Journalismus in der Berliner Republik* enttarnt er die heutige Hauptstadtszenerie als mediale Eitelkeitsfalle, der vor allem die Journaille selbst allzu häufig auf den Leim geht. Hachmeister ahnt jedenfalls am Ende seines Buches mit Blick auf die nervöse Nachrichtenagenda und den unendlichen Orkus der elektronischen Netzwelten, dass es dabei um nichts weniger als die Existenz des Journalismus geht, nämlich um die alles entscheidende Frage, »in welcher Gestalt der unabhängige Journalismus als Agent der Aufklärung, so wie wir ihn mitunter noch erleben, überhaupt kenntlich werden kann – und wozu man ihn, über die Ablenkung und das gelegentliche ästhetische Vergnügen hinaus, noch brauchen wird«.[32]

Einerseits ist die journalistische Themensetzung flatterhafter und strategischer geworden, andererseits die handelnde Politik immer unkenntlicher und unattraktiver. Vom hieraus resultierenden »Alarmismus« sind deutsche Medien allerdings schon seit der rot-grünen Regierungszeit befallen, behauptet zumindest Hachmeister – und erkennt darin eine der Hauptursachen für die wachsende Unsicherheit über die eigene Berufsrolle der Journalisten in Zeiten von Internetökonomie und der glamourösen Unterhaltungsindustrie: »Politiker und Journalisten befinden sich also gemeinsam in dem Vakuum, das durch das Abschleifen der politischen Ideologien nach 1989 und das unbedingte Primat der Wirtschaft entstanden ist«, notiert er.[33] Dass beide zugleich, politische und journalistische Wortführer, in dieser veränderten Medienwelt zurechtkommen müssen und einen enormen Bedeutungsverlust erleiden, bestätigt auch Tissy Bruns: Während sich die Macht des Politikers in der globalisierten Gesellschaft zusehends verflüchtige, plagten den politischen Journalisten arge Selbstzweifel, ob er seiner öffentlichen Aufgabe in der diffusen Kommunikationswelt aus Blogs, Tweets und Wikis überhaupt noch gerecht werden könne.

Hauptstadtjournalismus reloaded: die »Next Media Generation«

Und so verwundert es nicht, dass neue Stars die deutsche Medien-
bühne betreten, die als Web-Kolumnisten, Blogger und Online-
Chefredakteure primär im Internet arbeiten und nebenbei auch
als Moderatoren oder Buchautoren in klassischen Medien erfolgreich sind. Es sind keine Existenzen, die einfach in die neue
Medienwelt hineingescheitert sind wie zu Zeiten des New-Eco-
nomy-Booms, als noch unliebsame Leitartikler oder verbrauchte
Chefredakteure in Online-Redaktionen entsorgt wurden. Im Ge-
genteil: Sie sind – wie Manfred Bissinger über die »Wortführer im
Internet« schreibt – »ein besonderes Völkchen kreativer, wagnis-
orientierter und erfinderischer Journalisten-Unternehmer, ähn-
lich den Augsteins, Friedmans oder Nannens nach dem Zweiten
Weltkrieg. Wie seinerzeit stehen auch heute die Medien an einem
Scheideweg. Neue Karrieren bereiten sich vor.« Bissinger glaubt:
»Sie sind sich ihrer Verantwortung bewusst. Selbst die, die nur
Spaß haben wollen. Sie kommen in der Regel aus dem Journalis-
mus, unser Handwerk ist ihnen nicht fremd.«[34]

Im Journalismus bahnt sich damit ein zweifacher Generations-
wechsel an, der nicht ohne Folgen für die politische Kommunikation bleibt. Dabei schreibt das publizistische Establishment der
späten Bonner Republik, dem schon Bissinger, Helmut Markwort
und Josef Joffe angehörten, in seinem vermutlich letzten Berufs-
jahrzehnt gegen die Glaubenswelt charismatischer »Forty-Some-
things« wie Claus Strunz, Kai Diekmann oder Giovanni di Lorenzo an, die längst in den Chefetagen von Redaktionen und
Verlagen angekommen sind – dicht gefolgt von der nächsten Journalistengeneration »Alpha 2.0«, die sich eher in digitalen Netzwerken zusammenschließt, als sich in der analogen Massenpubli-
zistik zu verorten. Damit erweitert sich auch das publizistische
Œuvre: Biographisch-soziologische Reizthemen sind heute nicht
mehr Klassenkampf und Konsumkritik, sondern Klimawandel,
Wirtschaftskrise und internationaler Terrorismus.

Auch der politisch-ideologische Habitus der Alphatiere verschiebt sich zusehends. À la mode war bis vor kurzem noch ein kommoder, neoliberaler Wohlstandsjournalismus, der sich in rigiden Managementqualitäten (Führungsstil, Blattmacherkompetenzen), aber auch in entsprechenden weltpolitischen Kommentierungen niederschlug: Wirtschaftsliberale wie Ulrich Reitz (*WAZ*-Chefredakteur) oder Roger Köppel (Verleger/Chefredakteur der *Weltwoche*) wollen konservative Werte modern vermitteln und den Kapitalismus als Chance definieren. Hinzu gesellen sich jetzt Pragmatiker der häufig als orientierungslos gescholtenen Neunundachtzigergeneration, die im bürgerlichen Milieu der späten Kohl-Ära aufgewachsen ist und später die Hochs und Tiefs der Medienkanzlerschaft Gerhard Schröders miterleben musste. Auch sie gestalten den Wandel hin zu einer ideologiefreien Journalismuskultur, die eher durch kommerziellen Konkurrenzkampf, 24-Stunden-Nachrichtenfluss und konfektionierte Medienangebote als durch politische Überzeugungskraft charakterisiert ist. Dem gegenüber stehen aber nach wie vor Querdenker, gegen die kein Kraut gewachsen ist: Bettina Gaus, Thomas Leif oder Sonia Mikich verteidigen gemeinsam mit Einzelkämpfern aus der Online-Sphäre wie Peter Glaser und Florian Rötzer wacker das Berufsethos eines kritisch-emanzipativen Journalismus.

Dabei sind die oberen Etagen des Medienbetriebs fest in Männerhand. Bei Leitmedien wie *Spiegel* und *Handelsblatt* bleiben die leitenden Herren Journalisten unter sich, auch bei der *Süddeutschen*, *Frankfurter Allgemeinen*, bei *Focus*, *Stern* und *Zeit* ist höchstens jede sechste leitende Position von einer Frau besetzt. Nur im Fernsehen, mit seinen stärker auf Ästhetik und Emotionalisierung bedachten Zwängen, herrscht weitgehend Gleichberechtigung. In Online-Medien – von der eingangs erwähnten Weischenberg-Studie noch weitgehend unberücksichtigt – zeigt sich hingegen ein leichter Trend zu mehr Weiblichkeit.

Die gegenwärtige Elite im Journalismus balanciert zudem das Öffentliche und das Private sehr unterschiedlich aus. Während einige ihre berufliche Prominenz ausnutzen, will ein anderer Typus zwar öffentliche Wirkung erzielen, jedoch unerkannt bleiben: Alphamännchen wie Frank Plasberg, Claudius Seidl oder Heribert Prantl scheuen die öffentlichen Bühnen abseits ihres Berufslebens und stehen den Popularisierungsofferten der Medienbranche nach eigenem Empfinden skeptisch gegenüber. Nicht anders verhält es sich mit den Newcomern: Während eloquente Online-Chefredakteure wie Frank Thomsen, Jochen Wegner oder Hans-Jürgen Jakobs deutschlandweit auf Web-2.0-Kongressen und Medienpanels eifrig über die Zukunft des Journalismus räsonieren, agieren Alpha-Blogger wie Stefan Niggemeier, Robert Basic und Rainer Meyer alias »Don Alphonso« eher im Verborgenen – ebenso wie einige unerschrockene Nörgler, Renegaten und Solitäre der schreibenden Zunft, etwa Michael Jürgs, die lieber ohne fremde Kollegenhilfe im stillen Kämmerlein vor sich hin brüten.

Dennoch sind die meisten Alphajournalisten – und das gilt nicht nur für den Berliner Klüngel – talentierte Netzwerker: Journalistenvereinigungen wie das *Netzwerk Recherche*, in dem sich Hans Leyendecker und Thomas Leif im Vorstand engagieren, das von Jochen Wegner gegründete *jonet* und der von Markus Beckedahl veranstaltete Blogger-Kongress *re:publica* erlauben ein bundesweites Networking über die Berichterstattungsblase in Berlin-Mitte hinaus.

Nicht wenige unter den Wortführern bekennen politisch Farbe, wenn auch nicht immer so explizit wie Hans-Ulrich Jörges, Josef Joffe, Kai Diekmann oder Manfred Bissinger, die in der Rolle des Hilfspolitikers schon mal Wahlempfehlungen abgeben. Dem gegenüber stehen Vertreter »absoluter Objektivität«, zu denen Bildschirmpersönlichkeiten wie Maybrit Illner, Peter Kloeppel, Frank Plasberg und Claus Kleber zählen – und das, obwohl man dem System Fernsehen häufig vorwirft, die Amalgamierung von Journalismus und Politik vorangetrieben zu haben. Die Welt nicht nur zu interpretieren, sondern diese zu verändern, ist ebenfalls für einige Wortführer der »Next Generation« wie Sascha Lobo, Holm Friebe, Markus Beckedahl oder »Don Alphonso« vorstellbar, obwohl sich ihr politisches Selbstverständnis wesentlich von dem der etablierten »Alphas« unterscheidet: Politische Befindlichkeiten werden stärker aus einer spielerisch-popkulturellen Perspektive beurteilt, verwurzelt zwischen digitalem Nomadentum und klassischem Journalismusauftrag.

Auch die professionellen Herausforderungen unterscheiden sich gravierend und verändern den Journalismus in seinem Kern: Die »Alphajournalisten 2.0« sind durch Internet und Web 2.0 geprägt worden und müssen sich mit der Konvergenz von Zeitung, Radio und Fernsehen abfinden. Im Online-Journalismus werden inzwischen mehr und viel schneller politische Themen umgewälzt, als dies noch vor einem Jahrzehnt der Fall war – *Spiegel Online* ist in Deutschland eine der treibenden Kräfte dieser Entwicklung. Neben dem veränderten Arbeitsalltag, der sich durch die technologischen Neuerungen ergibt, kristallisieren sich zugleich alternative Berufsfelder heraus: Das Tätigkeitsprofil eines »Community-Redakteurs« resultiert etwa aus den neu entstehenden Interaktionsweisen zwischen Journalisten und Nutzern, die das Internet erst ermöglicht; die globalisierten Online-News haben zudem das Berufsbild des »Krisenreporters« erforderlich gemacht, das Solitäre wie Matthias Gebauer, Chefreporter von *Spiegel Online,* über Krisen, Kriege und Katastrophen in Echtzeit berichten lässt. Dabei wird von Journalisten erwartet, dass sie wie selbstverständlich mit Tönen, Texten und Bewegtbildern umgehen können – die Kombination dieser Darstellungsformen avanciert zur Schlüsselqualifikation der Zukunft.

Ein Blick auf die Krise in den USA verdeutlicht, dass die gesamte Medienlandschaft einen heftigen Umbruch durchleidet. Einige Zeitungen verschwinden, die Gesamtheit der traditionellen Medien ist inzwischen online, neue publizistische Felder mit kostengünstigen ökonomischen Konstellationen werden erschlossen. Dadurch wird sich auch das politisch-publizistische Machtgefüge derjenigen ändern, die diesen Medienwandel in unserem Land maßgeblich steuern und prägen. Gerade die kommenden Leitfiguren der Branche, die Teil einer aufstrebenden, völlig anders denkenden Medienelite sind (selbst wenn viele von ihnen sich niemals als »Elite« verstehen würden), werden selbst zu Motoren eines Wandels, der die Konturen des professionellen Journalisten allmählich verblassen lässt: Schon jetzt unterhalten viele politische Journalisten eigene Blogs, umgekehrt drängen immer mehr Blogger in die Sphäre der professionellen Berichterstatter vor.

Auch wenn in Deutschland dieser Trend noch hinterherhinkt, deuten erfolgreiche Blogs wie *Bildblog, Spreeblick* oder *netzpolitik.-org* an, dass das Agenda-Setting nicht zwingend in den bekannten journalistischen Gefäßen daherkommen muss. Obwohl sich das Gros der Blogger und Journalisten bisweilen spinnefeind ist und sich deren Arbeitsweisen voneinander abgrenzen, klingt es längst nicht mehr so utopisch wie noch vor wenigen Jahren, dass der Bürgerjournalismus den Profijournalismus eines Tages überflüssig machen könnte.

Hauptstadtjournalisten in der Eitelkeitsfalle

Diese Erkenntnis steht – wenig überraschend – dem politischen Selbstverständnis vieler Hauptstadtjournalisten und der Auffassung ihrer Berufsrolle diametral entgegen, wobei ihre Werdegänge verschieden sind: Einige der umtriebigsten Politikberichterstatter waren vor ihrer Journalistenlaufbahn parteipolitisch aktiv, manche lehnten genau dies aus ethischen Gründen vehement ab, viele volontierten oder arbeiteten bereits während des Studiums journalistisch, für andere wiederum kam der Wechsel in den Journalismus eher unvermittelt. Wer sich im Kreis der Berliner Redaktionsleiter umhört, erfährt, dass der Beruf schon immer ihr Ziel gewesen sei, was sich auch daran zeigt, dass der Großteil bereits zu Schüler- und Studienzeiten journalistisch aktiv war.

Andere wiederum sind Quereinsteiger, die erst einen anderen Job ergriffen und ihre journalistische Berufung mit Verzögerung entdeckten. So arbeitete Brigitte Fehrle zunächst mehrere Jahre als Buchhändlerin, bevor sie sich für ein Studium und den Einstieg in den Journalismus entschied. Seit 2010 ist sie Chefredakteurin der DuMont Redaktionsgemeinschaft GmbH und war zuvor stellvertretende Chefredakteurin der *Berliner Zeitung* und Berliner Büroleiterin der *Zeit*. ARD-Anchorman Ulrich Deppendorf absolvierte nach seinem Jurastudium pflichtbewusst die Referendariatszeit, bevor er sich beim Westdeutschen Rundfunk um ein Volontariat bewarb.

Unterschiedlich fällt daher auch das Rollenselbstverständnis der Meinungsmacher aus: Während sich die einen eher als reine Berichterstatter verstehen, sehen sich die anderen als Vierte Gewalt, getrieben von dem vorrangigen Motiv, den politischen Machtapparat zu kontrollieren. Viele von ihnen begannen ihre Karriere bereits in Bonn, mussten sich jedoch dem Umzug der Bundesregierung beugen und mit ihren Redaktionen in die Hauptstadt wechseln. Nur wenige, meistens Jüngere, starteten ihre Laufbahn erst in Berlin, einige waren zuvor Auslandskorrespondenten in europäischen Hauptstädten. Dabei haben alle ihre ursprünglichen beruflichen Ziele und Erwartungen herunterschrauben oder zumindest relativieren müssen. Die Verhältnisse in der Hauptstadt, vor allem die Mittel und Instrumente der politischen Kommunikation, haben zu einer tiefgreifenden Desillusionierung vieler Journalisten geführt.

Eines der nicht wegzudiskutierenden Probleme ist dabei die eigene Eitelkeit, die den Hauptstadtjournalisten in eine Selbstbeobachtungsfalle getrieben hat, aus der es nach wie vor kein Entrinnen gibt: Berlins Medienszene schmort im eigenen Saft und ist auch noch stolz darauf. Das andauernde Gebrüll und die Muskelspiele der Wichtigtuer gehen in einer medialen Kakophonie unter, die rein gar nichts mehr mit dem Austausch von Meinungsverschiedenheiten über schwergängige politische Themen zu tun hat.

Der Promifaktor steht im Vordergrund. Es ist wohl kein Zufall, dass eines der beliebtesten Lokale für die einheimische Prominenz in der Friedrichstraße den Namen einer ähnlich lautenden Erfolgsserie aus den achtziger Jahren trägt: Das »Grill Royal«, direkt an der Spree gelegen, ist eines der brummenden Restaurants in Berlin mit der höchsten Prominentendichte, die auffällig an die Münchner Bussi-Gesellschaft um den Starreporter Baby Schimmerlos in der Kultserie *Kir Royal* erinnert.

Fast jeden Abend kann man hier Promis aus Politik und Medien, Musik- und Showbiz antreffen – so basisdemokratisch geht es in wohl keiner anderen Hauptstadt zu: Hier tafeln Hauptstadtjournalisten, Galeristen, Schriftsteller, Künstler, Germany's next Topmodels, Medienprofessoren und die Internetboheme neben Medienpromis wie Herbert Grönemeyer, Jenny Elvers-Elbertzhagen, Udo Walz, Vitali Klitschko, Christoph Schlingensief, Dieter Wedel und Thomas Steg, der bereits qua seines Amtes als langjähriger Vizeregierungssprecher zum Stammgast in solchen Etablissements wurde, die der prominenten Hauptstadtjournaille nun mal als zentrales Drehkreuz dienen. Es ist daher nur konsequent, dass Regisseur Helmut Dietl der Presse verriet, er plane eine Neuauflage von *Kir Royal* im Kinoformat: Trotz Absage von Franz Xaver Kroetz für die Rolle des Reporters Schimmerlos, die jetzt der Comedian Michael »Bully« Herbig übernimmt, soll der Film unter dem Titel *Berlin Mitte* diesmal am neuen Schickimickischauplatz Berlin spielen.

Hans-Ulrich Jörges, der »Berliner Muezzin« (Joachim Huber, *Tagesspiegel*), frühstückt hingegen gern und oft in einer anderen Anlaufstelle für Kontaktpflege: dem Einstein Unter den Linden. Hier redet er nebenbei mit wichtigen Entscheidern, die wirklich etwas zu sagen haben, zumindest sollten sie das. Doch wird auf dem Präsentierteller nicht verhalten konspiriert, nicht emsig diskutiert, sondern entspannt demonstriert – und zwar Lebensart: Jörges, der sonst so eloquente Meinungsmacher mit dem lauernden Blick, übt sich im mondänen Ambiente nicht etwa im konzentrierten Diskurs, sondern sitzt auf Korbgeflecht und sonnt sich gemeinsam mit seinen Verabredungen, zum Beispiel SPD-Gesundheitsexperte Karl Lauterbach. Auch den Kollegen, die regelmäßig, aus dem Regierungsviertel kommend, zu ihren Redaktionsbüros rund um die Friedrichstraße streben, lässt sich hier präsentieren, wer mit wem ganz besonders gut kann, wer sich miteinander zeigen möchte – und darf.

Kein Wunder also, dass die Karrieren der Alphajournalisten auf die ehrgeizige Nachwuchsgarde des Hauptstadtjournalismus durchaus Eindruck machen. Sonnenkönige erfreuten sich trotz oder gerade wegen ihrer Unnahbarkeit schon immer der Faszination einer Entourage. Gefährlich wird es allerdings – das glaubt nicht nur Thomas Steg – wenn die Vierte Gewalt publizistischer Meinungsführerschaft von politischen Ambitionen vergiftet wird: »also sich nicht auf die klassische Kontroll- und Kritikfunktion der Medien zu beschränken, sondern selbst politisch zu intervenieren, zum Akteur zu werden, bis hin zur Hybris, eine demokratisch gewählte und legitimierte Bundesregierung ›wegschreiben‹, mindestens ihr aber die ›richtige‹ Politik vorschreiben zu wollen«.

Aus Steg spricht nicht verletzter Stolz oder das Gefühl, von den Leitfiguren des Hauptstadtjournalismus schlecht behandelt worden zu sein; der erfahrene Regierungssprecher ist in dieser Hinsicht schmerzfrei. Vielmehr beobachtet er bei Vertretern der aktuell herrschenden Führungsriege im Hauptstadtjournalismus ein besorgniserregendes Anschwellen des Selbstbewusstseins: Schon immer seien Journalistengenerationen von der ganz natürlichen Haltung geprägt gewesen, es besser zu wissen als die Volksvertreter. Doch die Einmischungstendenzen auf Seiten der Meinungsmacher hätten heutzutage eine ganz neue Qualität angenommen.

»Eine Meinung zu haben ist manchmal auch sehr leicht«, unterstreicht Richard Meng, altgedienter Redakteur der *Frankfurter Rundschau* im Bonner und Berliner Politikmilieu. Aus der Perspektive seines neuen Amtes als Senatssprecher von Berlin erkenne er nun noch viel besser als früher, wie leichtfüßig Hauptstadtjournalisten mitunter bei ihren Kommentierungen des politischen Geschehens vorgingen: »Ich kenne es nur zu gut, dass man einfach schnell seinen Kommentar schreibt – und um ihn in eine Richtung zu lenken, eine Meinung formuliert, für die man dann einsteht. Doch der Kollege aus der Finanzredaktion schreibt am nächsten Tag möglicherweise etwas ganz anderes. Das interessiert einen dann nicht mehr, weil man ja selbst seine eigene Meinung geschildert hat, die für sich steht.« Flott dahingeschriebener Meinungsjournalismus als dankbare Alternative zum mühsam verifizierten und folgenreichen Aufklärungsjournalismus? Angesichts des zunehmenden Drucks auf die Redaktionen scheint der Common Sense nicht mehr ganz so weit davon entfernt zu sein, diese Rechnung aufzumachen und es im Zweifelsfall den Lichtgestalten am Journalistenhimmel gleichzutun: Was zählt, ist Meinung, den Faktenkontext wird schon jemand anderes besorgen.

Wie also tickt ein Hauptstadtjournalist im Berlin des 21. Jahrhunderts? Wer die Beantwortung dieser Frage tiefenpsychologisch angeht, wird schnell in den Urgründen von Narzissmus, Geltungssucht und der korrumpierenden Aura der Macht landen – oder zumindest eine Ahnung davon bekommen. Denn ob pflichtbewusster Chronist oder extrovertierter Selbstdarsteller – im Berliner Schmelztiegel der Ambitionen sind es nicht nur die schillernden Figuren, die sich in der medial aufgeheizten Atmosphäre, beflügelt vor allem durch das Fernsehen, zu inszenieren wissen. Sogar die Vertreter des Schwarzbrotjournalismus wie Tissy Bruns, ARD-Mann Ulrich Deppendorf oder Sabine Adler vom Deutschlandfunk gestehen ein, dass es wohl keinen Hauptstadtjournalisten gibt, der sich nicht in irgendeiner Weise und bis zu einem gewissen Grad für »wichtig« hält und sich als Schausteller auf dem Markt der Eitelkeiten übt – sich selbst eingeschlossen.

Der Wichtigtuerei in Berlin hat Bruns sogar die erwähnte selbstkritische Abrechnung *Republik der Wichtigtuer. Ein Bericht aus Berlin* gewidmet[35], die auf Alltagserlebnissen beruht. Das also ist den Medienmenschen auf dem Großstadtparkett gemeinsam: Sie halten ihre Tätigkeit für besonders relevant und gestehen ein, selbst »wichtigtuerisch« zu sein – wenngleich sie sich nicht mit dem Prädikat des »Alphajournalisten« schmücken wollen. Doch das kann nicht darüber hinwegtäuschen, dass sich Berlin auch dank der neuen audiovisuellen Vielfalt der massenmedialen Ausdrucksmöglichkeiten zu einer veritablen Journalistenmetropole gemausert hat. Die wiederum ist trotz gravierender Krisensymptome wie der schlechten Bezahlung, latent drohenden Entlassungen und Grabreden auf Industriezweige wie die Zeitungswirtschaft imstande, einem nachwachsenden Heer an Jungberichterstattern zu suggerieren, dass es sich um den besten Job der Welt handelt – auch und vor allem weil es heutzutage immer noch etwas zu bedeuten scheint, Journalist zu sein. Und sei es nur, sich von der Masse abzuheben, sich wichtig, beachtet und privilegiert zu fühlen.

Das Alphaprinzip mag als hinfälliges Kennzeichen journalistischer Selbstüberschätzung bewertet werden (Christoph Schwennicke, *Der Spiegel*) oder als »erfolgreiches Kunstprodukt journalistischer Selbstinszenierung« (Günter Bannas, *Frankfurter Allgemeine*), das vielseitig eingesetzt werden kann, natürlich auch im Sinne der Aufklärung und als Richtschnur für die Bevölkerung. In Berlin jedenfalls begründete es eine neue journalistische Leitkultur der Meinungsmacher, die weit über ihre traditionelle Orientierungsfunktion für die politische Berichterstattung hinausgeht. Alpha zu sein ist für viele Hauptstadtjournalisten insgeheim zum lohnenden Ziel geworden: ein Arbeitsleben im Rampenlicht, eine Meinung, auf die etwas gegeben wird, das Gefühl, Macht zu haben – und über diesen Umweg vielleicht all die hehren Ideale einlösen zu können, mit welchen man ursprünglich in den Beruf gestartet ist.

Die Journalisten und ihre Medien

Eine Skizze der medialen Rahmenbedingungen muss zwangsläufig dort ansetzen, wo der redaktionell-publizistische Kurs die
politische Agenda beeinflusst. Ob Zeitung, Nachrichtenmagazin,
TV-Talkshow, Online-Portal oder Hörfunk-Feature – jedes Medienangebot unterliegt eigenen professionellen Regeln und Ritualen und muss bestimmten Erwartungen seiner Leser, Zuschauer
oder Hörer gerecht werden. Auch wenn sich die jeweiligen Me-
diengattungen immer mehr angleichen, sind noch rudimentäre
Grenzen erkennbar, zumindest, was die Schnelligkeit und Schlag-
kraft der journalistischen Erzeugnisse angeht: Die Trennlinie verläuft zwischen traditionellen Flaggschiffen wie *Frankfurter Allgemeine Zeitung, Süddeutsche Zeitung* und *taz, Die Zeit, Spiegel* und
Stern, ARD, ZDF und Deutschlandfunk auf der einen Seite und
neuen Leitmedien wie den Online-Ablegern der überregionalen
Blätter sowie der Boulevard- und People-Presse wie *Bild, Bunte*
und *Gala* auf der anderen Seite. Heute heißt der ungeschlagene
Agenda-Setter der Hauptstadt *Spiegel Online*: Der Online-Auftritt des Nachrichtenmagazins ist nicht nur Erstinformations-
quelle vieler Korrespondenten, sondern Taktgeber der gesamten
Branche.

Ohnehin gelten die Online-Medien, auch die tonangebenden Nachrichtenagenturen wie dpa, Reuters und ddp (die neue Muttergesellschaft der deutschen Associated Press) als Katalysatoren des Nachrichtenwettbewerbs. Weil sie schnell, kompakt und multimedial vermitteln – und das im Fall der Online-Medien überwiegend kostenlos –, erhalten politische Themen durch sie eine Eigendynamik und verschwindend geringe Halbwertszeit. Allerdings leidet die Berichterstattung zusehends unter den professionellen Extrembedingungen und ist immer stärkeren Stimmungsschwankungen ausgesetzt. Durch diese ambivalente Marktmacht der neuen und alten Meinungsmedien geraten die publizistischen Angebote der Regionalen häufig ins Hintertreffen, weil sie es auf dem Jahrmarkt der Mediensensationen schwer haben, eigenständig an Informationen zu kommen.

Die Rund-um-die-Uhr-Berichterstattung der Web-Portale, Agenturen und Nachrichtensendungen will natürlich mit Inhalten gefüllt werden, jedoch reicht das Politikerangebot nur selten für die enorm gestiegene Mediennachfrage – weshalb sich die Berliner Journalisten in ihrer täglichen Arbeit häufig aufeinander beziehen. Die ausgeprägte Kollegenorientierung vermischt sich mit digitalen Publikationsplattformen wie Twitter, Blogs und Podcasts zu einer eigentümlichen Selbstreferenz. Zugleich haben die herben Einschnitte und die Zersplitterung der Öffentlichkeit einen Medienwandel auch im politischen Journalismus beschleunigt, der für die Zeitung auf Papier und die politische Talkshow im Fernsehen zunehmend zum Problem wird.

Welche Medien übernehmen eine Leitfunktion im Berliner Kommunikationsdschungel? Welchen Einfluss können die einzelnen Medienangebote für sich behaupten? Wer entscheidet, was gedruckt und gesendet wird? Welche Auswirkungen haben redaktionelle Zwänge auf die Einhaltung berufsethischer Prinzipien? Welche Relevanz haben insbesondere die einstigen »Ersatzparlamente« im Fernsehen, also politische Talkformate wie *Maybrit Illner*, *Hart aber fair* oder *Anne Will*?

Der große Medien-Hype: Im Wettlauf der Leitmedien und Leitwölfe

Wer entscheidet, worüber sich die publizistischen und politischen Granden der Berliner Republik die Köpfe tagaus, tagein zerbrechen? Wer gibt den Takt der Nachrichten vor, die 24 Stunden die politische Agenda irritieren?

Wenn in diesem Zusammenhang von »Agenda-Settern« gesprochen wird, sind damit selten Einzelpersonen gemeint, sondern häufig mächtige Organisationen, die mit ihrer Themensetzung bestimmen, wo die tagesaktuellen Debatten verlaufen. Das können Institutionen wie die Weltbank oder die Vereinten Nationen sein, Unternehmen, die ihre Interessen ins Bewusstsein der Öffentlichkeit rücken wollen, Parteien, die sich im Wahlkampf oder in der Sommerpause zu profilieren versuchen, das kann – ganz unspektakulär – das Parlament und seine Tagesordnung sein, aber in der Regel sind es doch die Medien, die als nationale Leitinstanzen der politischen Kommunikation agieren. Die Frage ist also berechtigt, was passiert, wenn Politikjournalisten angesichts wachsender unternehmerischer und organisatorischer Zwänge ihrer Redaktionen mit berufsethischen Prinzipien in Konflikt geraten. Welche Auswirkungen es hat, wenn Qualitätsmedien sich mit Boulevardmethoden um die Vorherrschaft in der politischen Arena streiten, wird im Folgenden beschrieben.

Rasender Stillstand

Risikofreude und Abenteuerlust: Viel mehr bedurfte es nicht, um Mitte des 19. Jahrhunderts als Nachrichtenjournalist die Karriereleiter emporzuklettern. Als im Herzen Europas die Demokratie den Aufstand probte und die Monarchen in Berlin, Wien, Paris, Prag, Budapest und Mailand von der bürgerlichen Revolution 1848/49 herausgefordert wurden, legten einige New Yorker Journalisten der Harbor News Association den Grundstein für eine neue Berichterstattungskultur, die die Welt verändern sollte: Sie mieteten sich Schnellboote im hohen Norden an der Küste von Nova Scotia, um die großen Schiffe aus Europa auf ihrer Route nach Boston und New York abzupassen und die neuesten Meldungen vom alten Kontinent aufzuschnappen. Zurück in Halifax, schickten sie Reiter oder Brieftauben auf den Weg, um ihre Meldungen schnellstmöglich der Zentralredaktion zuzuliefern. Ein Journalist musste damals, als die Nachrichtenhatz begann, nicht nur Mumm in den Knochen und einen reisefesten Magen haben, sondern auch genügsam sein, um gleichermaßen gegen die raue See und den unvermeidlichen Stress im aufkommenden Geschwindigkeitsrausch gewappnet zu sein.

Für Thomas Rietig steckt hinter dieser Geschichte mehr als der Gründungsmythos seines Arbeitgebers, der weltgrößten Nachrichtenagentur Associated Press (AP). Für den höflich-unscheinbaren Mann Ende 50, seit 1995 Leiter des deutschen AP-Hauptstadtbüros, ist sie Vorbild und Mahnmal zugleich. Indem sich seine journalistischen Urahnen aufopferungsvoll um die Beschleunigung des Informationsumschlags verdient machten, stießen sie eine Entwicklung an, die heute auch die Berliner Hauptstadtjournalisten auf Trab hält.

Nun mussten sich insbesondere die Nachrichtenagenturen in der Vergangenheit den Vorwurf gefallen lassen, die Hauptschuld an der Atemlosigkeit der politischen Kommunikation zu tragen. Schließlich waren sie es, die sich im Konkurrenzkampf um Deutungsmacht und Marktführerschaft dazu hinreißen ließen, möglichst viele exklusive Vorabmeldungen von auflagenstarken Zeitungen oder Magazinen wie etwa Statements prominenter Politiker, sogenannte Vorabs, zu übernehmen. Ergänzt wird diese Verteilerfunktion durch die Versendung eines immer umfangreicheren Wusts an Meldungen, Korrespondentenberichten und mittlerweile auch Kommentaren mit dem Ziel, nicht erst zeitnah, sondern möglichst *sofort* die Leerstellen im breiten Berichterstattungsfluss zu besetzen.

Thomas Rietig allerdings sieht keine »monokausale Kette« in dem Verhältnis zwischen Agenturjournalismus und Geschwindigkeitsrausch. Trotzdem ist gerade seine Agentur immer wieder ins Gerede gekommen, weil übereifrige AP-Büroleiter zu Antreibern wurden, die ihre Mitarbeiter zur Eile mahnten. So gab ein Kollege aus Südkalifornien die überhitzte Devise aus, sämtliche News über Britney Spears seien ein »big deal« und die Berichterstattung über den Popstar müsse beschleunigt werden, um die Konkurrenz zu überflügeln.

Nun hat die tägliche Arbeit des Berliner Redaktionschefs ebenso wenig mit gefallenen und wiederauferstandenen Pop-Promis zu tun wie mit der Anmietung von Schnellbooten. Doch das Beschleunigungskarussell will auch er nicht ignorieren: Wie er so dasitzt in seinem kargen Büro im Regierungsviertel, deutet scheinbar alles auf einen abgeklärten, in sich ruhenden Redakteur hin – wenn nicht der ständige Griff zur Kaffeetasse auf Angespanntheit schließen ließe: Rietig hat, wie so viele seiner Hauptstadtkollegen, den Beschleunigungsdruck verinnerlicht. Nachrichtenjournalismus in der Hauptstadt kann auf eine simple Formel gebracht werden: schneller sein als die anderen, immer eine Tickermeldung voraus. Dabei seien Nachrichtenagenturen, räumt Rietig ein, Symptom und Triebfeder zugleich. »Das ist unser Hauptverkaufsargument«, poltert er. »Wir können doch nicht langsamer sein als unsere Kunden! Dann können wir gleich aufhören. Wir müssen einfach schneller sein.«

Nur wenige hundert Meter weiter geht es cool und gelassen zu: Das Büro von Martin Bialecki, zum Zeitpunkt unseres Gesprächs Leiter der Berliner Politikredaktion der Deutschen Presse Agentur, kommt wie aus einer anderen Zeit daher: lichte, moderne Stahlträgerarchitektur und ein geräumiges, mit allerlei Fachliteratur zugestopftes Bücherregal. Auf dem Schreibtisch stapeln sich Papiere, auf einer Ablage leuchten ein halbes Dutzend knallroter Tomaten. Viel mehr Zeit für Lektüre hat aber auch Bialecki nicht – sagt er: An einem Durchschnittstag verlassen allein etwa 100 Politikmeldungen die Hauptstadtredaktion der dpa, an Wahltagen sind es mehr als doppelt so viele.

Angetrieben werden die Agenturen, vor nicht allzu langer Zeit noch die unangefochtenen Schleusenwärter des Nachrichtenstroms, von der Konkurrenz im Internet. Online-Medien – natürlich auch die Ableger der Agenturen – haben diese Frequenz des Informationsumschlags drastisch erhöht. Die Echtzeitberichterstattung mag die Menschheit näher zusammenrücken lassen, sie mag für die Liebhaber von Massen-Events ein Thrill sein, weil dank elektronischer Übermittlungstechniken die Hürden von Raum und Zeit genommen und die Außenwelt emotional ins eigene Zuhause geholt werden konnte. Doch für die Redaktionsarbeit erwies sich der globale Nachrichtensegen bald als Fluch, dessen Bann mit Entschleunigung nicht beizukommen ist – eher nimmt seine Geschwindigkeit weiter zu.

Die ersten live übertragenen Medienereignisse im Fernsehen in den sechziger Jahren, große Sportveranstaltungen und Staatsbesuche, die Ermordung Kennedys und die erste bemannte Mondlandung, lösten bei den Zuschauern noch Faszination, auch ungläubiges Staunen ob der Unmittelbarkeit der Geschehnisse aus. Mittlerweile ist die Verwunderung einer kritischen Anspruchshaltung gewichen, sodass es heute als selbstverständlich gilt, möglichst ohne Verzögerung über Informationen in allen medialen Varianten zu verfügen. Anspruch und Wirklichkeit liegen tatsächlich nicht so weit voneinander entfernt, wie man meinen könnte. Ob Berichterstatter für Fernsehen, Radio, Zeitung oder Online-Medium – zumindest die Hauptstadtjournalisten in aller Welt haben aufgrund ihrer Funktion als wachsame Beobachter und Chronisten des politischen Tagesgeschäfts schwer damit zu kämpfen, nicht nur am sprichwörtlichen Puls der Zeit zu bleiben, sondern diesen auch Schlag für Schlag und ohne Pause in Text, Bild und Ton zu übersetzen.

Wer sich in Berlin umhört, hat keine Mühe, kritische Äußerungen über den Zeithaushalt eines Politikredakteurs einzufangen. An vielen Ecken des Regierungsviertels lassen sich Zeichen erkennen, die darauf hindeuten, dass Berichterstatter weniger auf der Jagd sind als vielmehr auf der Flucht: Die Hektik ist tagein, tagaus zu spüren, etwa an nervösen Fotografen und vor Sitzungsräumen auf der Stelle tretenden Parlamentsreportern – und an der regen Betriebsamkeit, die schon herrscht, wenn sich der Politiker noch gar nicht hat blicken lassen.

Sabine Adler, Leiterin des Hauptstadtstudios des Deutschlandfunks, ist eine entschiedene Kritikerin des Zeitdrucks. Trotzdem kann es ihr gar nicht schnell genug gehen: Sie trägt selbst täglich dazu bei, dass er weiter zunimmt, klagt aber über fehlende Instrumente, der Temposklaverei etwas Wirksames entgegenzusetzen. »Die Beschleunigung betrifft uns genauso wie die Zeitungskollegen oder die Kollegen vom Fernsehen«, moniert Adler. Sie resultiere »aus den technischen Hilfsmitteln, die es uns ermöglichen, gar nicht mehr vor Ort sein zu müssen, um berichten zu können. Wir schreiben bereits unsere Texte, da ist die Veranstaltung noch in vollem Gange. Nicht selten verlassen wir sie, bevor sie zu Ende ist. Wir selbst können das nicht steuern, es entzieht sich unserer Kontrolle.« Ein Zurück sei schon deshalb nicht möglich, weil der technische Fortschritt es gar nicht mehr erlaube – jeglicher Versuch der Reflexion und Tempodrosselei könnte von der Nachrichtenkonkurrenz als Wankelmütigkeit wahrgenommen werden. Verantwortlich sei also ein Konstruktionsfehler im Getriebe der Medien selbst: Die Technik diktiere, was möglich und zwingend sei.

So sehr der pauschale Verweis auf die Übermacht der Medientechnologie und das daraus resultierende Anspruchsdenken des Publikums die Politikjournalisten entschuldigt, stellt er doch zugleich ihre Rolle als souveräne Beobachter der wichtigsten Entscheidungsprozesse im Staate infrage. Journalisten fühlen sich demnach der Dynamik des Laufrads unterworfen, das keinen Stillstand duldet, sich aber offenkundig nur um sich selbst dreht. Ist der Hauptstadtjournalist am Ende Opfer seiner eigenen Rastlosigkeit geworden? Weiter denn je davon entfernt, ihrer Herr zu werden, zwängen Mobiltelefonie, Datenströme und der Nachrichtendurst des Publikums den Politikberichterstatter in ein Zeitkorsett, das ihm die Luft zum Durchatmen nimmt. Der Hauptstadtjournalist mag sein Handwerkszeug verstehen, kontrollieren kann er es nicht.

Weniger fatalistisch sieht es die Gegenseite: »Medien haben keine Zeit, Medien kennen keine Zeit«, urteilt Thomas Steg (SPD), langjähriger stellvertretender Regierungssprecher unter der Großen Koalition mit Journalistenvergangenheit bei der *Braunschweiger Zeitung*. Dass keine Nachricht wirklich reifen, keine aufwändige Recherche sorgfältig zu Ende gebracht werden könne, liege daran, dass sich die Medienlandschaft wettbewerblich gravierend verändert habe. Ist das Problem der Zeitknappheit also ein hausgemachtes?

Aufgrund der angespannten Konkurrenzsituation im Berliner Hexenkessel hat jedenfalls kaum ein Berichterstatter noch die Muße, Leitartikel und Kommentare gewissenhaft und mit dem nötigen Durchblick zu entwickeln. Die exklusive Information muss in die Welt hinausposaunt werden, koste es, was es wolle – auch wenn unklar ist, worin ihr tatsächlicher Gehalt besteht. Gemeinsam bedeuten technischer Fortschritt und unternehmerisches Gewinnstreben in Wirklichkeit einen Rückschritt, der journalistische Ideale wie Sorgfaltspflicht, Fairness und Ausgewogenheit bedroht.

Die Schwierigkeit, richtig zu liegen

Neben der Qualität der Recherche ist daher auch ein zweiter Grundsatz im zeitgenössischen Hauptstadtjournalismus dazu bestimmt, das Dasein eines ungeliebten Stiefkindes zu fristen: in der Berichterstattung wahrheitsgemäßer zu sein als die anderen. Daran hapert es oftmals schon aus strukturellen Gründen. Dass Sachverhalte immer zügiger erschlossen und verarbeitet werden müssen, kann selbst einen erfahrenen Reporter überfordern. Ohne sich ein vollständiges Bild von einer Begebenheit machen zu können, schreiben immer weniger Reporter mit spitzer Feder. Stattdessen wird rundum mit heißer Nadel gestrickt.

Der hehre Anspruch, die Verlässlichsten zu sein, wie es Martin Bialecki für sein ehemaliges redaktionelles Agenturreich formulierte, fordert gerade Zeitungen, Nachrichtenmagazinen, Radio- und Fernsehredaktionen und nicht zuletzt Online-Medien all jenes ab, was sie längst nicht mehr in vollem Umfang leisten können: Ruhe, Ordnung, Übersicht. »Der Zeitdruck ist größer, das Personal weniger, es ist alles schneller geworden, und die Konkurrenz ist gewachsen«, beklagt auch Holger Schmale, Leiter des Bundesbüros der *Berliner Zeitung*. Krisensymptome wie Arbeitsplatzabbau, schrumpfende Redaktionen und höhere Arbeitsbelastung für die verbleibenden Redakteure haben auf allen Ebenen der Branche zu einem plötzlichen Mentalitätswandel geführt.

Jahrzehntelang erfolgte die Themensetzung nach dem immer gleichen Ritual: Wenn ein Politiker etwas zu sagen hatte, wartete er bis zum frühen Abend, um Zeitungsredaktionen kurz vor Redaktionsschluss und zugleich die Hauptnachrichtensendungen im Fernsehen mit einem Statement zu beliefern. Wer sich schon früh in den Morgeninterviews der Info-Radios positionieren wollte wie die tragische FDP-Gestalt Jürgen W. Möllemann, sorgte zwar tagsüber für allerhand Lärm, doch Gewicht erhielt eine Aussage erst am Abend oder nächsten Morgen, wenn die *Tagesschau* oder die überregionalen Blätter darüber berichteten. Ein Thema überdauerte auf diese Weise mindestens einen Tag, weil sich alle Beteiligten am Redaktionsschluss der Tageszeitungen orientierten – und das blieb trotz Dauerbeschallung durch Nachrichtenkanäle wie CNN und n-tv zunächst auch so.

Der Aufstieg der digitalen Nachrichtendistribution im Internet hat nun sämtliche Konventionen über den Haufen geworfen: Die orchestrierte Nachrichtenchoreographie von *heute, Tagesschau* und *Tagesthemen* ist einer Kakophonie aus Kleinigkeiten und Eitelkeiten gewichen, die bisweilen nur noch wenige Stunden Gültigkeit beanspruchen, weil weder Journalisten noch Politiker abwarten können, mit ihrer nächsten ganz eigenen Enthüllung aufzutrumpfen. »Gibt es eine Information, muss sie sofort veröffentlicht werden, weil die Haltbarkeit einer Nachricht so gering ist und ein anderer mit der exklusiven Information schneller auf dem Markt sein könnte als man selbst«, sagt Thomas Steg. Vor allem das Internet mache es möglich – doch mit welcher Konsequenz für Mediennutzer und Journalisten?

Wer nicht ständig an der Nabelschnur der Nachrichtenanbieter hängen will, hat zwangsläufig Schwierigkeiten, mit den Ereignissen nur eines einzigen Tages Schritt zu halten, geschweige denn mit längerfristigen Entwicklungen, die in Serien kleiner Informationsbrocken an die Öffentlichkeit gelangen. Für die verantwortlichen Redakteure bedeutet das wiederum: Es wird immer schwieriger, stichfest alle über den Tag verstreuten Nachrichten zu vermitteln oder sie im Verhältnis zueinander zu gewichten, um zumindest jene herauszupicken, die von übergreifender Relevanz zu sein scheinen. Die Folgen dieser Hetzjagd sind tiefgreifend: Wenn alles rast, treten alle auf der Stelle und alles dreht sich im Kreis, der Durchblick fehlt – »rasender Stillstand« hat das der französische Geschwindigkeitstheoretiker und Medienkritiker Paul Virilio genannt.

»Das Fernsehen, also die erste Revolution, wirkt doch fürchterlich altmodisch. Die neue Technologie verändert den Alltag rasend, und es ist sehr schwer, eine Ordnung dafür zu finden. Wer gibt in dieser permanenten Vielfalt den Ton an?«, fragt sich auch *Zeit*-Korrespondent Gunter Hofmann. Die Agenda Berlins wird heute von einer solchen Flut an Medien und Akteuren geprägt, dass sich die Themenkarrieren ins Unendliche beschleunigen und die politische Berichterstattung oft bunt zusammengewürfelt wirkt. »Bloß kein Thema von gestern, immer was Neues«, kritisiert Richard Meng, ehemaliger stellvertretender Chefredakteur der *Frankfurter Rundschau*, inzwischen Sprecher des Berliner Senats, das Mantra der hauptstädtischen Medien. Auch wenn sich das Theorem des Philosophen Virilio speziell auf die Bildmedien bezieht, trifft es im Kern den neuen Hauptstadtjournalismus, der besinnungslos zum jeweils Aktuellen strebt.

Extremismus und Exklusivitätsdrang

Dass Journalisten nur noch selten Akten wälzen, in verstaubte Archive hinabsteigen oder sich in zeitaufwendige Gespräche vertiefen, um zur Aufklärung über die undurchsichtigen Hintergründe und Mechanismen politischer Kärrnerarbeit beizutragen, ist keine neue Erkenntnis. Dem steht die ebenfalls bekannte Tatsache entgegen, dass sich Missstände selten von allein in Wohlgefallen auflösen und bereitwillig ihrer Enthüllung harren. Wer allerdings einen Blick in die Redaktionen wirft, wer auf den Fluren der Korrespondentenbüros im Gebäude der Bundespressekonferenz lauscht, der kommt schnell zu dem Schluss, dass sich der Hauptstadtjournalismus, durch wachsenden Zeit-, Personal- und Kostendruck zur oberflächlichen Recherche gezwungen, noch nie so weit von seinen primären Pflichten entfernt hat. Mit Ringelnatz ließe sich reimen: »So will man oft und kann doch nicht / Und leistet dann recht gern Verzicht.«

Extrem ist fast alles in Berlin: die schiere Masse an politischem und journalistischem Personal, die Menge an Informationen, die Schnelligkeit ihrer Verarbeitung und die Herausforderungen an ihre Vermittlung. Allein zehn Berliner Tageszeitungen haben sich der anspruchsvollen Aufgabe verschrieben, die Prozesse der Bundespolitik zu durchleuchten. Hinzu kommen fünf große Nachrichtenagenturen sowie zahllose auswärtige Blätter, Radio- und Fernsehsender, Online-Medien, die mit redaktionellen Niederlassungen vor Ort vertreten sind und versuchen, sich möglichst klar von der Konkurrenz abzugrenzen und Achtungserfolge zu erzielen.

So leidet der Hauptstadtjournalismus per se unter einem immanenten Paradox: Seine wertvollste Währung ist Exklusivität, doch finden sich so gut wie keine Gelegenheiten, an zweifelsfrei exklusive Informationen zu gelangen. Wo sich weit über 8000 Berichterstatter gegenseitig auf die Füße treten, wo sich eine mediale Plattform neben der anderen den Politikern andient, wo parlamentarische und ministeriale Versammlungsorte von der journalistischen »Meute« belagert werden, als stünde die Zukunft der Republik auf dem Spiel, kann niemand darauf hoffen, einen Enthüllungscoup zu landen. Allzu häufig sehen sich deshalb die Berichterstatter gezwungen, Exklusivität kurzerhand zu konstruieren, indem sie Nichtigkeiten wie die Dienstwagenaffäre um eine Gesundheitsministerin Ballon aufblasen bis zum Gehtnichtmehr.

Die Themensetzung in Berlin folgt eigenen Gesetzen, Regeln der Aufmerksamkeitserregung, Selbstinszenierung, auch Effekthascherei. Wer Erfolg haben will, muss auffallen. Das ausschlaggebende Kriterium für ein Thema ist nicht seine politische Relevanz, sondern sein Potenzial, möglichst viele öffentliche Irritationen zu erzeugen. »Es gibt ein sehr großes Bedürfnis nach Aufmerksamkeit und Aus-dem-Rahmen-Fallen«, meint *Zeit*-Redakteur Gunter Hofmann. Dank des wöchentlichen Erscheinungsrhythmus' seines Blatts gehört er zu den wenigen Korrespondenten, die für ihre Arbeit noch Zeit *und* Muße finden. Anders als für Redaktionen, die in großen Newsrooms wie im Hause Springer (*Welt*, *Welt am Sonntag*, *Berliner Morgenpost*, *Welt Online*) alle Plattformen gleichzeitig bedienen, gilt für Hofmann nicht das

Motto »online first«: Er wird nicht angetrieben oder genötigt, seine klugen Analysen auf *Zeit Online* zu veröffentlichen. Davon abgehalten wird er aber auch nicht.

Die enorme Robustheit, die ein Journalist heutzutage entwickeln muss, um sich davor zu schützen, dass im täglichen Kampf um Quoten und Auflagen seine Gesundheit *und* seine professionellen Ideale unter die Räder kommen, setzt eine charakterliche Immunität voraus, die insbesondere Nachwuchskräften abgeht. Gunter Hofmann hat beobachtet, dass Jungjournalisten vor allem das Selbstvertrauen und die Haltung dazu fehlten. Intelligenz, Kreativität, Schreibtalent – all dies sei im Übermaß vorhanden. Es hapere aber daran, sich den Betörungen des Exklusiven zu verwehren.

Stattdessen gilt: auffallen um jeden Preis. »Etwas weniger Show würde aus meiner persönlichen Sicht allen guttun«, meint Carsten Lietz, der bereits in seinen Mittdreißigern als wendiger Agenturjournalist die Berliner Inlandsredaktion von Reuters leitete. Lietz verdankte seinen Karrieresprung genau der entgegengesetzten Strategie. Der gebürtige Hannoveraner hangelte sich von seinem lokalen Anzeigenblatt über die *Hannoversche Allgemeine* bis in die Brüsseler Reuters-Redaktion und bewährte sich dort sechs Jahre lang auf dem komplizierten Terrain der EU- und Nato-Berichterstattung. In Brüssel habe er rasch festgestellt, dass »der Entertainment-Level dort einfach niedriger ist«, was auf die größtenteils unscheinbaren Europapolitiker zurückzuführen sei. Aber der Mangel an Showbusiness habe auch große Vorteile: Anders als im Prominenzbetrieb der nationalen Entscheidungszentren werde dort mehr Gewicht auf Inhalte gelegt als auf die »Talking Heads« – im Vordergrund stehe nicht, *wer* etwas sagt, sondern *was* und *warum* etwas mitgeteilt wurde. Glaubt man dem wirtschaftspolitischen Fachmann, ist das personenzentrierte Agenda Setting ohnehin in den meisten Fällen frei von Erkenntniswert: In der Agenturpraxis zeige sich schnell, dass Statements meist nur auf den ersten Blick spektakulär wirkten, sich aber auf den zweiten als abgekupfert entpuppten: »Häufig ist dasselbe schon mal von jemand anderem gesagt worden«, erklärt Lietz.

Hinzu kommt, dass Berliner Politikgeschichten gern auch bewusst auf Unvollständigkeit hin konstruiert werden, um möglichst viel Krawall zu erzeugen, ein Thema hochzupäppeln und gegenläufige Reaktionen zu provozieren, die einen Nachklapp garantieren – eher eine Arbeitsbeschaffungsmaßnahme als eine solide Recherchestrategie. Ulrike Hinrichs kennt – wie Thomas Steg und Richard Meng – beide Seiten der Medaille: die politische und die journalistische. Die Reporterin reibt sich auch nach ihrem Wechsel von der Pressestelle des Bundesverbraucherministeriums zurück zum ZDF die Augen, mit welcher Dreistigkeit manche ihrer Kollegen die »One-Way-Recherche« zur gängigen Praxis gemacht haben: »In meiner Ausbildung habe ich mal gelernt – und leider verschwimmt dieser Grundsatz merklich in der alltäglichen Berichterstattung –, dass man denjenigen, der betroffen ist, auch zu Wort kommen lässt. Das geschieht aber im Zweifelsfall immer seltener.«

Dass sich derlei Vorgehen rentiert, steht außer Frage. Von politischen Scharmützeln ging schon immer ein besonderer Reiz aus, nicht nur für den Leser: Herbert Wehner gegen Franz Josef Strauß, Willy Brandt gegen Helmut Kohl, Eberhard Diepgen gegen Walter Momper, Gabriele Pauli gegen Edmund Stoiber, Franz Müntefering gegen Oskar Lafontaine, um nur einige wenige große Duelle der deutschen Demokratiegeschichte zu nennen. Zwar trugen starke Politiker-Egos immer schon ihren Teil dazu bei, große Politik als Seifenoper zu inszenieren. Doch *Zeit*-Autor Gunter Hofmann ahnt den schwarzen Peter mittlerweile aufseiten der Journalisten: »Das Erzeugen von Moden und Stimmungen, dass sich die Medien auf eine Regierung einschießen, weil Harmonie langweilig ist und keine Auflage bringt und daher versucht wird, Konflikte zu schüren, um sich davon neuen Schwung für die eigenen Medien zu erhoffen«, habe die Hauptstadtpolitik von Grund auf umgekrempelt.

Ist Berlin das Role Model dafür, wie sich Politik von den Medien in Versuchung führen lässt, sich kommunikativ im Kreis zu drehen? Ganz so schlimm ist es dann doch nicht. Allerdings greift der Hauptstadtjournalist instinktiv die leisesten Anzeichen von feindlichen Misstönen auf und kann solche Themen über Tage, mitunter Wochen weiterdrehen, wenn er im Streit zwischen Großpolitikern und Hinterbänklern ein ums andere Mal neue Versatzstücke nachlegt. Dabei nutzt er, durchaus im Duett mit den Politikern, die Komplexität politischer Prozesse, um Fehden in Sachfragen zu personalisieren und somit zusätzlich zu dramatisieren. Am Ende profitieren alle: die Journalisten, weil sie Medienhype um Medienhype auslösen, Aufmerksamkeit erzeugen und sich Wettbewerbsvorteile versprechen; die Politiker, weil sie sich an gegnerischen Positionen abarbeiten und profilieren können. Was verliert, ist die Sache an sich, das politische Thema, das gesellschaftliche Problem, der soziale Missstand. Je wichtiger sich alle Beteiligten nehmen, desto unklarer wird, worum es im Eigentlichen geht.

Vor allem in ihrer Komplexität nur schwer reduzierbare Sachverhalte korrodieren unter dem schmierigen Film der latenten Eigenbezüglichkeit von Politikern und Berichterstattern: Dort, wo Aufklärung für den Staatsbürger am notwendigsten ist, stiftet sie Verwirrung. Christoph Schmitz, ehemaliger Parlamentsreporter für *Rheinische Post* und *Bild*, sieht den Hauptknackpunkt darin, dass Politik – ganz profan – Zeit braucht, um in einer Demokratie ihre Aufgaben zu erfüllen. Hauptstadtjournalisten dagegen würden förmlich darauf geeicht, möglichst alles immer neu und damit schlagzeilenreich zu gestalten:»Gerade bei Sozial-, Wirtschafts- und Finanzpolitikthemen, die ich bearbeitet habe, kann ich nicht etwas innerhalb von drei Tagen mal eben hochjazzen. Von diesen Politikentscheidungen sind Millionen Menschen betroffen. Da braucht es eine gewisse Seriosität.« Dagegen stehe der Zwang zum Schlagzeilenjournalismus, der nicht die Darstellung von Zusammenhängen fördere, sondern das Spektakuläre, Offensichtliche, Empörende hervorbringe.

Dieses grundlegende Manko wird allerorten – auch und in erster Linie in den Reihen der Berliner Korrespondenten – wahlweise als »Häppchenjournalismus« oder »Klein-Klein-Berichterstattung« beklagt, ohne dass aber Konsequenzen daraus gezogen würden. »Was uns heute aufregt, interessiert uns nächste Woche schon nicht mehr, obwohl sich eigentlich gar nichts geändert hat. Wir sind zu sehr als Propheten gefragt und zu wenig als Erklärer. Wir sollen immer vorher sagen, wie's wird, und nachher interessiert sich niemand mehr dafür, wie es wirklich war«, merkt ZDF-Chefredakteur Peter Frey nicht ohne gewisse Selbstzweifel an. Berliner Politikjournalisten verweisen in dieser Frage mitunter auf ihre Rolle als Opfer des »Systems«, das Fehler aufweise. Diese Systemfehler treiben sonderbare Blüten: Dass dieselben Themen, die x-mal durchleuchtet, verarbeitet und abgehandelt sind, hinterrücks wieder hochkochen, obwohl nur Plattitüden wiederholt werden – dafür haben selbst erfahrene Hauptstadtgrößen wie Frey, Ulrich Deppendorf und Günter Bannas (*Frankfurter Allgemeine*) keine Erklärung.

Sie vermuten, dass sich die Themensetzung bis zu einem gewissen Grad der Kontrolle entzieht. Dadurch entstehe eine Eigenlogik, die in ein blindwütiges »Rattenrennen« münde – ein Terminus, den der Energielobbyist Michael Donnermeyer, ehemaliger Senatssprecher von Berlin, gebraucht. Tatsächlich kommt es selbst gestandenen Berichterstattern oftmals so vor, als könnten sie nicht anders, als der sprichwörtlichen Kapelle zu folgen, die lautstark durch Berlin-Mitte marschiert, wie Thomas Kröter vom *Kölner Stadt-Anzeiger* anmerkt. Nicht nur die Moden wechseln immer schneller, sondern auch die Prioritäten bei der Bewertung dessen, was wichtig ist: Mal ist es Gammelfleisch oder die Schweinegrippe, mal die Abgasplakette oder die Abwrackprämie. Mal erbost sich die Medienrepublik über die Zurückhaltung des Staates bei der Rettung krisengeschüttelter Konzerne, mal über den Irrsinn, Steuermillionen für die Rettung bankrottgefährdeter Unternehmen auszugeben. Alles ist in gleichem Maße Sensation, alles Skandal. Wenn alle losrennen und es sich niemand leisten kann zurückzuschauen, das große Ganze im Auge zu behalten, und selbst jener Berufsgruppe der Überblick fehlt, der es obliegt, das Handeln der Mächtigen kritisch und wachsam zu begleiten, dann bereitet das den Nährboden für Nachrichtenphantome wie das Schreckgespenst von der unsicheren Rente.

Manchmal, sagt Martin Bialecki (ehemals dpa, jetzt Platon Kommunikation), habe er sich dazu gezwungen gesehen, Meldungen zu verschicken, von denen er gewusst habe, dass sie keinen Sinn ergäben, weil sie sich auf ein Gerücht bezögen, das als vermeintliche Tatsache durch die Medien gegeistert sei: »Wir machen das nur, um das Thema wieder vom Markt zu holen. Das hat es so vor einigen Jahren auch noch nicht gegeben.« Für Bialecki ist Berlin-Mitte zu einem Kessel geworden, der Dampf ablassen muss – aber das Ventil klemmt. Eine Lösung erkennt er nicht: Je weiter Zeitungsredaktionen von der Hauptstadt entfernt seien – geographisch wie mental –, desto stärker sähen sich Korrespondenten gezwungen, ihren Chefredakteuren und Verlegern zu zeigen, dass auch sie in der Lage seien, Themen zu setzen, dass auch sie zitiert würden. Mit leisen Zwischentönen sei das nicht zu leisten.

Solch blinder Aktionismus, der Differenziertheit und Weitblick Pawlow'schen Empörungsreflexen opfert, hat bereits sämtliche Beteiligte des tagespolitischen Diskurses erfasst. Er ignoriert unspektakuläre Geschehnisse, Prozesse und Spuren, die mindestens ebenso beredt, aber differenzierter über den Zustand der Demokratie Auskunft geben als Aufregerthemen und persönliche Befindlichkeiten. Gunter Hofmann glaubt: Wer jeder Sau hinterherläuft, die gerade durchs Dorf getrieben wird, verkennt die verantwortungsvolle Aufgabe des Hauptstadtjournalisten und verrät seine eigene Souveränität.

Doch ist dieser Abwärtstrend kaum noch aufzuhalten: Täglich ist zu beobachten, wie Themen nicht nur aufgebläht, sondern auch verkürzt werden, weil das jeweilige Ereignis an sich die Sensationslust nicht ausreichend bedient. Politiker reagieren und liefern passgenau kompakte Informationshappen, um im Gespräch zu bleiben. Dabei meiden sie schwierige Sachverhalte und belassen es – in der Kürze liegt die Würze – bei leichter Kost, wie Christoph Schmitz kritisiert: Der angeheizte Nachrichtenumschlag lasse keinen Politiker kalt. Statement-Anfragen hätten sich potenziert, Politiker müssten viel schneller artikulationsbereit sein. So werde die Subtilität von Themen und Prozessen bereits von der Quelle, aus der sie stammen, unterdrückt.

Die Präsentation politischer Themen, so Schmitz, habe selbst im öffentlich-rechtlichen Fernsehen eine Kürze erreicht, wie sie zuvor allenfalls bei Boulevardmedien üblich gewesen sei: »Das schlägt auf die Politiker durch. Sie haben dadurch einfach weniger Möglichkeiten, politische Sachverhalte differenziert darzustellen.« Senatssprecher Richard Meng attestiert ihnen bereits Mutlosigkeit, und Tissy Bruns vom *Tagesspiegel* diagnostiziert in der Folge aufseiten der Mediennutzer eine geistige Unterernährung. Doch vor allem haben Beschleunigung, Verkürzung und Dramatisierung dem Hauptstadtjournalisten zugesetzt: Was relevant ist im vielstimmigen Durcheinander von Politik und Medien, lässt sich kaum noch bestimmen. Die Konsequenz ist eine tiefe Verunsicherung des journalistischen Personals. Die Folge: Es klammert sich an die Strohhalme, die noch Orientierung zu leisten versprechen.

»Ham Se's nich ne Numma kleena?«

Es gibt sie noch, die gedruckten Flaggschiffe des politischen Journalismus: Auch im durchdigitalisierten Medienbetrieb gehört die morgendliche Lektüre eines weitgehend festen Kanons an Tages- und Wochentiteln zum Handwerkszeug eines jeden Hauptstadtjournalisten. Der Recherchealltag der meisten Hauptstadtjournalisten verläuft relativ simultan: Neben der Kaffeetasse liegt eine

Auswahl dessen, was die großen bundesweit verbreiteten Konkurrenzmedien aus dem politischen Potpourri des Vortages exhumiert haben. Anders als die Redakteure dieses publizistischen Leitkanons sind vor allem Korrespondenten kleinerer und regionaler Medien in besonderer Weise von den Meinungsmachern aus Berlin, Hamburg, Frankfurt und München abhängig: »Ich lese jeden Tag ein rundes Dutzend Tageszeitungen und die wichtigsten Magazine. Man sollte sich bewusst sein, dass man immer noch von guten Kollegen lernen kann«, erklärt Dieter Wonka, der in der Hauptstadt die Fahne für die *Leipziger Volkszeitung* hochhält. Aus der *Frankfurter Allgemeinen* und *Bild* ziehe er gleichermaßen Wichtiges und orientiere sich bisweilen stark an ihrer Themensetzung.

Nun leisten die papierenen Flaggschiffe als Orientierungsgeber unterschiedlich viel für die Berichterstattungsbranche: Die einen funkeln und stänkern mehr, als dass sie informieren. Die anderen strahlen und leuchten ein Thema auf solch umfassende Weise aus, dass kaum Fragen offen bleiben. Die *Süddeutsche Zeitung* glänzt regelmäßig mit investigativen Enthüllungsgeschichten, *Bild* stichelt gern und wiegelt auf. Die *FAZ* begreift sich eher als vornehme Chronistin des Berliner Gezänks, und der *Spiegel* versucht, als schwerer Dampfer mit seinen langen Geschichten aus den Hinterzimmern der Macht seinen altbewährten Kurs zu halten.

Ihre Relevanz als Vorreiter politischer Themensetzung ist ein wertvolles Gut, aber beileibe keine Selbstverständlichkeit: Täglich neu gilt es, sich und seinesgleichen zu beweisen, wie wichtig die eigene Stimme im Konzert der Meinungsführer ist. Schwer haben es insbesondere die Berliner Traditionsblätter *Tagesspiegel* und *Berliner Zeitung*: Im Vergleich zu anderen Kapitalen der Welt hat sich in Deutschland weder vor noch nach dem Mauerfall eine starke Hauptstadtzeitung entwickeln können, der es gelungen wäre, Ost- und Westleserschaft zu vereinen und zu einem bundesweiten oder gar internationalen Agenda-Setter aufzusteigen. Nach der Wiedervereinigung wurde zwar vereinzelt die Forderung nach einer »deutschen *Washington Post*« laut, doch konnte diesem Anspruch keines der Berliner Blätter gerecht werden. Während in London, Paris oder Zürich starke einheimische Zeitungstitel wie *Times*, *Le Monde* und *Neue Zürcher Zeitung* die Geschicke ihrer Staatslenker kommentieren und damit auch internationales Interesse auf sich ziehen, ist in Berlin selbst über zehn Jahre nach dem Regierungsumzug und über zwanzig Jahre nach dem Mauerfall noch unentschieden, wer in Sachen politischer Berichterstattung den Ton angibt.

Um den Status einer regionalen Hauptstadtzeitung, wie ihn zu Bonner Zeiten der *General-Anzeiger* innehatte, wird nach wie vor gestritten. Dass der *General-Anzeiger* zu einem fast bedeutungslosen Regionalblatt absinken würde, war zwar abzusehen, doch das beschleunigte nicht die Klärung der Nachfolgefrage. Sie mündete vielmehr in einen anhaltenden Kampf um lokale Zielgruppen, wohingegen die Republik nach neuen gesamtdeutschen Integrationsmedien verlangte. Die Unwichtigkeit von *Tagesspiegel* und *Berliner Zeitung* für die überregionale Leserschaft bei gleichzeitiger Lokalkompetenz für den Berliner Markt führte zu einem Widerspruch: Für Bundespolitiker sind beide Blätter gleichermaßen wichtig, schon deshalb, weil sie morgens an den Kiosken obenauf liegen und dadurch automatisch den größten Multiplikatoreffekt innerhalb der Hauptstadt hervorrufen, weil ihre Schlagzeilen die Blicke der Vorbeieilenden auf sich lenken und ihre Artikel rasch zur Sache oder besser: auf den Punkt kommen. Gleichzeitig ist die übrige Bevölkerung jedoch durch die geringen Verkaufszahlen der beiden Blätter außerhalb Berlins nahezu vollständig abgeschnitten von deren Berichterstattung. Im Gegensatz dazu verkaufen *Frankfurter Allgemeine* und *Süddeutsche* in Berlin nur minimale Auflagen, gelten aber – nicht nur unter den Hauptstadtjournalisten – unangefochten als politische Leitmedien.

Dennoch sind auch sie nicht immun gegen die drohende Marginalisierung aus den eigenen Reihen: Je mehr das Internet zum beliebten Informationskanal mutiert, gerät selbst der *Spiegel* in ein Zieldilemma, wie Politikredakteur Christoph Schwennicke mit Blick auf die wöchentliche Erscheinungsweise des Magazins bestätigt: »Die Druckwalze des *Spiegel* läuft halt erst am nächsten Freitag wieder.« Konnte sich Deutschlands führendes Nachrichtenmagazin noch vor nicht allzu langer Zeit darauf verlassen, allwöchentlich mit Enthüllungen aufzuwarten, die zum Wochenauftakt das politische Gespräch bestimmten, trumpfen mittlerweile immer häufiger die Online-Kollegen mit Geschichten auf, die kraft ihrer Brisanz die Branche in Atem halten und Politik wie Wirtschaft die Kehle zuschnüren. »*Spiegel Online* läuft im politischen Betrieb Berlins wie so eine Art Bildschirmschoner immer im Hintergrund mit«, lobt Schwennicke den Ableger des Print-*Spiegel*. Politik und Medien ist ein neues Leitorgan erwachsen, das zugleich Produkt und Ursache des neuen Grundprinzips im Nachrichtenjournalismus ist: Der mediale Erstkontakt mit der Außenwelt erfolgt online.

Spiegel Online hat jedoch mehr geschafft, als einfach nur schneller zu sein, sogar schneller als die Agenturen. Verbissen und mit der nötigen Weitsicht verfolgte der Spiegel Verlag zehn Jahre lang einen kontinuierlichen Ausbau seiner journalistischen Web-Angebote und erntet seit 2005 die Früchte der langfristigen Investitionsstrategie: Anders als die Internet-Ableger der übrigen Qualitätspresse schreiben die Online-Pioniere aus Hamburg schwarze Zahlen und hielten mit regelmäßig über 100 Millionen Zugriffen im Monat lange Zeit die Marktführerschaft, im Sommer 2009 zum ersten Mal überrundet nur von *Bild.de*. Der Erfolg liegt in der Abgrenzung: *Spiegel Online* ist nicht nur schneller, sondern liefert zudem sogleich Einschätzung, Einordnung und Gewichtung und ist dabei bunter, unterhaltsamer und gelegentlich sogar boulevardesker, ob nun via Schlagzeile (»Der Insolvenz-Minister schlägt zurück«) oder Thema (»Fischer-Gattin Barati will keine Party-Queen sein«). Statt eines »großen Klumpatsch« liefere der Branchenprimus eben ein attraktives Gesamtpaket, sagt Schwennicke.

Jeder der knapp hundert Redakteure des Marktführers wird sein eigenes Erweckungserlebnis gehabt haben, als sich plötzlich die ungewohnte wohltuende Gewissheit einstellte, dass ein Online-Journalist aus dem Schatten der angesehenen Print-Kollegen wirklich etwas zu sagen hat im Berliner Tohuwabohu. Insbesondere die knapp 20 Politikredakteure können sich der Aufmerksamkeit der Web-Konkurrenz sicher sein.

Für Severin Weiland, einen ehemaligen *taz*-Redakteur, der bei *Spiegel Online* zum CDU-Experten wurde, war dieser besondere Moment eine kleine unbeachtete Wahlkampfveranstaltung von Gerhard Schröder im August 2005, kurz vor dem Kanzlerkandidatenduell gegen Angela Merkel. Damals hatte sich Weilands für die SPD zuständiger Kollege Carsten Volkery nach Magdeburg abgesetzt, weil sich Anzeichen mehrten, dass der bereits abgeschriebene Bundeskanzler wie drei Jahre zuvor bei der Oderflut erneut das Ruder im Osten herumreißen und sich aus den Umfragetiefs befreien könnte. Dazu angeregt worden war er durch einen Artikel des *FAZ*-Reporters Peter Carstens, der bereits über zwei erfolgreiche Auftritte Schröders in Jena und Dresden berichtet hatte. Tatsächlich wiederholte sich die Szenerie: »Überraschend starker Applaus«, registrierte Volkery. Noch mehr verwunderte ihn die unterschiedliche Wirkung der gleichermaßen informativen Berichte in *FAZ* und *Spiegel Online*. Weiland kann sich noch gut an den Tag erinnern, als er von den medialen Druckwellen erfuhr, die sein Kollege erzeugt hatte: »In der Woche darauf sprach mich der damalige Regierungssprecher Bela Anda am Rande einer Fraktionssitzung im Bundestag an und meinte, dass unser Artikel für einen Meinungsumschwung gesorgt habe.« Erst jetzt würden sich viele Journalisten für die Wahlkampftermine des Kanzlers interessieren. Nicht der opulente *FAZ*-Beitrag sei der Auslöser für dieses neuerliche Interesse im Endspurt ums Kanzleramt gewesen, sondern der Stimmungsbericht im Online-Meinungsführer: »Wir seien diejenigen gewesen, die das bis in den letzten Winkel der Republik transportiert hätten«, erinnert sich

Weiland – nicht ohne gewissen Stolz auf die offenkundige Wichtigkeit seines Brötchengebers.

Noch hat das letzte Stündlein der hergebrachten Leitmedien freilich nicht geschlagen: Kein Hauptstadtjournalist, der etwas auf sich hält, würde sich dazu hinreißen lassen, die Bedeutung der altehrwürdigen Qualitätsblätter zu unterschätzen. Doch mussten *Spiegel, FAZ, SZ* und die übrigen Platzhirsche der Politikberichterstattung ihr Monopol bereits schrittweise an die aufstrebenden Online-Medien abgeben. *Spiegel Online* ist zweifellos zum »Meinungsführer« (Richard Meng) und »Agenda-Setter mit fast immer großen und wichtigen Themen« (Gerhard Hofmann, Ex-n-tv/RTL) geworden – und damit haben sich auch die Voraussetzungen für den Arbeitsalltag vieler Politikkorrespondenten von Regionalmedien geändert: Stärker als je zuvor sehen sich die häufig als Ein-Mann-Vertretungen operierenden Redaktionsbüros gezwungen, sich an den großen Leitmedien und Leitwölfen des Hauptstadtjournalismus auszurichten.

Seit Jahrzehnten gibt der *Spiegel* vor, was am nachrichtenarmen Wochenende öffentlich diskutiert wird und in den Folgetagen die Politikressorts der übrigen Presse beschäftigt. Auch die *Bild* sorgt regelmäßig mit echten und konstruierten Skandalberichten für erhitzte Gemüter sowie Schreib- und Sendestoff in den Redaktionen. Nach der Erfahrung von Henning Krumrey, stellvertretender Chefredakteur der *Wirtschaftswoche*, begründen zumindest die Chefredakteure deutscher Regionalzeitungen und -sender ihr reges Feedback auf *Bild*-Berichte mit der exponierten Stellung der Boulevardzeitung. Mit anderen Worten: Wenn es ein Thema dank *Bild* erst einmal auf die Agenda geschafft hat, marschiert der Medientross oft in dieselbe Richtung.

Spiegel Online dagegen hat sich wie kein anderes Medium zuvor der Themenplanung der übrigen Presse- und Rundfunklandschaft bemächtigt. Verantwortlich dafür ist das gewachsene Ungleichgewicht zwischen dem Heer regionaler Medien und den ganz großen Dirigenten im Mediengeschäft. In der Spitzenpolitik hört man lieber auf einflussreiche Multiplikatoren. Der Satz »Kleinvieh macht auch Mist« gilt nicht für Berlin. Die Kluft ist mittlerweile so eklatant, dass den Regionalen nichts anderes übrigbleibt, als sich an führenden Pressetiteln zu orientieren.

Ein solcher *Dracula-Journalismus*, der sich an die Hauptschlagader der anderen hängt, setzt die Berichterstatter in Anbetracht des Beschleunigungskarussells zusätzlich unter Druck: Zentralredaktionen können heute, anders als in früheren Zeiten, als es nur das Fernsehen und die Agenturticker gab, übers Netz minutengenau verfolgen, welche Themen Konjunktur haben, weil sie bei *Spiegel Online* ganz oben auf der Klickrangliste stehen. Immer mehr Korrespondenten klagen über ungeduldige Anrufe ihrer Redaktionsleiter und deren Unverständnis, warum man es nicht *Spiegel Online* gleichtun könne: Ran ans Thema, man wisse ja, wo es langgehe. So würden die Terminkalender von Regionalkorrespondenten in der Regel nicht eigenständig gefüllt, sondern von der Performance des Wortführers bestimmt, an die es sich zu halten gelte, berichtet – darüber verärgert wie viele andere seiner Branche – Thomas Wittke vom Bonner *General-Anzeiger*. Das Trendsetting-Gehabe des *Spiegel* macht ihm schon seit Jahren zu schaffen und verlangt ihm einiges Stehvermögen gegenüber seiner Heimatredaktion ab.

Dass es Hauptstadtjournalisten bereits als Luxus betrachten, sich nicht an den Veröffentlichungen der Konkurrenz messen lassen zu müssen, sondern selbst Themen setzen zu können, resultiert nach Ansicht von *FAZ*-Redakteur Günter Bannas auch daraus, dass es wegen des Zeitdrucks und einer ausufernden Informationsflut immer schwieriger geworden sei, solide zu recherchieren. Oftmals werde kostbare Zeit damit verplempert, möglichst viele Informationen aus unterschiedlichen Quellen zusammenzutragen, weil die Journalisten von allen Seiten ungefragt mit Überflüssigem zugedröhnt würden. Sich angesichts der Vielzahl und Vielfalt digitaler Kanäle auf das Wesentliche zu konzentrieren sei kaum noch möglich. Das Ergebnis: »Unter der Woche«, so Severin Weiland, »spielen alle mehr oder weniger dieselben Themen ab. Unterschiede bestehen oft nur noch im Blickwinkel, in der Schreibe oder in der Herangehensweise.«

Die daraus erwachsende Gleichförmigkeit wird komplementiert durch eine besorgniserregende Schweigespirale. Eine solche entsteht immer dann, wenn eine Vielzahl von Menschen glaubt, mit ihren persönlichen Meinungen von der Mehrheit abzuweichen, und deshalb – aus Angst, in ein Außenseiterdasein zu geraten – davor zurückscheut, sich mitzuteilen. Nun sind Journalisten gemeinhin keine Hasenfüße, doch sich gegen herrschende Ansichten zu stellen ist doch ein Risiko, das sie gern vermeiden: »Es ist nicht leichter geworden, gegen die herrschende Meinung der Medien zu schreiben«, beklagt Thomas Kröter. In solchen Fällen sei es immer schwerer, mit Tucholsky zu fragen: »Ham Se's nich ne Numma kleena?«

Die Ursache der Schweigespirale liegt in der starken Kollegenorientierung der Politikjournalisten: Überall dort, wo sich unter den Berichterstattern ein Lagerkoller auszubreiten droht, ob nun auf Gipfeln wie dem Treffen der G8-Regierungschefs in Heiligendamm oder auf jedem beliebigen Parteitag, verbreiten sich nicht nur Wertungen, sondern sind auch Verbrüderungen im Geiste zu beobachten: »Wenn ich eine Rede von Frau Merkel schlecht fand, aber zehn Kollegen sagen, wie toll die Rede war, dann werde ich natürlich auch nachdenklich«, sagt Nico Fried, Berliner Büroleiter der *Süddeutschen Zeitung*.

Wenn selbst die Kommentierung in den Reihen der Edelfedern des Qualitätsjournalismus von der Schweigespirale erfasst wird, müssen die Alarmglocken läuten. Dabei ist ein solcher Effekt de facto kaum nachzuweisen, es sei denn, die Betroffenen äußern sich selbst. Offen wird eine solche *déformation professionnelle* jedoch nur hinter vorgehaltener Hand und unter Zusicherung von Anonymität eingeräumt: Ja, bisweilen falle es schwer, nach bestem Wissen und Gewissen zu berichten. Schließlich lasse sich jeder von schlüssigen Argumenten überzeugen, zumal wenn es sich um ehrbare Kollegen handle. Doch ist diese Mischung aus Schweigespirale und *Buddy-Journalismus* selbst für die Akteure nur selten wahrnehmbar: Die gegenseitige Beeinflussung unter Kollegen oder gar die instinktive Anpassung der persönlichen Haltung verläuft eher auf subkutaner, unbewusster Ebene.

Liebe, Triebe, Eitelkeiten

Der Moment, in dem das Schickeriamagazin *Bunte* zum ernstzunehmenden Agenda-Setter in Berlin wurde, lässt sich im Nachhinein nur schwer ermitteln. War es der misslungene Versuch, Ex-SPD-Chef Kurt Beck mit Fragen über seine Kindheitsträume und »moderne Ehe« zum Sympathieträger zu machen? Oder das verständnisvolle, aber ebenfalls unbeachtete Porträt des Bundesinnenministers Wolfgang Schäuble, dessen Image als Reizfigur in Sachen Kontrollstaat mit seiner Leidenschaft für das deutsche Fußball-Nationalteam geschönt werden sollte? War es der mitleidige Blick ins Familienleben der gefallenen Reformikone Peter Hartz, der »nach dem Prozess als Erstes vom Handy seines Anwalts die Frau anrief«? Oder war es schließlich der zweifellos buntschillernde Hausbesuch über »Die Lokomotive der CSU« im heißen August des Jahres 2006, als der damalige Bundesverbraucherminister Horst Seehofer die *Bunte* im familiären Refugium empfing? Einen entscheidenden, wenn auch zweifelhaften Achtungserfolg erzielte sie schließlich auch mit den Pool-Bildern des liebestollen Rudolph Scharping.

Die triefend menschelnde Homestory über die streitbare Politikermaschine Seehofer forderte förmlich die Konkurrenz aus Hamburg heraus: Nicht einmal ein halbes Jahr nach dem so offenherzigen Bekenntnis zu Ehe, Treue und bayerischer Bodenständigkeit brachte *Bild* eine Enthüllungsmeldung, die das schöne Charakterbild vom tugendhaften Vorzeigepolitiker zum Einsturz brachte. Seehofers Affäre mit einer Berliner Geliebten, aus der im

Mai 2007 auch noch ein Kind hervorgehen sollte, sorgte für ein mittleres Erdbeben in den Redaktionsstuben der Hauptstadt: Weniger die Affäre selbst als vielmehr die Tatsache, dass über sie geschrieben wurde, sorgte bei den erfahrenen Korrespondenten für Empörung. Die meisten kannten das pikante Geheimnis des Bundesministers schon länger, hatten es aber diskret verschwiegen. Es gebe, so das Geheimwissen vieler Journalisten, eine ganze Reihe von Abgeordneten, die sich einsame Stunden im kargen Berliner Parlamentsleben mit amourösen Abenteuern auf Zeit versüßten, während daheim die Familie auf ein Wiedersehen am Wochenende warte. Erzählt werden solche Geschichten allerdings bei geschlossener Bürotür und mit dem Hinweis:»Das haben Sie nicht von mir!« Kollegen wie Martin Bialecki sprechen offen aus, wie janusköpfig die Hauptstadtpolitik mit ihrer Vorbildfunktion umgeht:»Ich könnte Ihnen alles Mögliche erzählen von Politikern, die in einem weit entfernten Bundesland mehrere Kinder haben von einer Frau, mit der sie nach außen hin in wunderbarer Harmonie zusammenleben, die sich aber hier benehmen wie eine offene Hose.«

Schreiben würde aber nach Aussage der Büroleiter keines der Qualitätsmedien über solche Seitensprünge, es sei denn, das Private erhalte im Politischen Relevanz. Insofern erweist sich auch der Hauptstadtjournalismus als bigott und alles andere als prinzipientreu: Wenn die Katze erst einmal aus dem Sack ist, gibt es keine Pietät mehr. Wie ein Kartenhaus fällt ein journalistisches Prinzip nach dem anderen zusammen, wenn Boulevardmedien private Unsitten und selbst kleinere Fehltritte zur Entscheidungsfrage über die politische Zukunft des Landes stilisieren. Wenn der publizistische Dampfhammer *Bild* einen Skandal in die Welt setzt, erschüttert das die politische Sphäre nicht selten nachhaltig – und auch die ehrbarsten Leitmedien sehen sich dann dazu genötigt, über außereheliche Zweisamkeit, tiefe Dekolletés und die Haarpracht von Politikern zu berichten.

Indiskretionen sind zwar nicht an der Tagesordnung, aber ihre

Bedeutung für die Berichterstattung und für das politische Taktieren hat zugenommen. Der Boulevardpresse, maßgeblich der *Bild*-Zeitung, geht es meist um nichts anderes als das Fahrstuhlprinzip, sprich: Will die Politprominenz mit Hilfe der Presse an die Spitze der Popularität gelangen, muss sie bei Verfehlungen oder Liebesverweigerung auch damit rechnen, schnell wieder heruntergeschrieben zu werden.[36]

Ob der Leser, Zuschauer oder Internetnutzer überhaupt in gesteigertem Maße Interesse an den Details aus dem Privatleben der Polit- oder Medienprominenz findet, hat nur noch nebensächliche Bedeutung. Zwar folgte aus dem grandiosen Scheitern Scharpings in Sachen Imagepflege eine allgemeine Skepsis der deutschen Politiker gegenüber Politikberatern, immerhin spukt die unvergessene Swimmingpool-Affäre im Jahr 2001 um den ehemaligen Bundesverteidigungsminister, der sein Privatleben mit Hilfe des PR-Beraters Moritz Hunzinger in der *Bunten* inszenieren wollte, immer noch in den Köpfen vieler Politiker herum und dient – bei allem Hang zur Inszenierung – nach wie vor als Abschreckung. Seit Scharpings Medienspiel mit dem Feuer ist die Grenzüberschreitung im Privatleben von Politikern jedoch zur Selbstverständlichkeit geworden – auf beiden Seiten.

Doch nur noch wenige Amtsträger können sich behände und erfolgreich mit eigenen Kräften gegen die unmoralischen Offerten des Boulevards wehren. Einen harten Kurs schlägt beispielsweise Klaus Wowereit an, dessen öffentliches Outing ihm zu seinem liberalen Medienimage (»Berlin ist arm, aber sexy«) verholfen hat. Der Regierende Bürgermeister Berlins kennt keine Gnade, wenn in seinem Privatleben herumgeschnüffelt wird: Berliner Fotojournalisten, die sich auf die Lauer legten, um das private Domizil Wowereits abzulichten, wurde unmissverständlich klargemacht, dass es im Fall einer Veröffentlichung juristische Konsequenzen hageln würde. Offenbar fielen die Drohungen so überzeugend aus, dass sich bisher niemand traute, es auf einen Versuch ankommen zu lassen.

In der *Bunten* dagegen ist immer eitel Sonnenschein: Selbst bei skandalträchtigen Affären räumen die bayerischen Society-Experten gewissenhaft mit allen Unflätigkeiten auf, die von der mittlerweile in Berlin fuhrwerkenden Stimmungskanone *Bild* auf den Nachrichtenmarkt geworfen werden. Auf jeder Seite menschelt es, egal, ob es sich um Filmstars, Modesternchen, Popgrößen oder Volksvertreter handelt. Die *Bunte* macht Politik, leistete mit ihrer hypnotischen Fixierung auf den Fall und die Person Seehofer einen entscheidenden Beitrag zur Rehabilitation des heutigen bayerischen Ministerpräsidenten. Seit der Bundestagswahl 2005 gab es in nahezu jeder Ausgabe eine große Politikergeschichte, wurde in Interviews, Porträts und Features nach dem Menschen hinter den mächtigen Anzugs- und Kostümträgern gefragt. Selbst wenn Exehefrauen zum Gespräch gebeten werden, um sarkastisch-verklausuliert noch einmal die charakterlichen Schwächen des (meist männlichen) Fremdgängers auszubreiten: All das gehört zum Reinigungsritual des nach Canossa kriechenden Sündigen. Voraussetzung: Das Spiel wird mitgespielt.

Das hier und da auch ein wenig nachgeholfen wurde, ist keine Überraschung. Doch als der *Stern* im Februar 2010 mit einem Bericht an die Öffentlichkeit polterte, der die offenbar verlotterten Ausspähpraktiken der missliebigen Illustrierten *Bunte* anprangerte, schlug dies ein wie eine Granate. Die Enthüllungsreporter Johannes Röhrig und Hans-Martin Tillack erheben in ihrem Text schwerste Vorwürfe: So sei das Privatleben von Oskar Lafontaine und Franz Müntefering im Auftrag der *Bunten* mit Hilfe einer in Berlin ansässigen Foto- und Rechercheagentur namens CMK systematisch ausspioniert worden – und dies mit unlauteren Methoden, die zwar bei Privatermittlern gang und gäbe seien, aber nicht im rechtschaffenen Recherchejournalismus.[37] Während Oskar Lafontaine wegen einer vermuteten Affäre mit Parteigenossin Sahra Wagenknecht observiert worden sei, habe das Interesse an Müntefferings Person der Liaison mit seiner Mitarbeiterin und heutigen Ehefrau Michelle Schumann gegolten. Später stellte sich heraus, dass sogar noch weitere prominente Politpersönlichkeiten bespitzelt wurden.[38]

Bunte-Chefredakteurin Patricia Riekel gab zwar zu, dass die dubiose Foto- und Recherchefirma angeheuert worden war, wollte aber von einem Verstoß gegen den Pressekodex nichts wissen und ging in die Offensive:»Spitzenpolitiker wie Franz Müntefering haben Vorbildfunktion. Ihr Privatleben ist daher für die Öffentlichkeit von Bedeutung, weil sie Leitfiguren unseres Wertesystems sind. Ihr privates Verhalten hat daher Auswirkungen auf die Moral der Gesellschaft und damit unter Umständen auch auf politische Entscheidungsprozesse«, hieß es in der offiziellen Stellungnahme der *Bunte*-Chefredaktion.[39] Als der Skandal bekannt wurde, entgegnete der beschattete Müntefering in einem Statement, dass er neugierig sei, ob es quasi analog zum Pressekodex in der Medienwelt dieses Landes auch einen verlässlichen »Ehrenkodex« gebe, der sicherstelle, dass solche Gepflogenheiten künftig nicht mehr vorkämen.[40]

Umso unverständlicher erscheint, weshalb viele der Entscheider das verdorbene Spielchen um Intimes und Banales mitspielen: ob als Akteure im eigenen Homestory-Budenzauber (»Er war einmal ein Blumenkind: Oswald Metzger – Besuch bei einem Unangepassten«), mit fadenscheinigen Interviews (»Ilse Aigner: Die Ministerin über das Geheimnis ihres Lachens, Killerinstinkt in der Politik – und warum sie mal barfuß auf fremden Dächern rumturnte«) oder um dem politischen Gegner eins auszuwischen. Dieter Wonka, der seit 1992 für die *Leipziger Volkszeitung* das Hauptstadttreiben beobachtet, ist davon überzeugt, dass die Instrumentalisierung des Privaten durch die Politik »keine bloße Erfindung des Journalismus« sei. Dass schon Theo Waigel, der langjährige Bundesfinanzminister unter Kanzler Kohl, von seinen politischen Kontrahenten mit Indiskretionen überschüttet und zu Fall gebracht werden sollte, ist für manchen Bonner Veteranen ein Paradebeispiel für das synergetische Treiben von intriganten Politikern und skandalgierigen Journalisten. Das Problem exis-

tiert also schon länger. Auch der Seehofer-Fall wurde den Medien
gerüchteweise von der bayerischen Staatskanzlei zugespielt.
Eine neue Stufe erreichte die Boulevardmethode nur, weil immer mehr Medien anbeißen. »Was Tratsch und Klatsch angeht,
sind jene, die rund um den Reichstag arbeiten, keinen Deut besser
als jeder Stammtisch und jedes Kaffeekränzchen«, meint die ehemalige *Welt*-Politikchefin Margaret Heckel. Die Hemmschwelle,
Privates ins Blatt zu heben, ist seit dem Regierungsumzug ins
mondäne Berlin nach und nach gesunken. Rechtfertigung findet
die zweifelhafte Bereitschaft in der angeblichen Nachfrage der
Leserschaft: »Die Leute wollen nicht nur informiert, sondern auch
unterhalten werden. Also ist es wichtig, der Politik auch ein bisschen Glamour zu verleihen. Berlin ist einfach der wichtigste
Standort für Glamour, inzwischen schon wichtiger als früher
München«, sagt Mainhardt Graf von Nayhauß-Cormons. Der
muss es wissen, ist er doch mit seiner *Bild*-Kolumne einer der ältesten und meistgelesenen Meinungsführer der Republik. Fatalis-
tischer formuliert es TV-Journalist Ulrich Deppendorf: Man
müsse nur auf die letzten Seiten von *Bild*, *Bunte* und *Gala* schau-
en, wo es Berlin schon auf dieselbe Ebene wie New York und London geschafft habe. Menschen und Medien ändern sich. Die Politik auch. Das habe man nun mal zu akzeptieren.

Äußerlichkeiten wie die auffallend makellose Haarpracht Gerhard Schröders oder das verhältnismäßig freizügige Dekolleté
Angela Merkels bei einem Opernbesuch in Oslo – »Oh lala, Frau
Merkel« (*Stern*) – bekommen auf diese Weise mitunter mehr Aufmerksamkeit als politische Weichenstellungen. Den größer wer-
denden Medienappetit auf Boulevardhappen erwidern viele Politiker nicht etwa mit einstweiligen Verfügungen und sonstigen
Abwehrreflexen, sondern sie reagieren pragmatischer, als man es
gemeinhin erwarten sollte. Grünen-Chef Cem Özdemir, SPD-
Frontmann Franz Müntefering, CSU-Bundesminister Karl-Theodor zu Guttenberg, FDP-Aufsteiger Philipp Rösler, Arbeitsministe-
rin Ursula von der Leyen (CDU) – sie alle und viele weitere

Spitzenpolitiker gaben *Bunte*, *Gala* oder *Super Illu*, nicht zu vergessen *Bild am Sonntag*, zum Wahljahr 2009 exklusive Interviews, in denen nur oberflächlich die große Politik gestreift und viel lieber dem voyeuristischen Interesse am Privatleben gefrönt wurde. Exministerpräsidentin Heide Simonis breitete ob ihres »traurigen Abgangs« bei UNICEF in der *Bunten* ebenso ihr Seelenleben aus wie Grünenpolitiker Fritz Kuhn, der gemeinsam mit seinem Sohn über »nächtliche SMS, Drogen und Schläge mit dem Teppichklopfer« sinnierte.

Dass die handelnde Politik eigenhändig die Zuwendung zu intimen und oberflächlichen Themen befördert, geschieht nicht immer freiwillig. Nach Beobachtung von Brigitte Fehrle gibt es heute kaum noch einen Politiker, der keiner Homestory in der unter Umständen schon mit gewetzten Messern wartenden Boulevardpresse zustimmen würde. Sie machten das Spiel mit, »um den Spin beeinflussen zu können«, so Fehrle. Der praktisch-politische Einfluss des Boulevardjournalismus dürfe daher nicht unterschätzt werden.

Zu fatal ist das Netz der Abhängigkeiten und Liebedienereien zwischen Boulevardmedien und dem Politikgeschehen, deren Mechanismen zum erheblichen Teil bereits auf vorauseilendem Gehorsam beruhen: Politiker sehen sich mittlerweile wie Popstars dazu gezwungen, bei geringsten Anzeichen einer medialen Magenverstimmung die Oberhand über die drohende Tendenzberichterstattung zu gewinnen und präventiv zu kooperieren, statt angstvoll der Enthüllungen zu harren, die da kommen. Nach Meinung von Berater Michael Spreng müsse das ganz nüchtern betrachtet werden, denn die Medien könnten mindestens auf zwei Arten berichten – die empathische und die anprangernde: »Der Schweinehund hat seine Frau verlassen« oder »Politikern geht es wie allen anderen Menschen: Ehen können zerbrechen«. Die Tonart legten erst die Journalisten fest.

Die neue Liebe von Niedersachsens christdemokratischem Ministerpräsidenten Christian Wulff illuminierte so nachhaltig das

Grau in Grau der Politikressorts, dass selbst die hässliche Kehrseite der Beziehung überstrahlt wurde: die Trennung von Wulffs erster Ehefrau Christiane. Brigitte Fehrle ist voller Bewunderung für die Abgeklärtheit des ehemaligen Jungen Wilden der CDU im Umgang mit der Boulevardmaschinerie:»Für Christian Wulff war das eine absolute Erfolgsgeschichte: Ich kenne keinen Politiker, der seine Eheprobleme gegenüber den Medien so perfekt kommuniziert hat wie Wulff – ein Meisterstück.«

Dabei tat Wulff nichts weiter, als Deutschlands größtes und mächtigstes Boulevardblatt offenherzig über Scheidung und neue Ehe zu informieren, und erarbeitete sich damit einen Kredit für auffallend positive Berichte über seine Person. Prominente Politikerinnen haben es aus Sicht von Margaret Heckel weniger leicht, die »People Press« für sich zu gewinnen. Sie böten zu viele emotionale und optische Angriffspunkte:»Frauen im Rampenlicht werden anders behandelt als Männer. Männer dürfen Schweißflecke an den Hemden haben, je größer, desto besser.« Heckels Hinweis auf die »virilen Machtposen« des Altkanzlers Gerhard Schröder rührt aus ihrem Unmut darüber, dass bei Frauen mit zweierlei Maß gemessen werde: Sie sollen zwar Führungsstärke zeigen, bleiben aber weiterhin Projektionsfläche für Schönheits- und Benimmkonventionen. Das Boulevardprinzip verlangt von den starken Frauenfiguren in der Politik, Persönliches zu verschleiern und sich dabei trotzdem zu öffnen. So scheint Heckel doch bei aller Kritik etwas neidisch auf ihre Boulevardkollegen zu blicken, schließlich hätten diese es geschafft, sich einen ganz anderen Zugang zur Machtspitze zu bahnen:»Die besten Interviews über die Person Merkel finden sich in einem solchen People-Magazin.«

Immer mehr Blätter liefern auf ihren Online-Präsenzen Ansichten einer Welt voller Banalitäten. Entsprechend ist der Kommentar von *Spiegel-Onliner* Severin Weiland zwischen Verständnis und Sarkasmus, zwischen Rechtfertigung und Verzweiflung angesiedelt: Politik allein verkaufe sich halt schlecht. Boulevardeske Nuancen und Exkurse sind mittlerweile zur üblichen Zutat geworden – und im Netz sind sie einer der wenigen Garanten dafür, dass zumindest häppchenweise Geld aus Werbeumsätzen zurückfließt in die Dauerbaustelle Web-Zeitung.

Die Zukunft des Online-Journalismus scheint in der Illustrierung zu liegen: Klick für Klick erhöhen Bildergalerien den Cash Flow selbst so manchen Qualitätsmediums, etwa »gescheiterte Politikerehen« (*Financial Times Deutschland*), »Politiker und ihre Haare« (*Stern*) oder »Volksvertreter im Urlaub« (*Spiegel Online/ Einestages*). Wo es augenscheinlich nur um leichte Nachrichtenkost für zwischendurch geht, wird mit der Neugier gespielt und auf den Voyeurismus des Publikums spekuliert. Die *BamS* macht vor, wie es richtig geht – über einige Merkel-im-Urlaub-Schnappschüsse stellt sie die Grundsatzfrage: »Darf sich eine Bundeskanzlerin so kleiden?« Und wer den Bundestagswahlkampf 2009 auf RTL oder in der *Bunten* verfolgt hat, hätte meinen können, die Wahlentscheidung richte sich an der Frage aus, ob nun Frau Merkel oder Herr Steinmeier die schmackhafteren Rouladen kocht.

Die Medienwelt ist zu einer Medienwalze geworden. Das sagt nicht nur Richard Meng, der 25 Jahre lang für die *Frankfurter Rundschau* berichtete, bevor er in die Dienste von Berlins Regierendem Bürgermeister Klaus Wowereit wechselte. Der Eindruck, dass sich schwer etwas gegen den allgemeinen Sittenverfall der Branche ausrichten lässt, beschäftigt viele von Mengs ehemaligen Journalistenkollegen, die es aus eigener Kraft nicht schaffen, sich den mal impulsiven und unbedachten, mal schon manische Züge annehmenden Regelverstößen entgegenzustellen. Besondere Sorge bereitet es unter anderem Tissy Bruns (*Der Tagesspiegel*) und Peter Frey (ZDF), dass Berlin zur Heimstätte eines perfiden Systems aus Abhängigkeiten geworden ist, in dem sich die Journalisten schnell verstricken können. Selbst prominente Medienvertreter geraten mit ihrem Privatleben häufiger ins öffentliche Rampenlicht und müssen den publizistischen Fleischwolf fürchten. Fernsehmann Frey brachte das Medieninteresse an der jungen Liebe zwischen seiner Kollegin Maybrit Illner und dem Vorstandsvorsitzenden der Deutschen Telekom, René Obermann, ins Grübeln: Die Trennschärfe zwischen Beruflichem und Privatem habe so stark abgenommen, sagt Frey, dass bekannte Gesichter auf beiden Seiten Schwierigkeiten hätten, ihre Intimsphäre zu schützen. Journalisten werden damit zum Opfer ihres eigenen Berichterstattungsapparates, ganz der Prämisse folgend: Je prominenter ein Journalist, desto größer die Wahrscheinlichkeit, von Erpressungsversuchen der Boulevardpresse betroffen zu sein.

Hierbei von Erpressung zu reden, sei doch arg übertrieben, meint Lars Kühn, der so lange im Namen der SPD sprach, bis Kurt Beck seinen Posten als Parteivorsitzender räumen musste. Wenn der Druck auf einen Politiker steige, heiße es: Lieber die Tür geschlossen halten. Der ausgebildete Maschinenbauer und freie Journalist stieß mit seinen Ratschlägen bei der eigenen Partei auf taube Ohren: Beck und Müntefering waren nebst ihren Frauen gleichermaßen gern gesehene Interviewgäste von *Bunte* und Co. Dass es durchaus ein berechtigtes öffentliches Interesse an den verborgenen Liebschaften, Kochkünsten und Wohnzimmereinrichtungen der Mächtigen geben mag, glaubt Veteran von Nayhauß, der schon früh in seiner Karriere im Auftrag der Illustrierten *Quick* etwas Licht in die Politikerschlafzimmer brachte. Heute plagt ihn diesbezüglich keineswegs ein schlechtes Gewissen.

Vor knapp vierzig Jahren hatte Nayhauß ein Schlüsselerlebnis mit dem damaligen Chef des Bundeskanzleramts und Minister für besondere Aufgaben, Horst Ehmke. Die verheiratete rechte Hand von Bundeskanzler Willy Brandt begann eine Beziehung mit einer jungen Tschechin, ohne dass Ehefrau und halberwachsene Kinder etwas davon bemerkten. Als Nayhauß von der Untreue des Staatsmannes erfuhr, schlug er Ehmke einen Tauschhandel vor: »Ich habe ihm erzählt, was ich weiß, und ihn gefragt, was seine Stellungnahme dazu sei. Da war er gar nicht groß erschrocken. Er machte mir ein Angebot, dass er erst einmal seine familiären Verhältnisse ordnen wolle. Im Moment sei eine Veröffentlichung ganz schlecht, weil zwei seiner Kinder im Abitur stünden. Und eine Nachricht von einer Liebesaffäre ihres Vaters würde sie völlig verunsichern. Wenn ich ihm also die nötige Zeit gäbe, bekäme ich das erste große Interview mit ihm und der Neuen.« Das verabredete Interview wurde zu einer »herrlichen Reportage« über die neue junge Frau Ehmke, verführerisch auf einem Bootssteg am Starnberger See posierend. Aus Gegnern wurden Freunde, und es folgten gemeinsame Urlaubsreisen nach Südfrankreich, Geburtstagsfeiern und ein herzliches »Du«. Auf der Basis dieses Erfahrungsschatzes urteilt der Reporter-Graf heute: Seehofer sei einfach zu ungeschickt gewesen, schließlich hätte er sich zuvor mit *Bild*-Chef Kai Diekmann arrangieren können, so wie er, Nayhauß, es damals mit seinem späteren Freund Horst Ehmke tat. Diekmann habe sich regelgemäß verhalten – und Seehofer eigens am Tag vor der Enthüllung angerufen. Was Nayhauß meint, könnte man als »Fair Play« bezeichnen. Das Grundproblem löst ein solch fragwürdiger Ehrenkodex natürlich nicht.

Medien als Machtfaktor

Die moralischen Probleme, die der Boulevard aufwirft, werden noch gesteigert durch die Lust der Medien, selbst aktiv in der Politik mitzumischen und durch Stimmungsmache und Kampagnenjournalismus Themen anzustoßen, die keine sind – ob plattoffensiv wie bei der gemeinsamen Empörung von *Focus* und *Bild* über den »Kommissar im Turtelurlaub« oder »Nacktplanscher« Verheugen – über dessen FKK-Fotos wurde zwar wild spekuliert, eine Veröffentlichung blieb dann jedoch aus – oder subtiler wie bei der Nominierung des liberalen Staatsrechtlers Horst Dreier für das Amt des Vizepräsidenten des Bundesverfassungsgerichts 2008, der aufgrund seiner liberalen Haltung zur Stammzellenforschung in weiten Kreisen der CDU in Ungnade gefallen war. »Ich glaube schon, dass der Mann kaputtgeschrieben werden sollte«, erinnert sich *Spiegel*-Autor Christoph Schwennicke und ergänzt:

»Natürlich kann man kritisch sein und schreiben, aus welchen Gründen jemand nicht für solch ein Amt infrage kommt. Problematisch wird es aber, wenn es nicht bei einem Leitartikel bleibt, sondern in fünf Leitartikeln immer wieder dasselbe steht.« Der Verdacht, es würden Kampagnen lanciert, ist schnell geäußert – Helmut Kohl witterte ebenso welche wie Gerhard Schröder oder Angela Merkel –, doch selten treten sie so deutlich zutage wie in Zeiten des angespannten Wettbewerbs. Dabei fällt für Medien und Politik gleichermaßen etwas ab: Aufmerksamkeit für die einen, Wählerstimmen für die anderen.

Die klassische Medienkampagne bedient sich daher auch des bewährten Rezepts der unerschütterlichen Wiederholung: Einseitig gefärbte Argumente werden so lange hartnäckig repetiert, bis sich ein Blatt geschlossen und meinungsstark auf ein Thema oder eine Person eingeschossen hat. Die damit verbundenen Ziele sind oftmals nebulös. »Journalisten sollten wissen, was sie können und was nicht«, warnt Exjournalist Meng. »Sie können Themen befördern, sie können im besten Sinn investigativ arbeiten und Themen auf die Agenda setzen, sie können natürlich auch Verhetzungsthemen auf die Agenda setzen, doch sie können keine wirkliche Politik machen. Das ist eine maßlose Überschätzung.« Und dennoch: Die Ambitionen im Streben nach Leitthemen sehen anders aus. Das Medium wird aus einer solchen Motivation heraus im günstigsten Fall zum ausschlaggebenden Faktor bei politischen Prozessen, sei es im Hinblick auf eine Personalie oder bei parlamentarischen Entscheidungen. Kampagnen entstehen daher nicht irgendwo, sondern ganz oben: in den Verlagsleitungen, in den Chefredaktionen, in den Köpfen der Alphajournalisten, der Leitartikler, die latent gefährdet sind, in Anbetracht ihres Status selbst Machtgelüste zu entwickeln.

Ihr Material ist typischer Empörungsstoff: Aufregerthemen wie Diätenerhöhungen der Bundestagsabgeordneten, die neue Rechtschreibung oder die kontroverse Protestvergangenheit von Politikern wie Joschka Fischer oder Jürgen Trittin sind und waren regelmäßiger Anlass, um sich die Köpfe zorneswütig zu schreiben. Ein wiederkehrendes Thema ist auch das der ministerialen Flugbereitschaft: Können hochbezahlte Spitzenpolitiker nicht auch einen Linienflug nehmen, statt allein mit einer Handvoll Mitarbeitern eine CL-601 Challenger der Bundesluftwaffe für sich zu beanspruchen? Nicht unbedingt, sagt Henning Krumrey von der *Wirtschaftswoche*, der lange Jahre für das Magazin *Focus* in Berlin stationiert war. Derlei emotional aufgeheizte Skandalisierungen von angeblich verschwenderischen Dienstflügen müssten erst einmal mit Fakten untermauert werden, wozu aber niemand Lust oder Zeit habe: »Man müsste nachweisen, dass es a) tatsächlich einen parallelen Linienflug gab, der b) mit dem Terminkalender des Ministers, den man ja nicht hat, vereinbar gewesen wäre; denn schließlich fliegen Linienflüge nur bestimmte Ziele zu bestimmten Zeiten an. Also macht man es sich leicht und regt sich einfach darüber auf, dass er nur mit zwei Leuten zu einem Termin fliegt. Doch wenn er dorthin mit sechzehn Leuten reisen würde, das Flugzeug also voll ausgelastet wäre, würde die Geschichte lauten: ›Skandal! Warum muss Herr Gabriel immer gleich mit sechzehn Leuten irgendwohin fliegen?‹«

Selbst wenn sich Medien als Kampagneros vorheben, stehen die Zeichen weiter auf Sturm. Wenn sie die politische Agenda nicht nur zu beeinflussen versuchen, sondern Entscheidungen erzwingen wollen wie im Fall der Allianz zwischen *FAZ*, Axel Springer Verlag und *Spiegel*, deren Kampf gegen die Rechtschreibreform in den Jahren 2004 bis 2006 grandios scheiterte, erweisen sich starke Medienmarken selbst in Momenten der Niederlage als Auge des Taifuns: Wenn drum herum alles stürmt und schreit, Gegendarstellungen in die Redaktion flattern und der publizistische Aufstand verloren ist, lehnt sich der Kampagnenjournalist zufrieden zurück und vertraut auf die Unangreifbarkeit seines Leitmediums; denn schon morgen werden sie alle wieder zur neuen Ausgabe greifen, voller Neugier, Furcht oder freudiger Erwartung, welches Thema am heutigen Tag auf der Agenda steht.

Blogs, Twitter, Talkshows –
und die Selbstdarstellungsfalle

Was blüht den Traditionsmedien, wenn sie sich mit ihren Angeboten immer weiter ins Netz vorwagen? Was steckt hinter dem Streit zwischen dem Hauptstadtjournalismus und der Bloggerbewegung? Welche Bedeutung haben die sogenannten Weblogs für die Genese der Politikberichterstattung? Wie verändern neue Kommunikationsdienste wie Twitter und Facebook die Art und Weise, wie wir uns informieren? Und warum gehört der Profilbildung einzelner Journalisten im Netz die Zukunft?

In so mancher Zeitungsredaktion geht die Angst um: Krisenstimmung hat die Printmedien erfasst. Berlin bildet da keine Ausnahme. Dort zeigen sich die Auswirkungen des abgekühlten Branchenklimas am deutlichsten: Die *Berliner Zeitung* wurde zum Spekulationsobjekt einer britischen Investorengruppe, die nach nur wenigen Jahren und einer desolaten Spar- und Entlassungspolitik wieder von der Bildfläche verschwand und das fast ausgeblutete Blatt an den Kölner Verlag DuMont Schauberg verkaufte. Trotz hoffnungsvoller Erwartungen schloss sich nicht etwa eine prosperierende Zeit des Wiederaufbaus an. Auch der neue Inhaber rationalisierte aufgrund von Leser- und Anzeigenschwund weiter, schuf eine übergreifende Redaktionsgesellschaft für die Blätter im Verlagsbesitz (*Berliner Zeitung, Frankfurter Rundschau, Kölner Stadt-Anzeiger, Mitteldeutsche Zeitung*) und raubte seinen Flaggschiffen aus Berlin und Frankfurt damit stückweise ihr journalistisches Profil. Ein großflächiger Rückbau personeller Ressourcen wird seit dem großen Zeitungssterben in den USA auch in Deutschland immer wahrscheinlicher.

Vielen Hauptstadtjournalisten fällt es schwer, angesichts der desolaten Marktlage optimistisch in die Zukunft zu schauen. Doch je mehr Mediennutzer Zeitung und Fernbedienung beiseitelegen und ins Internet abwandern, desto größer sind auch die Aussichten auf einen Neuanfang: Im Netz tummeln sich die jungen, experimentierfreudigen Nutzer, die den klassischen Medien schon vor langer Zeit abhandengekommen sind. Um sie zurückzugewinnen, müssen die Hauptstadtmedien einen ähnlich gravierenden Mentalitätswandel auf sich nehmen wie die Medien insgesamt. Im Internet wird anders kommuniziert, anders rezipiert und anders produziert.

Kulturkampf im Netz

Journalisten und Blogger passen einfach nicht zusammen. Nicht zufällig ähnelt diese Auffassung dem Loriot'schen Bonmot über die Verständigungsprobleme zwischen Mann und Frau. Beschrieben wird ein Gegensatz, der im Juli 2008 offensiv ins allgemeine Bewusstsein gedrängt wurde: Der *Spiegel* hatte beschlossen, gegen die »Beta-Blogger«[41] Position zu beziehen. Es wurde persifliert, analysiert und geätzt, die Netztagebücher seien nicht mehr als polemische und rechthaberische Nebensächlichkeiten. Hans-Ulrich Jörges vom *Stern* ließ sich zuvor gar dazu hinreißen, den Qualitätsmedien zu raten, ihre »Siele geschlossen« zu halten, »damit der ganze Dreck von unten nicht durch ihre Scheißhäuser nach oben« komme.[42] Der Eklat war da, und es entbrannte ein Streit, der auch noch heute andauert, weil es Leitartikler der alten Schule wie Josef Joffe, Herausgeber der *Zeit*, nicht versäumten, noch Öl ins Feuer zu gießen.[43]

Was die Journalistenelite dazu bewog, zum Angriff auf die langsam Konturen annehmende Bloggerkultur in Deutschland anzusetzen, resultierte nicht aus snobistischen Allüren, sondern aus purer Existenzangst. Die Bloggergarden waren den »guten Redaktionen« innerhalb von kürzester Zeit zur ernsthaften Konkurrenz erwachsen. Immerhin mehrere Millionen Deutsche sind mehr oder weniger emsige Schreiber eines Netztagebuchs, hat eine

Umfrage des Medienforschungsinstituts Allensbach herausgefunden.[44]

Wer seine ganz persönlichen Nachrichten in die Welt posaunen möchte, braucht nicht mehr als einen Internetzugang: Weblogs bestehen im Kern aus Textblöcken, nach Eintragsdaten geordnet. Dass sich hinter dem vormals kryptischen Begriff des Blogs aber mittlerweile mehr verbirgt als harmlose Tagebücher, haben die großen Medienbetriebe längst zu spüren bekommen: Über das Internet hat jedermann die Möglichkeit, sich mit einfachsten Mitteln am öffentlichen Diskurs zu beteiligen und dadurch mit den etablierten Medien in einen Wettbewerb um Klicks und die Aufmerksamkeit des Massenpublikums zu treten. Gesprochen wird von einer Graswurzelbewegung, weil nicht die Journalisten, die großen Medienhäuser oder andere finanzstarke Unternehmen der Bloggerbewegung zum Erfolg verhalfen, sondern die breite Masse der Internetnutzer, die sich einfach aus Lust und Laune der neuen Kommunikationstechnologie bemächtigte. Der Charme der »personal news« ist zum ernstzunehmenden Faktor in der Informationsvermittlung und Meinungsbildung avanciert.

Der Trend hat sich selbst gesät und begrünt nun das globale Netzwerk. Die Initialzündung wurde bereits 1997 durch den Netzguru Dave Winer gelegt, heute schreiben sich weltweit Abermillionen von Internetnutzern ihren Frust von der Seele, teilen ihr Glück mit der Allgemeinheit oder verweisen kommentierend auf Fundstücke, die ihnen beim virtuellen Stöbern ins Auge gesprungen sind. Die meisten von ihnen räsonieren über alles Mögliche, erzählen über das, was sie gerade interessiert, verlieren sich gern in den Einzelheiten ihres alltäglichen Daseins und können kaum für sich in Anspruch nehmen, es den großen Redaktionen gleichzutun. Dabei versteht sich das Gros der Blogger noch nicht einmal als Nachrichtenäquivalent. Und doch stehen sie Pate für eine neue Informationskultur, die dem Ego und seiner subjektiven Sicht huldigt und dem Journalismus das Wasser abzugraben scheint.

Was mag angesichts einer solchen Heerschar von Plappermäulern der *FAZ*-Redakteur Günter Bannas denken, wenn er sich nach einem harten Arbeitstag geschlaucht in seinen Ledersessel im Berliner Büro fallen lässt und feststellen muss, dass seinem angestammten Medium langsam die Puste ausgeht? »Im Moment herrscht ja beim Publikum das Gefühl vor, dass es Informationen umsonst gibt«, klagt er mit einem Seufzer. Überall seien sie frei verfügbar, und mit *Google* gehe es – »rubbeldidupp« – mitten hinein in die digitale Wildnis, die für jeden etwas bereithalte. Wenn das so weitergehe, könnte das für die Zeitung das Aus bedeuten, spekuliert Bannas sorgenvoll.

Für Roger Boyes, Berlin-Korrespondent der britischen *Times*, ist das Problem hausgemacht: Der Hauptstadtjournalist könne weder Ironie ausdrücken noch Emotionen mobilisieren. Außerdem tendiere die Zeitungssprache dazu, Inhalte zu verkomplizieren. Glaubt man Boyes, sind Blogs diesem »kalten Journalismus« mit ihrer emotionalen Ansprache des Nutzers allemal gewachsen. Tatsächlich? Bleibt in dem beißenden und reißenden Meinungsstrom der Blogs nicht vielmehr die Originalität auf der Strecke, wie Peter Frey (ZDF) glaubt?

Eines zumindest scheint sicher zu sein: Der Profijournalismus gerät im digitalen Paradies für nutzergenerierte Inhalte leicht ins Hintertreffen. Doch die Lage ist alles andere als hoffnungslos. Was die rote Queckenwurzel für das Blut bewirkt, sagen Medienvisionäre, kann die Blogosphäre für den Journalismus leisten: Reinigung und Erhellung oder einfach viele andere Meinungen, die angesichts von Meinungsmonopolen einiger Alphatiere unter den Berichterstattern gefragt seien wie nie zuvor. Denn was Journalisten berichten, wird so längst nicht von allen Nutzern akzeptiert – auch das ist eine Lehre, die aus unzähligen privaten Blogs und Leserkommentaren auf den großen Nachrichtenwebsites von *Spiegel*, *Süddeutsche*, *FAZ* und so fort gezogen werden kann. Indem sich die Mediennutzer emanzipieren und ihre Meinung mittels der Instrumente des Internet breit und laut kundtun, entfalten diese die Kraft, zu einem gesellschaftspolitischen Faktor zu werden.

Die neue Macht des Publikums hat zu einem fundamentalen Wandel des Selbstverständnisses von Nachrichtenmedien geführt: Den Journalisten, der Vierten Gewalt im Staate, ist durch die artikulationsfreudigen Nutzer ein neuer Wachhund erwachsen, der im Standby-Modus knurrt und umgehend zum Bellen ansetzt, wenn sich ein Berichterstatter bei seiner Arbeit einen Fehltritt erlaubt. Selbst die journalistischen Leistungen unangreifbarer Reporterkoryphäen werden argwöhnisch kommentiert, Kompetenzübertretungen, Nachlässigkeiten und sonstige Verfehlungen mit bösen Zeilen quittiert. Besonders profiliert haben sich in diesem Spiel die wiederum von (frei arbeitenden) Journalisten betriebenen Kontrollblogs *Bildblog* und *Spiegelblog*, die sich täglich kritisch mit der Themensetzung und der inhaltlichen Qualität der größten Boulevardzeitung, des führenden Nachrichtenmagazins im Land und anderer Medien auseinandersetzen.

Nicht alle Hauptstadtjournalisten beobachten diese Entwicklung so wohlmeinend wie Nico Fried, Leiter der Hauptstadtredaktion der *Süddeutschen Zeitung*. Blauäugig und fast naiv hatte er im September 2004 auf einer USA-Reise mit ansehen müssen, wie eine Ikone des US-Nachrichtenjournalismus von eifrigen Bloggern demontiert wurde: Dan Rather, damals Redaktionschef des meistgesehenen und zudem traditionsreichsten Politikmagazins *60 Minutes* (CBS), wartete mit nur scheinbar authentischen Dokumenten auf, die beweisen sollten, dass der damalige US-Präsident George W. Bush in jungen Jahren während seines Militärdienstes bei der Luftwaffe nicht den Anforderungen entsprochen habe. Während die Massenmedien die Echtheit der Memos nicht hinterfragten, zweifelten (in diesem Fall konservative) Blogger sie beharrlich an und entlarvten sie schließlich als Fälschungen. »Ich wusste damals ehrlich gesagt noch gar nicht, was ein Blog ist«, erinnert sich Fried. Aber von diesem Moment an habe er das Potenzial von Blogs erkannt und große Hoffnungen in sie gesteckt.

Wie und aus welcher Perspektive man die Graswurzelbewegung auch bewertet, ob als Heilkraut oder Unkraut – den Hauptstadtjournalisten stellt das Phänomen des souveränen, emanzipierten Nutzers vor die entscheidende Frage, ob er die digitale Revolution als eine Gefahr oder eine Chance für die journalistischen Prinzipien wahrnimmt. Wenn sich jeder als Journalist entwerfen kann und eine ähnlich große, wenn nicht sogar größere Reichweite mit seiner selbst verwalteten und mit Inhalten bestückten Web-Postille erreicht, dann nimmt es kaum wunder, dass sich bei der Journaille tiefgreifende Unsicherheit breitmacht. Wie sollen sie sich unbezahlten Überzeugungstätern gegenüber verhalten? Wie ist dem Erfolg der Blogger beizukommen? Droht womöglich eine Marginalisierung des Hauptstadtjournalismus?

Zwischen Blogresistenz und Aufbruchsstimmung

Wenn Massen von Internetnutzern es nicht mehr dabei belassen wollen, sich die Welt von anderen erklären zu lassen, dann stellt sich tatsächlich für so manchen Journalisten die Existenzfrage. Immer mehr Laien, aber auch freie Journalisten außerhalb der klassischen Medienhäuser füllen die Rolle der Meinungsmacher aus. Sie berichten, sie kommentieren, sie stehen mit ihrem Namen für das ein, was sie veröffentlichen, und gewinnen dadurch bei den Nutzern Respekt und Vertrauen. Bestes Beispiel ist der Medienjournalist Stefan Niggemeier, der ehemals bei der *Frankfurter Allgemeinen Sonntagszeitung* als Medienredakteur angestellt war und heutzutage mit seinem Blog aus der Hauptstadt wie kein anderer – und wie keine andere Redaktion – die öffentliche Diskussion über medienpolitische Themen prägt.[45] Aber auch eine wachsende Zahl von Bloggern, die keine journalistische Schulung durchlaufen haben und sich eher autodidaktisch und aus dem Bauch heraus dem Ideal eines unabhängigen und überparteilichen Kommentators verschreiben, kommen den Prinzipien des

Qualitätsjournalismus – akribische Recherche, Akkuratesse und Ausgewogenheit – verblüffend nahe oder haben sich gar zu ihren vehementesten Vertretern entwickelt.

Umso größer wird auch ihr Wert als Quelle für die alltägliche Recherchearbeit des Hauptstadtjournalisten: Der Ideenreichtum, die Perspektivenvielfalt und die überraschenden Enthüllungen, die sich in so manchem Blog finden lassen, sind bisweilen ergiebiger, als selbst vor die Tür zu gehen und im Dreck zu wühlen. Auch bietet sich die Blogtechnologie als eigenes Ausdrucksmittel für die Politikberichterstattung an, um schneller, persönlicher und verknüpfter über aktuelle Themen und Zusammenhänge aufzuklären und im Informationswirrwarr des Netzes Orientierung zu geben. Kurzum: Der Hauptstadtjournalist kann durchaus von der Bloggerkultur profitieren.

Die Bloggerphilosophie zeichnet sich aber durch einen signifikanten Unterschied zur übrigen Medienpraxis aus: Das Credo der Bloggergemeinschaft ist Kollaboration, nicht Konkurrenz, und ihr Werkzeug ist das freimütige Teilen von Informationen. Keine Redaktion gibt gern zu, wenn sie sich vergriffen hat. Blogger haben damit selten ein Problem und erhoffen sich von eingestandener Schuld einen Reputationsgewinn. Fehler werden in der Blogosphäre kommentiert und dokumentiert. Was zählt, sind präzise Informationen und ehrliche Bewertungen – Überzeugungen, die auch dem elitären Hauptstadtjournalismus nicht fremd sein sollten. Die Devise des Moments heißt: Fronten einreißen, nicht errichten. Dass Journalismus und Blogosphäre nicht zusammenpassen, ist eine schlechte Ausrede: Die Rechnung über den angeblichen Gegensatz wurde von Journalisten aufgemacht, beglichen wurde sie von ihnen jedoch bisher nicht.

Dem typischen Hauptstadtjournalisten fehlt es (noch) an der nötigen Offenheit und Flexibilität, um sich mit leichter Hand an die neuen Arbeitsverhältnisse anzupassen. Keine Frage: Ein gesundes Misstrauen schützt den Berichterstatter vor kurzlebigen Trends und Sackgassen. Im Informationsstrudel hilft manchmal

nichts besser als die lieb gewonnene Routine. Doch als Berichterstatter muss der Hauptstadtjournalist nicht nur ständig neues
Politikwissen dazulernen, sondern er darf auch die Genese journalistischer Vermittlungsformen nicht aus dem Blick verlieren.
So manchem Veteranen fiel es aber äußerst schwer zu verstehen,
dass er nun auch für den Internetauftritt seiner Zeitung, Radio-
oder Fernsehstation Inhalte produzieren solle. Als *Bild*- und
Bunte-Kolumnist Mainhardt Graf von Nayhauß einen Ausflug in
virtuelle Weiten unternahm und knapp zwei Monate lang im Auftrag der *Netzeitung* kolumnierte, schrieb er wie gewohnt in seinem
heimischen Büro. Die Übersetzung ins Digitalische übernahmen
die jungen Leute in der Redaktion.

Man sollte meinen, dass ein Journalist sich in jedem Medium
zu Hause fühlen müsse, schließlich bleibt das berufsethische Prinzip immer gleich: Erkunde die Welt und berichte darüber. Doch
weit gefehlt: Der Mainstream-Journalismus sitzt in den einge-
fahrenen Spurrillen des Bewährten fest. Entsprechend gehört der
Hauptstadtjournalist zu den widerstandfähigsten Gesellen, die
der Medienzirkus zu bieten hat. Der New Yorker Journalismus-
professor Jay Rosen, selbst ein passionierter Blogger, geht mit der
verknöcherten Journalistengarde hart ins Gericht: Redaktionen
stellten alles andere als ein geeignetes Umfeld für Innovationen
dar.[46] Auch wenn Rosen später einräumte, dass »die Phase des
Widerstands«[47] langsam vorbeigehe, verliert seine grundsätzliche
Kritik an der Natur des Journalisten nicht an Vehemenz: Insbesondere ältere Berichterstatter seien lernunwillig und würden am
liebsten weiterhin so über die Welt berichten, wie sie es einmal
gelernt haben – auf Papier, im Radio oder auf dem Fernsehschirm.

Ganz Gewohnheitswesen, haben sich auch die Hauptstadtjournalisten Berlins wohlig eingerichtet in ihren Schutzräumen, die
paradox modern »Newsrooms« genannt werden. Doch das gau-
kelt Außenstehenden ohnehin nur vor, es handle sich um ein
ziemlich dynamisches System zur Nachrichtensammlung und

-verarbeitung. Die Innovationsresistenz scheint sich nur per Dienstanweisung durchbrechen zu lassen: Erst als Chefredakteure und Senderchefs dringend mahnten, das Netz dürfe nicht den Dilettanten überlassen werden, wurde langsam damit begonnen, für das Internet eigene journalistische Formate zu entwickeln. Der durchschnittliche Hauptstadtjournalist muss langsam einsehen, dass die Zukunft seines Aufgabenbereichs vor allem online stattfinden wird. Blogs werden aus freien Stücken verfasst, Journalisten müssen im Zweifelsfall zum Bloggen verdonnert werden. Aber wer lässt sich schon gern dazu zwingen, Tagebuch zu schreiben, und das auch noch ohne Extrahonorar? Wenn jemand (freiwillig) aus Berlin bloggt, dann handelt es sich meist um Kulturschaffende oder Aktivisten, die in ihrem kreativen Elan schon immer viel zu erzählen hatten. Waschechte Politikjournalisten halten sich vorerst lieber zurück, schließlich haben sie von der Pieke auf gelernt, in herkömmlichen Nachrichtenkanälen alles auf Zeile oder in Sekunden genau zu takten.

Ohnehin haben es Außenstehende nicht leicht, die dicke Patina der medial-politischen Sphäre in Berlin zu durchdringen: Blogger ohne journalistisches Profil haben keinen direkten Zugang zu ihrem politischen Beobachtungsobjekt. Sie bleiben angewiesen auf die professionell hergestellten Nachrichten. So niedrig die Eintrittsschwellen bei der Gründung einer eigenen Netzpublikation auch sein mögen – die historisch gewachsenen Kommunikations- und Informationskanäle zwischen Journalisten und ihren Medienmarken auf der einen und der Hauptstadtpolitik auf der anderen Seite sind selbst für die engagiertesten Blogger ein Buch mit sieben Siegeln. Zwar sind einige der profiliertesten Politikblogs in Berlin angesiedelt, doch müssen sie härter um ihre Anerkennung kämpfen als das journalistische Personal. Markus Beckedahl, Organisator der Bloggerkonferenz *re:publica*, hat sich mit *netzpolitik.org* über Jahre den Ruf einer unabhängigen Informationsplattform erarbeiten können und diese zum meistzitierten Blog Deutschlands gemacht, das hin und wieder sogar mit politisch brisanten Enthüllungen für Aufsehen sorgte. Beckedahl ist durchaus ein Aktivist, aber auch ein Alphajournalist der neuen Generation, der schon mehrmals nachrichtenrelevante Dokumente zugespielt bekam, darunter ein internes Memo über den Datenabgleichskandal bei der Deutschen Bahn und eine nichtöffentliche Stellungnahme des Bundesinnenministeriums über geplante Online-Durchsuchungen von Privatcomputern.

Andere Netzdestinationen mit politischem Profil stammen von Thomas Strobl und Frank Lübberding (*Weissgarnix*), Jens Berger (*Spiegelfechter*) oder Albrecht Müller (*NachDenkSeiten*) oder dem ehemaligen Chefredakteur der *Bild am Sonntag* Michael Spreng, heute Medien- und Kommunikationsberater und Blogger aus Passion (*sprengsatz*). Er richtete gar einen »Toten Briefkasten« ein, um Informanten zu ermutigen, anonym Geheimnisse zu verraten. Die Beispiele Müller und Berger zeigen, dass man auch wirkungsvoll aus der Provinz, in diesen Fällen aus Goslar und Bad Bergzabern, mitreden kann, ohne direkt am politischen Leben in der Hauptstadt teilzuhaben. Doch das politische Leitblog par exellence gibt es in Deutschland nicht, zumindest noch nicht.

Eine Frage des Wie, nicht des Ob

Blogs mögen als zukunftweisend für den Journalismus gelten. Eine Alternative sind sie nicht, sondern vielmehr eine Ergänzung: Blogs können konstruktiv als ein neues Leitprinzip im Journalismus verstanden werden, das als dominante Darstellungsform die Art verändert, wie Nachrichten und Meinungen vermittelt werden. Wenn eine Blognachricht von sich reden macht, dann wurde sie mit journalistischen Mitteln erstellt, auch wenn sie nicht immer lehrbuchgemäß auf alle wichtigen »W-Fragen« (Wer? Was? Wann? Wo? Warum? Wie? Welche Quelle?) eingeht. Statt weiter über Verdrängung, Kampf und Missgunst zu spekulieren, ist es längst an der Zeit, dass der Hauptstadtjournalist in der simplen Technologie ein frisches Ausdrucksmittel für sich erkennt, mit dem er sein junges Publikum erreichen kann. Journalisten werden durch ihre Blogs als Personen kenntlicher. Das Ergebnis wiederum verspricht ein stärkeres Profil und eine engere Bindung an das Publikum. Im Vordergrund steht also nicht mehr (nur) die Marke der Zeitung oder des Senders, sondern der Berichterstatter selbst als Meinungsführer. Profitieren können davon beide: der Journalist und die Nachrichtenorganisation, für die er arbeitet.

In den USA hat sich gezeigt, wie fruchtbar es ist, wenn Medienunternehmen auf den ihnen nur scheinbar davoneilenden Zug aufspringen, renommierte Autoren engagieren und sich der Technik bedienen. Die *New York Times* ging mit 20 Autoren ins Rennen um die Gunst der Online-Nutzerschaft und bespielt ihren »Caucus«-Blog rund um die Uhr. Die *Washington Post* verzeichnete mit ihren 16 redaktionellen Politikblogs (und mit über 50 weiteren Blogs zu anderen Themenbereichen) stetig wachsende Zugriffsquoten und verschaffte sich einen Beliebtheitszuwachs bei anderswo längst abgeschriebenen jugendlichen Nutzern. Einer der Autoren, Marc Fisher, Jahrgang 1958 und mit »Raw Fisher« einer der profiliertesten Politikblogger Amerikas, weiß jedoch davon zu berichten, wie mühsam sich die Altvorderen seiner eigenen Redaktion dazu durchringen mussten, auch dem Leser auf ihren Internetseiten eine Stimme zu geben und Kommentare als gewinnbringendes Feedback zu akzeptieren – und nicht als Teufelszeug und Gefahr für die Glaubwürdigkeit der Zeitung abzuwimmeln.[48]

In Deutschland brachte selbst das Superwahljahr 2009 in diesen Fragen keine eindeutige Richtungsentscheidung: Als halbgar erwiesen sich Online-Konzepte für Politikjournalismus, als halbherzig die Motivation in den Redaktionsstuben, die tägliche Nachrichtenproduktion mit persönlichen Zwischenrufen durch Blogs zu bereichern. Nur selten wurde versucht, das Problem offensiv anzugehen: Blogs für Wortmeldungen abseits der Hauptnachrichten, für saftige Zwischentöne, für Aufreger, für das, was man schon immer mal loswerden wollte als Hauptstadtjournalist im Schwitzkasten des Tagesgeschäfts, wozu man aber nie Zeit und Platz bekam, weil es nicht mehr hineinpasste ins Sendeschema oder den Spaltensatz. Blogs auch fürs Ausweichen aus dem Thementrott, zum Ergänzen, zum Wiederaufgreifen. Blogs als Spielwiese, gern direkt, persönlich, menschelnd: So schrieb Peter Frey vom ZDF im Wahlkampffieber über eine geschundene Angela Merkel, die unter dem auf ihr lastenden Druck offenbar auch seelisch zu leiden hatte, nahm aber auch die Existenzkrise des schwedischen Autobauers Saab zum Anlass, um einen Schwank über die Liebe zu seinem Auto derselben Marke zu erzählen.

Einige Hauptstadtjournalisten feilen also an ihrem Online-Image – der Medienwandel will es nicht anders. Das ZDF rief 2009 keinesfalls unüberlegt das »Jahr des Bürgers« aus und versucht sich in allerlei Online-Experimenten, um Sender und Nutzer näher zueinander zu bringen. Aber kommt dieser Schritt womöglich zu spät?

Henning Krumrey, ehemaliger Politikchef des *Focus* in Berlin und nun Redaktionsvize der *Wirtschaftswoche*, denkt mit gemischten Gefühlen an die Zeit zurück, als er in seinem Büroloft an der Friedrichstraße Fluch und Segen des Bloggens am eigenen Leib erfuhr: Einerseits koste es »wirklich wahnsinnig« viel Zeit, weshalb er nur einmal pro Woche dazu gekommen sei, einen Beitrag zu schreiben, andererseits habe er auch den direkten Kontakt mit dem Leser schätzen gelernt. Manchmal brächten ihn solche Konversationen auch auf gute Ideen, zum Beispiel inwieweit es Altkanzlern tatsächlich erlaubt sei, in ihren mit Steuergeldern finanzierten Büros Memoiren zu schreiben, Geschäfte abzuwickeln oder Mitarbeiter zu beschäftigen, die Entwürfe für Leitartikel schreiben. Ohne die Leseranfrage wäre er auf dieses Problem wahrscheinlich nicht gestoßen, meint Krumrey.

Wie nachhaltig sich die Exkursionen deutscher Redaktionen in das große Virtualienreich erweisen, ist noch immer nicht abzusehen. Zu groß sind noch die gegenseitigen Vorbehalte, zu unsicher ist die Akzeptanz beim Publikum. Jeff Jarvis jedenfalls, ein US-amerikanischer Medienvisionär und ein Stänkerer sondergleichen, der die alte Medienwelt lieber heute als morgen umkrempeln würde, attestiert Journalistenblogs keine rosige Zukunft: »Das Problem von Zeitungsblogs ist, dass sie auf Zeitungswebsites stehen.«[49] Und diese folgten eben immer noch dem Motto des hegemonialen Journalismusbildes: Lasst das Nachrichtengeschäft mal die Sorge der Profis sein.

Beachtung finden die wenigen Blogs der Printmedien, Radio- und Fernsehsender kaum in der Bloggergemeinschaft und werden dementsprechend auch nur selten verknüpft – ein Fiasko, wenn man bedenkt, dass Links in der Bloggerwelt die einzige Währung mit Wert darstellen. Auch hier muss der Hauptstadtjournalist also Durchhaltevermögen zeigen: Durch sein Netztagebuch mit Foto, Kurzbiographie und einer kurzen Rechtfertigung, wieso es sich lohne zu bloggen, erhofft er sich Profilierung und Anerkennung. Zuvorderst Nachwuchsjournalisten auf dem rutschigen Berliner Parkett können sich damit einen Namen machen, sich Glaubwürdigkeit außerhalb des Systems erarbeiten und vielleicht die Aufmerksamkeit der großen Medien auf sich lenken: das Blog als Sprungbrett und eben nicht als Jobkiller.

Die höchsten Weihen winken jedenfalls weiterhin auf dem Papier – oder im Fernsehen. Chronisten, Meinungsmacher, Spürhunde: Sie alle sehen die Notwendigkeit, ihr Portfolio ins Internet zu erweitern, wollen aber nicht so recht den Schalter umlegen. Vielleicht handelt es sich ja doch nur um eine Übergangserscheinung. Die Aufregung wird sich schon wieder legen – so die unterschwellige Hoffnung. Anders als dort, wo der Drang von Kultur und Wirtschaft zur Ich-Perspektive und zur schonungslosen Subjektivität in einer Blog- und Meinungsvielfalt mündete, gibt sich der Hauptstadtjournalist immer noch zögerlich. Holger Schmale, Politikchef der *Berliner Zeitung*, spricht aus, was viele seiner Kollegen denken: Der Online-Hype sei und bleibe ein Hype. Basta.

Dass es auch anders geht, beweist Verleger Jakob Augstein mit seiner überregionalen Wochenzeitung *Freitag*, die nach ihrer optischen Auffrischung und neuer Web-Präsenz nicht von ungefähr eine verblüffende Ähnlichkeit zum britischen Vorzeigeblatt *Guardian* aufweist. Augstein warb erfolgreich um die Beteiligung der Leserschaft: »Lassen Sie uns gemeinsam mutig sein, provokant, lassen Sie uns Haltung zeigen; denn Mittelmaß gibt es in den deutschen Medien schon genug.« Der Leser solle sich als Publizist verstehen, der online und in der Druckausgabe mit seinen Meinungen und Wünschen Platz finde. Dass dieser Anstoß zu einer regen News Community im Netz führte und gleichzeitig zur Produktion eines soliden Qualitätsblatts, sollte den übrigen Hauptstadtjournalisten eigentlich Hoffnung geben. Doch die Zeit ist offenbar noch nicht reif.

Der Siegeszug von Twitter

Immer neue Innovationen zum kommunikativen Austausch beleben das Netz: Noch verhältnismäßig jung, aber umso präsenter ist das virtuelle Gezwitscher über den global und millionenfach genutzten Kurzmitteilungsdienst twitter.com. Nicht mehr als 140 Zeichen misst eine über Twitter verschickte Nachricht, doch hat sich ihre Summe bereits zu einer dumpfen, alles übertönenden Nachrichtenwelle aufgetürmt, die sich signifikant vom medialen Grundrauschen des Hauptstadtjournalismus unterscheidet. Die Mitteilungen folgen nur einer Grundregel allein: dem persönlichen Befinden, Aufmerksamkeitsfokus und Interesse ihrer Versender. Die Spanne der so kommunizierten Inhalte reicht vom rituellen wie skurrilen Morgengruß »gofforaum auf« (Schriftstellerin Else Buschheuer) bis hin zu kurzen Debattenbeiträgen zur Lage der Nation. Manche »Tweets«, so die Bezeichnung für einen persönlichen Zwitscherkanal, werden von tausenden von Nutzern abonniert. Der bekannteste deutsche Twitterer Sascha Lobo hat weit über 33 000 sogenannte Follower, Tendenz steigend, die seine Botschaften regelmäßig in Echtzeit zugestellt bekommen. Auch hier ist der mediale Boomsektor in den USA Trendsetter: Dort lieferte sich der mit Demi Moore liierte Schauspieler Ashton Kutcher mit dem Fernsehgiganten CNN ein ungewöhnliches Wettrennen, wer zuerst eine Million Follower für sich gewinnen könne. Kutcher gewann um Längen und sammelt weiterhin fleißig virtuelle Gefolgsleute. Die Möglichkeit, mit dem internetfähigen Mobiltelefon von überall und jederzeit die Welt an seinem Leben teilhaben zu lassen, hat innerhalb kürzester Zeit zu einem beispiellosen Boom geführt, der bis in die Verlagsbranche vorgedrungen ist.

Twitter ist ein schlagender Beweis dafür, dass in der digitalisierten Informationskultur nicht mehr nur starke Medienmarken das Sagen haben. Doch mögen in Japan und Korea ganze Romane auf dem Handy geschrieben werden und sich Schriftsteller in Großbritannien und den USA bereits im Puzzletexten via Twitter üben – den Berliner Hauptstadtjournalisten lassen solche Experimente kalt, obwohl erfolgreiche Twitterer schon mehr Leser haben als so manche Lokalzeitung. Nicht auszudenken, welche neuen Reichweiten Zeitungshäuser für ihre professionell erstellten Inhalte generieren könnten, wenn sie ihre Korrespondenten systematisch zu Twitter-Stars aufbauen würden. Immerhin wurde zumindest das Marketingpotenzial erkannt: Beinahe jede neue Politikmeldung von *Spiegel Online* oder dem Magazin *Cicero* wird auf das Twitter-Format zurechtgekürzt und als virtuelles Gezwitscher versendet. Zusätzlich gibt es Hinweise auf frisch online gestellte Beiträge, um Nutzer auf die eigene Website zu locken. Ob *Focus*, *Welt*, *Bild* – den Werbeeffekt möchte sich kein Nachrichtenportal entgehen lassen.

Der journalistische Wert der Twitter-Meldungen ist jedoch umstritten. Als ein Flugzeug der US Airways vor der Skyline Manhattans in den Hudson River stürzte, war davon in privaten Tweets zu lesen. Ein Fährpassagier, der der Unglücksstelle am nächsten war, stellte seine Handyfotos von der aus dem Wasser ragenden Maschine online, bevor die Kameraleute von CNN auch nur mit der Wimper zucken konnten. Und doch belegte dieser scheinbare Triumph der »Bürgerjournalisten« gegenüber der Medienmaschinerie, dass es ohne professionelle journalistische Arbeit kein Weiterkommen gibt. Denn mehr als Schnappschüsse und Initialmeldungen, häufig dazu noch konfus und ungenau, können die Bürgerjournalisten meist nicht bieten. Also verlassen sie sich am Ende doch auf die etwas später eintreffenden Journalisten, die sich mehr als nur einen Eindruck von der Lage verschaffen.

Beim Bloggen oder Twittern, das haben die Urgesteine des Hauptstadtjournalismus früh und instinktiv erkannt, handelt es sich um nicht mehr als zwei von vielen Instrumenten der Informationsbeschaffung und Nachrichtenvermittlung. Was zählt, ist die journalistische Kompetenz der bloggenden oder twitternden Person. Adaptive Modelle wie ReportingOn, eine Twitter-ähnliche Plattform, auf der sich Journalisten über ihre aktuellen Projekte austauschen, um auf diese Weise besser an Informationen zu gelangen, stecken noch in den Kinderschuhen und haben den Berliner Dunstkreis nicht erreicht. Solange sich damit kein Geld verdienen lässt, bleibt das Verhältnis des Hauptstadtjournalisten zur neuen Internettechnik zwangsläufig unterentwickelt, und es bleibt bei kurzen Ausflügen in die bunte, nimmersatte Blogosphäre, die vielen ohnehin unheimlich und im Übrigen lästig geworden ist.

Und wenn es die Berichterstatter doch einmal versuchen, tappen sie vereinzelt von einem Fettnäpfchen ins nächste: Als ein zweiköpfiges Team von *Focus Online* von der Zentralredaktion in München ins 260 Kilometer entfernte Winnenden raste, um dort live via Twitter über den Amoklauf des ehemaligen Realschülers Tim Kretschmer zu berichten, machte es so gut wie alles falsch. Schon an dem Twitternamen der beiden Berichterstatter entbrannte ein Sturm der Entrüstung: »@amoklauf« – das sei an Perversität kaum zu überbieten, krächzten und krakeelten die Follower. Während hier die Sensationsgier ins Kreuzfeuer geriet, kritisierte der Vorsitzende des Deutschen Journalisten-Verbandes Michael Konken ein viel grundsätzlicheres Problem: Die Reporter machten ihre eigene Person zum Dreh- und Angelpunkt der Berichterstattung und nutzten die Bluttat zur Selbstdarstellung.[50] Ausgiebig wurde die Anfahrt zum Tatort getwittert, über Polizeisperren und persönliche Befindlichkeiten. Hier wurde der (Häppchen-)Bericht wichtiger als das Ereignis.

Ungeachtet der Popularität und Schnelligkeit des Dienstes – der große Twitter-Durchbruch im Nachrichtengeschäft steht noch aus. Zumindest der Hauptstadtjournalismus entwirft sich letzten Endes als Refugium der klassischen Medien, zu denen mittlerweile auch der standardmäßige Online-Auftritt der Nachrichtenorganisationen zählt. Das neue Berufsbild des Infojockeys, der sich in allen journalistischen Textgattungen ebenso zu Hause fühlt wie beim Videodreh oder der Aufnahme eines Hörstücks, ist noch Zukunftsmusik. Im Hauptstadtjournalismus herrscht weitgehend strikte Arbeitsteilung. Margaret Heckel, ehemalige Leiterin der Politikredaktion der *Welt*, gehört mit ihrem Lob des Multitasking zwischen analoger und digitaler Medienproduktion (»Sehr schnell, sehr direkt – sehr viel Spaß«), noch zu einer Minderheit: »Wenn ich mit der Kanzlerin unterwegs bin, mache ich immer einen Online-Blog. Jetzt in Afrika habe ich auch einen Podcast gemacht, das ist ein ganz anderes Medium.«

Verschwimmende Mediengrenzen

Heutzutage muss sich jeder Politikjournalist ernsthaft fragen, ob er imstande ist, mit seinen bewährten Mitteln den Informationsbedarf angemessen zu befriedigen. In Zeitung, Funk und Fernsehen ist der Platz traditionell beschränkt. Selbst für die privilegierten bundespolitischen Themen wird in der Regel nicht mehr Platz frei geräumt. Das Internet dagegen dient sich als Tiefenspeicher an, der so viel Raum bietet, dass auch kleine Geschichten am

Wegesrand aufgelesen und erzählt werden können, dazu noch bebildert und vertont, falls es sich anbietet. Zwar sind die wahren Multitalente, die ein solches Arbeitsspektrum abdecken können, noch rar, doch glaubt man der hoffnungsfrohen Margaret Heckel, stehen sie schon in den Startlöchern.

Mit der Frage, ob nun »online first« oder weiterhin »print first« auf Dauer mehr Erfolg verspricht, braucht sich der Hauptstadtjournalist nicht zu beschäftigen. Von besonderer Bedeutung ist vielmehr, dass ein Weg gefunden wird, um den Kern des Problems zu lösen, nämlich zu gewährleisten, dass weiterhin gilt: »Journalismus first«. Genug Journalisten wird es auch weiterhin geben. Trotz einschneidender Krisensymptome auf dem Medienmarkt wachsen die Journalismus-Studiengänge an deutschen Hochschulen und verzeichnen rekordverdächtige Bewerberzahlen.

Für Nachwuchs ist also gesorgt, doch die Zuversicht der Berliner Korrespondenten hält sich in Grenzen: Zu schnell, zu unerfahren werde der Nachwuchs auf die Politik losgelassen. Ihnen fehle das Selbstvertrauen – »genauso wie es auch an Chefredakteuren oder Ressortleitern fehlt, die den jungen Journalisten eben dieses Vertrauen vermitteln, eigene Themen zu setzen, statt jeder Sau hinterherzulaufen, die gerade durchs Dorf getrieben wird«, sagt Gunter Hofmann (*Die Zeit*). Außerdem ließen manche die nötige Zurückhaltung und Übersicht vermissen: »Insbesondere beobachte ich bei jungen Journalisten die Haltung, dass es offenbar überall dort am lustigsten ist, wo sich Leute fetzen. Ein Regierungswechsel ist beispielsweise viel ›cooler‹, als wenn alles so weitergeht wie bisher«, bemängelt Gerhard Hofmann (ehemals RTL/n-tv). Leute wie er monieren fehlendes Grundlagenwissen über das politische System, seine Geschichte und seine Mechanismen.

Demgegenüber haben Hochschulabsolventen einen wichtigen Trumpf in der Hand: ihre Offenheit für die rasante Medienentwicklung. Wer heute Journalist wird, kann beim Berufseintritt nicht mehr von sich behaupten, von den realwirtschaftlichen Verschmelzungstrends nichts gewusst zu haben. Während in Grundseminaren noch das Riepl'sche Gesetz gelehrt wird, wonach kein neues Medium die vorhergehenden verdrängt, zeigt sich heute bereits in der Praxis, dass diese Regel nicht mehr greift: Medienkonsumenten unter 30 nutzen Zeitung, Radio und Fernsehen fast ausschließlich über das Netz. Das Internet reiht sich damit nicht einfach in die Folge der klassischen Massenmedien ein. Durch die fortschreitende Digitalisierung vormals getrennter Gattungen wird es zum Supermedium, das sämtliche Inhalte in sich aufsaugt und seinen Bedingungen unterwirft. Das betrifft die Nutzer und die Produzenten der Inhalte gleichermaßen.

Die Machtlosigkeit der Fernsehmacher

Natürlich jagt dies nicht nur Zeitungsleuten einen eiskalten Schauer über den Rücken, sondern lehrt auch gestandenen Fernsehjournalisten das Grausen: Das lineare Programmmedium hat es besonders schwer, seine Rolle in der neuen Medienwelt zu finden. Internetfernsehen wird noch auf Jahre eine Baustelle bleiben, solange nicht schlüssig ermittelt wurde, wie die Konsumenten Bewegtbilder am liebsten nutzen. Das ist nicht nur eine Frage der Länge von Sendungen oder Clips: Ausschlaggebend sind unter anderem auch klassische Fragen der Präsentation und der Bildgestaltung, die sich bei der Nutzung am Computerbildschirm oder auf dem Handy völlig neu stellen.

Für den ehemaligen Fernsehreporter Gerhard Hofmann liegt das Problem klar auf der Hand:»Meine eigenen Söhne rufen online Nachrichten ab, weil sie sowieso am Bildschirm sitzen. Da wirkt das Fernsehen, also die erste Revolution, fürchterlich altmodisch.« Das Fernsehen verliert kontinuierlich an Popularität, wenn auch nur langsam. Doch handelt es sich nicht ausschließlich um ein Publikumsproblem, was dem Fernsehen zu schaffen macht: Härter trifft es das traditionelle Leitmedium, dass es im

politischen Diskurs immer unwichtiger wird. Im Publikum entfaltet es mit einer durchschnittlichen Sehdauer von knapp drei-
einhalb Stunden pro Tag zwar weiterhin eine kaum zu überschät-
zende Breitenwirksamkeit.[51] Doch die nackte Gesamtstatistik
täuscht: Bei jungen netzaffinen Zuschauern gewinnt der orts- und
zeitsouveräne Abruf von Informationen aus dem Netz enorm an
Popularität.[52] Die klassische Fernsehnutzung ist nicht mehr ihr
Ding, erst recht nicht vor dem elektronischen Lagerfeuer in der
Wohnstube, wo die meisten TV-Konsumenten ein Durchschnitts-
alter von über 50, wenn nicht 60 Jahren haben.

Abgesehen davon kennen die Hauptstadtjournalisten selbst immer mehr gute Gründe abzuschalten als Gründe einzuschalten.
Auffällig ist die Diskrepanz zwischen den Bewertungen des Fern-
sehangebots durch die Politiker und die Journalisten: Weil es, wie
Gerhard Hofmann meint, vorrangig als »Angebot an die Eitelkeit
des Politikers und der Politikerin« verstanden werde, rangiere es
bei den Öffentlichkeitsarbeitern in den Parteien und Ministerien
nach wie vor sehr weit vorn. In der Wahrnehmung der Hauptstadtjournalisten dagegen hat das Fernsehen mehr an Aufmerksamkeit eingebüßt als jedes andere Medium. Wie kann ein solch
zentrales Vehikel, das wie kein anderes für die Medialisierung des
öffentlichen wie privaten Lebens gesorgt hat, bei eben jener professionellen Klientel in Bedeutungslosigkeit versinken, die doch
darauf angewiesen ist, den Diskurs der Öffentlichkeit zu mode-
rieren und zu verarbeiten? In den Büros der Hauptstadtjournalisten findet sich neben dem Computer auch immer noch der
Fernsehapparat. Auf den Bildschirmen laufen Nachrichtenbilder
in Dauerschleife: Politische Magazine dagegen, einstmals Grad-
messer und steter Quell der politischen Debatte, werden immer
öfter ignoriert.

Insbesondere das öffentlich-rechtliche Fernsehen hat nach
Meinung vieler Hauptstadtjournalisten mittlerweile die Rolle des
Leitmediums eingebüßt. Nach Einschätzung der Politikbericht-
erstatter vermag es das Medium nicht mehr, über sein klassi-

sches Informationsangebot hinaus eine tragende Rolle bei der Themensetzung zu spielen – selbst traditionsreiche Magazine wie *Panorama, Monitor* oder *Frontal 21* werden von vielen leitenden Hauptstadtjournalisten nur noch selten eingeschaltet. Zu kurzatmig sei ihre Berichterstattung, zu unstetig ihre Sendezeiten. »Ich kenne fast niemanden mehr unter den Kollegen, der regelmäßig politische Magazine schaut«, provoziert Martin Bialecki (ehemals dpa) die Fernsehkollegen, die ihrerseits den Bedeutungsverlust im Agenda-Setting der Bundeshauptstadt nicht wahrhaben wollen. Obwohl *Panorama* mit durchschnittlich 3,15 Millionen Zuschauern nach *Anne Will* 2009 das quotenmäßig erfolgreichste Politformat im deutschen Fernsehen war, hat sich die professionelle Korrespondentenklientel offenbar größtenteils abgewendet.

Als vielfach ausschlaggebendes Manko wird außerdem registriert, dass kaum noch prominente Interviewpartner im Fernsehen ausgiebig zu Wort kämen, da Spitzenpolitiker direkte Ansprachen an das Fernsehvolk bevorzugten, anstatt sich von kritischen Fernsehautoren »beschneiden« zu lassen. Für den Medienberater Michael Spreng ist das durchaus nachvollziehbar: »In TV-Magazinen wissen Sie nie, wie Sie zusammengeschnitten werden und in welchen Kontexten Sie nachher auftauchen.« Zweifellos lebt aber der Fernsehjournalismus von prominenten Köpfen, die Politikberichterstattung aus Berlin bildet da keine Ausnahme. Daher reduzieren Berliner Korrespondenten das Fernsehen oftmals auf die (wenig investigative) Funktion, populäre Spitzenpolitiker zu befragen, um Themen zu setzen. Oberstes Ziel ist es also, dem politischen (und eigenen) Personal Prominenz zu verschaffen, was zum einen der Imagepflege der Akteure dient, zum anderen die sachliche Auseinandersetzung mit Politikthemen erheblich beeinträchtigt.

Die Polittalkshow im Sinkflug

Trotz aller Kollegenkritik haben aus Sicht von Peter Frey bestimmte Fernsehformate wie das Kanzlerduell oder die Abendnachrichten Ewigkeitscharakter. Nur die Talkshow gehört seiner Meinung nach nicht mehr dazu. Mittlerweile wird der Polittalkshow im Fernsehen von Seiten der journalistischen Entscheider fast durchgängig eine nur noch marginale Rolle bei der Bestimmung der Themenagenda zugewiesen. »Die Zeit der Politiktalkshow ist vorbei«, resümiert beispielsweise Günter Bannas *(FAZ)*, und Graf von Nayhauß (*Bild, Bunte*) urteilt, das Format habe sich »totgelaufen«.

Vorbei ist die Zeit, als Erich Böhme in seiner Sendung *Talk im Turm* acht Jahre lang seine Gäste mit provokanten Fragen aus der Reserve lockte, auf egalisierende Weise die Streitkultur verfeinerte und dabei gleichzeitig das bisweilen launische Saalpublikum zu beschwichtigen wusste. Moderatoren politischer Talkshows, das zeigte sich am *Internationalen Frühschoppen*, treten zum Teil als Mediatoren, zum Teil auch als Ankläger auf, bleiben dabei aber stets ihrer journalistischen Rolle treu, ihren Gästen Antworten auf wichtige Problemfragen zu entlocken. Werner Höfers *Frühschoppen* etablierte sich schnell als unabhängige Größe in der bundespolitischen Auseinandersetzung und verfügte bald auch über eine grenzüberschreitende Reichweite. Die Gesprächsrunde mit sechs Journalisten aus fünf Ländern wurde schon deshalb zum Politikum, weil Höfer es nicht bei einer Bestandsaufnahme beließ, sondern Partei ergriff, unter anderem in der »Spiegel-Affäre« für das Hamburger Magazin oder für den *Stern*-Verleger Henri Nannen, der bei der Bundesregierung wegen eines kritischen Kommentars über den damaligen Bundespräsidenten Heinrich Lübke in Ungnade gefallen war.

Der Bedeutungsverlust des Formats Talkshow bei der Kollegenschaft ist insofern bemerkenswert, als die öffentlich-rechtlichen TV-Veranstalter nach dem Aus von *Sabine Christiansen* ihr Angebot an politischen Talkshows noch ausgebaut haben. Sendungen wie *Anne Will, Maybrit Illner* und *Hart aber fair* mit Frank Plasberg sind nach Ansicht der befragten Korrespondenten für das Agenda-Setting des politischen Betriebs kaum noch relevant, weil sie hauptsächlich dem inhaltslosen Schaulaufen (oder vielmehr Schausitzen) und weniger dem sachlichen Streit und Austausch dienten. Schon zu »Regierungszeiten« von Sabine Christiansen habe sich gegenüber der gleichnamigen Sendung ein Akzeptanzmangel eingeschlichen, der vor allem daraus resultierte, dass das politische Personal knapp wurde, woraus eine zwangsläufige Gleichförmigkeit der Sujets und Akteure resultierte.

Als Sabine Christiansen, gemeint ist die Person und die Talkshow, die Fernsehbühne betreten hatte, wurde mit ihr ein grundlegender Paradigmenwechsel eingeleitet, der dem Genre der politischen Talkshow nur scheinbar zu ungeahnten Höhen verhalf. Rückblickend betrachtet besiegelte die ehemalige *Tagesthemen*-Moderatorin das unaufhaltsame Ende des beliebten Fernsehformats. Die »Christiansenisierung« versprach in erster Linie Hochglanzpolitik: durchgestylte Diskussionsrunden mit prominenten Köpfen und ernsten Mienen, aber auch mit dem Willen zu Harmonie und Eintracht. Politiker wurden von nun an nicht mehr brüskiert und demaskiert, sondern konziliant hofiert und inszeniert. Christiansen ließ es häufig menscheln und wurde dadurch zur Moderatorin des bundespolitischen Diskurses, zu einer Talk-Queen, deren auratische Machtfülle bis heute nachwirkt.

Die Marke Christiansen profitierte zweifellos vom Lagergegensatz der rot-grünen Regierungszeit unter Kanzler Gerhard Schröder. Fünf Jahre und über 400 Sendungen lang orchestrierte die Moderatorin Schaukämpfe und knüpfte Freundschaften auf Lebenszeit, so unter anderem mit Klaus Wowereit, mit dem sie auch mal die Berliner Partynächte durchtanzte. Vor der Kulisse der Berliner Gedächtniskirche bereitete sie der Telekratie eine Bühne, auf der sich politische Gegner zofften und die Fernsehöffentlichkeit sich dem vergnüglichen Irrglauben hingeben konnte, dem Entstehen großer Politik beizuwohnen. Und tatsächlich gelang es ihr so effizient, die politische Woche einzuläuten, dass bald die ungeschriebene Regel galt: Was bei Christiansen am Sonntag auf der Agenda steht, bewegt ab Montag die Republik.

Den damaligen Bundestagspräsidenten Wolfgang Thierse (SPD) veranlasste dies dazu, einen Begriff in die Welt zu setzen, der fortan halb kritisch, halb bewundernd Anspruch und Schicksal aller politischen Fernsehtalkshows umschreiben sollte: Thierses Kritik, es handle sich um ein nicht demokratisch legitimiertes »Ersatzparlament«[53], das die Politik einer Talkshowisierung unterziehe, indem Abgeordnete und Spitzenpolitiker ihre Ansichten lieber im Fernsehen diskutierten als in ihren Wahlkreisen oder auf anderweitigen gesellschaftlichen Foren, zementierte Christiansens exzeptionelle Stellung im politischen Diskurs. Auch wenn einige Hauptstadtjournalisten wie Thomas Rietig (AP), Peter Frey (ZDF) oder Nico Fried (*Süddeutsche*) im Nachhinein bezweifeln, dass auf den edlen Mies-van-der-Rohe-Sesseln tatsächlich politische Entscheidungen getroffen wurden, hoffte doch die versammelte Gemeinde der fernsehenden Hauptstadtjournalisten zu jener Zeit auf den finalen Schlagabtausch, das dramatische Zerwürfnis oder die vorgreifende Enthüllung von Regierungsplänen.

Mögen manche Politiker auch noch so missmutig gewettert haben über die außerparlamentarische Debattenarena – für die Hauptstadtjournalisten war es eine großartige, eine goldene Zeit, weil das Fernsehen noch nicht mit Gesprächszirkeln überfrachtet war und Politikerstatements noch etwas zählten. Diesem Schein gaben sich die Politikberichterstatter gern hin. Sie spielten mit und klammerten sich reflexartig an den *corpus televisioni*, der ihnen in vertrauter Regelmäßigkeit das Thema der Woche auf dem Servierteller präsentierte. Nach dem Aus der Sendung wechselten Christiansens Gästebücher mit Unterschriften und kurzen Kommentaren von Jürgen Möllemann bis Bill Clinton bei einer öffentlichen Auktion für knapp 5000 Euro den Besitzer – ein lachhafter Betrag, verglichen mit dem Wert, der der Sendung im Nachhinein eingeräumt wird.

Heute gibt es so viele politische Talkshows wie niemals zuvor: In Berlin buhlen neben Anne Will (ARD/NDR), Maybrit Illner (ZDF) und Frank Plasberg (ARD/WDR) auch Thomas Leif mit seiner Sendung *2+Leif* (SWR), Michel Friedman mit *Studio Friedman* (N24), *BamS*-Chefredakteur Claus Strunz (N24), Hans-Hermann Tietje und Hajo Schumacher mit ihrem *Links-Rechts*-Talk und Heiner Bremer mit *Das Duell* (n-tv) um hochkarätige Gäste aus dem Politikbetrieb. Reaktiviert wurden kurz vor der Bundestagswahl zudem noch Sabine Christiansen und Ex-*Spiegel*-Chefredakteur Stefan Aust, um gemeinsam auf Sat.1 Vertreter der Spitzenpolitik zu befragen. Nicht nur die Abgrenzung der jeweiligen Sendungen fällt immer schwerer, wobei Thomas Leifs Gesprächsrunde durch die Bewirtung der Gäste mit ihrem Lieblingsgetränk, das gern auch alkoholisch sein darf, die Stille-Wasser-Routine durchbricht. Darüber hinaus hat sich das Problem des Gästemangels erheblich zugespitzt: So erschien Oskar Lafontaine im Laufe des Jahres 2008 insgesamt achtmal in politischen Talkshows. Diese Zahl wird jedoch durch die rekordverdächtigen Besucherzahlen von Politikern wie Guido Westerwelle, der sage und schreibe 31-mal zu Gast bei Sabine Christiansen war, noch übertroffen. Mainhardt Graf von Nayhauß (*Bild*, *Bunte*) bemängelt also nicht ohne Grund die ewig gleichen Gesichter und wünscht sich lieber konzentrierte Zwiegespräche mit weniger Gästen, dafür aber mehr Inhalt.

Wem die Monotonie in der Gast- und Themenwahl anzulasten ist, liegt nur scheinbar auf der Hand: Die Redaktionen können nur bedingt an den Mehrheitsverhältnissen im Parlament vorbeiplanen. Nico Fried sieht darin einen wesentlichen Faktor der wachsenden Gleichgültigkeit gegenüber politischen TV-Sendungen:»Immer nur die Großen mit den Kleinen streiten zu sehen ist auf die Dauer halt langweilig.« Bemerkenswert ist jedoch, dass sich nach der Schlappe der SPD bei der Bundestagswahl 2009 das Interesse an televisuellen Diskussionsrunden kaum gesteigert hat: Zwar befindet sich seit der Machtübernahme von Schwarz-Gelb wieder eine große Volkspartei in der Opposition, doch ist es bisher nicht gelungen, an die Talkshowscharmützel aus den Regierungsjahren von Helmut Kohl und Gerhard Schröder anzuknüpfen, obwohl zwischen CDU und SPD wieder klare Fronten statt großkoalitionärer Eintracht herrschen.

Es weist einiges darauf hin, dass zumindest eine Teilschuld bei der systematisch fehlenden Bissigkeit der Talkshowmoderatoren liegt. Der Knopf im Ohr von Maybrit Illner und Anne Will wird zum Kennzeichen einer Talkkultur mit Fangnetz: Zu zaghaft, zu wenig prägnant, zu fehlerhaft seien die Fragen der Gesprächsleiterinnen, befinden einige Hauptstadtjournalisten und sehen daher keinen Sinn mehr darin, sich das Palaver am späten Abend noch anzutun. Ein Berserker müsse her, gleich, welchen Geschlechts, eine Galionsfigur der Politkritik, um die Scharade zu beenden. Das Christiansen-Prinzip, als Konsensfigur um Ausgleich bemüht zu sein, erscheint nicht mehr zeitgemäß.

Grundsätzliche Kritik an den Schattenspielen und Inszenierungsmechanismen der Politik, ihren Verlautbarungs- und Stellungskampflogiken findet keinen Einlass in das Reich der Talkshow. Hier geht es vorrangig um den Showkampf, ums Blaffen (auch Bluffen) und darum, angeblafft zu werden: Unterhaltung pur, Informationswert gleich null. »Bei Talkshows ist es ja auch viel unwichtiger, was Politiker an sachlichen Argumenten bringen, im Vergleich dazu, wie sie sitzen, wie ihre Mimik ist, ihre Körperhaltung und ob sie streitsüchtig sind oder nicht«, analysiert Michael Spreng. Dass die Medienwelt auch eine Kultur hervorbrachte, in der sich nur durchsetzt, was die größtmögliche Aufmerksamkeit auf sich zieht, und die in der Talkshow ihre Vollendung fand, ist ein Allgemeinplatz, der paradoxerweise kaum noch zutrifft. Der inszenatorische Overkill machte den Kampf um Einfluss zum Nullsummenspiel: Wenn alle schreien, hört keiner mehr hin.

Vereinzelt wurden Lehren aus dieser unvorteilhaften Entwicklung gezogen: Die führenden Sendungen von Anne Will, Maybrit Illner und Frank Plasberg setzen nun in erster Linie darauf, den

Zuschauer mit seinen Sorgen und Nöten in die Diskussion einzubinden, und knüpfen damit direkt an das klassische Modell einer ZDF-Sendung aus den siebziger Jahren, *Bürger fragen – Politiker antworten*, an. Dem Dilemma der fortschreitenden Irrelevanz ist jedoch nur schwerlich durch das simple Mittel beizukommen, einen Gast aus dem Volke einzuladen. Ob Studiopräsenz wie bei Anne Will und Frank Plasberg oder die Beteiligung per nutzergeneriertem Video übers Internet wie bei Maybrit Illner – zwangsläufig wenden sich die Sendungen von den großen Politikproblemen ab und den immer gleichen Stammtischthemen wie sozialer Gerechtigkeit zu. Nur so erklären sich Aussagen wie die von Peter Frey, der erzählt:»Als ich am Sonntag *Anne Will* gesehen habe, habe ich mich für einen Moment gefragt, ob ich im Nachmittag gelandet bin.«

Das Fernsehen, so vor allem auch der Tenor unter den Berliner Zeitungsjournalisten, rassle dadurch schnurgerade in eine Sackgasse, ohne zum politischen Erkenntnisgewinn beizutragen. So diskutierte Maybrit Illner zum Jahreswechsel 2008/2009 in acht von elf Sendungen über Auswege aus der Wirtschaftskrise, ohne wirklich Antworten zu finden. Den Zuschauern gefiel die lebensnahe Angstthematik, doch Illners Berliner Journalistenkollegen winkten ob so viel Dramatik ohne Tiefgang ab.

Offenbar ist das in den späten neunziger Jahren kultivierte Konzept der politischen Fernsehtalkshow mit bundespolitischer Tragweite für die Hauptstadtjournalisten ein Auslaufmodell. Dies mag an der gewachsenen Medienkompetenz der Politiker liegen, die gelernt haben, sich vor der Kamera eher geschickt in Szene zu setzen, als ihren Gegnern Angriffspunkte zu liefern, indem sie ehrlich und differenziert ihre Standpunkte zu Sachthemen vertreten. Oder aber es liegt an der alten Volksweisheit, dass zu viel des Guten einfach nicht mehr gut sein kann. Je häufiger die kleinen Sein- und Sinnfragen an die televisionäre Oberfläche gespült werden, desto weniger Interesse zeigen die Berichterstatter aus Berlin-Mitte.

Bemängelt wird vor allem, dass die Hinwendung zum Plebs nicht zu einer Steigerung der Informationsleistung geführt habe: Was tatsächlich an Politik stattfindet, kann in solchen Sendungen überhaupt nicht zum Ausdruck kommen, meint Nico Fried, weil sich der administrative Politapparat, der sich hinter den gestylten Auftritten von Spitzenpolitikern verbirgt, als erstaunlich medienresistent erweise:»Das, was hier in Berlin immer noch stattfindet an Gesetzgebung, politischer Initiativarbeit, strategischen Dingen, Regierungsarbeit, hat sich durch das Fernsehen nicht verändert.«

Fried erkennt eklatante Defizite in der Vermittlung von Wissen über die Grundfesten des Staatsapparats, über die Hintergründe all dessen, was den alltäglichen politischen Betrieb am Laufen hält. Ohne dieses Wissen sei all das, worüber so eifrig diskutiert werde, nicht zu verstehen. Die Talkshow fischt latent im Scheinbaren, ohne jemals einen großen Fang zu machen. Im TV-Nahkampf zählen das Augenscheinliche und die Betroffenheit des Einzelnen.»Wie war ich?«, lautet die adäquate Frage nach dem mal lust-, mal qualvollen Showakt.

Die Selbstbefragungsfalle

So sehr der Hauptstadtjournalist als Zuschauer die Talkshow mit Ignoranz straft, lässt er sich gelegentlich doch gern in den Inszenierungsstrudel ziehen, ermutigt noch von fernseherprobten Chefredakteuren wie Helmut Markwort (*Focus*), die sich von den Talkshowauftritten ihrer beflissenen Redakteure einen Werbeeffekt versprechen. So wird die Selbstdarstellungs- schnell zur Selbstbefragungsfalle: Der Bedarf ist hoch, die Hemmschwelle angesichts des sich verschärfenden Wettbewerbs immer niedriger. Die Rollen sind klar verteilt: Als Korrektiv sollen sie die Aussagen der geladenen Politiker beurteilen oder besser noch verurteilen. Je weiter sie sich auf das Glatteis der Meinungsäußerung wagen, je prägnanter ihre These, je überzeugender ihre Erscheinung, desto sicherer ist die Einladung in die nächste Talkshow. Peter Frey nennt solche Kollegen »Donnerstagspropheten«, die ihre eigene Sicht von der Welt für das »Allerwichtigste« hielten und sie möglichst spitz formulierten, um im Spiel zu bleiben. Friedrich Küppersbusch hat in diesem Zusammenhang von Nummerngirls gesprochen, die sich nur auf diese Weise ihren Wert erhalten könnten. Dies sei nicht politisch-konstruktiv zu verstehen, sondern ein schierer Marketingfaktor.

Gestützt wird diese Vermutung durch ein Medienranking, das die Wichtigkeit des einzelnen Berichterstatters oder Kommentators an der Häufigkeit seiner Präsenz im Fernsehen misst: »Viele Kollegen haben wichtige und kluge Meinungen, sind aber unbekannt und spielen keine Rolle, weil sie ihre Meinungen nur in ihrer Regionalzeitung vertreten können«, meint Brigitte Fehrle. So üben Talkshows also doch einen subkutanen Einfluss auf das Agenda-Setting aus, indem sie sich als Sprungbrett für journalistische (Meinungsmacher-)Karrieren entpuppen.

Doch kann die Kultivierung des Alphasyndroms auf der Mattscheibe der wachsenden Bedeutungslosigkeit des politischen Fernsehjournalismus entgegenwirken? Wohl kaum, schließlich dreht sich das Prominentenkarussell sowieso immer schneller. Auch winkt die erfahrene Kollegenschar genervt ab: »Grundsätzlich finde ich das Phänomen, dass Journalisten ihresgleichen interviewen und befragen, nicht besonders originell«, so Holger Schmale. Es sei denn, Hauptstadtjournalisten tragen mit ihren Kommentaren und persönlichen Erfahrungen zur Ausleuchtung des Hintergrunds politischer Abläufe bei, der so häufig im Dunkeln bleibt, wenn Politiker phrasenreich das Wort ergreifen.

Doch das Scheinwerferlicht führt allzu oft zur Auflösung von Ratio und Vermittlungsgespür und verführt den als Experten eingeladenen Berichterstatter zum Kräftemessen mit dem politischen Gegenüber, wer sich telegener präsentiert. Dass dies eher über kurz als über lang zu einer weiteren Marginalisierung eines Mediums führt, das bis vor gar nicht allzu langer Zeit im Zentrum jeglicher Debatte in der Hauptstadt stand, ist etwa für Günter Bannas voraussehbar. Den Kollegen beim eher gesten- als geistreichen Lamentieren zuzuschauen erscheint kaum noch jemandem sinnvoll. Hier greift noch der Instinkt, der davor warnt, seine kostbare Zeit nicht zu verschwenden. Doch wie sinnvoll sie genutzt wird, steht auf einem anderen Blatt – und immer häufiger auf einer Website.

Die Journalisten und ihre Politiker

Mit der Verschiebung des politisch-publizistischen Machtgefüges ist in Berlin ein hektisches Gewirr aus Korrespondenten, Lobbyisten, Pressesprechern, Kommunikationsberatern und Verbandsfunktionären entstanden, das die gegenseitige Abhängigkeit von Politik und Medien noch einmal drastisch erhöht hat. Doch nicht alles ist an der Spree anders als am Rhein: Der Berufsalltag der Parlamentskorrespondenten ist nach wie vor von vertrauten Kommunikationsritualen bestimmt, angefangen beim Besuch von Bundestagsdebatten über Ministerreisen bis hin zu Gesprächen in Hintergrundkreisen. In einige exklusive Zirkel schaffen es allerdings nur leitende Redakteure, und selbst die beklagen sich zunehmend darüber, dass Politiker im geheimen Ambiente nichts wirklich Vertrauliches preisgeben – was auch als eine Folge des gewachsenen Neidfaktors innerhalb der Medienbranche betrachtet wird.

Der Hauptstadtjournalismus aber wird gerade bei persönlichen Begegnungen mit vertraulichen Informationen gefüttert, auch können Politiker um Sympathien und Vertrauen werben. Etablierten Plattformen wie der Bundespressekonferenz hingegen wird als Kommunikationsforum immer weniger Beachtung geschenkt – es sei denn, die Kanzlerin gibt sich persönlich die Ehre. Ob in versteckten Hinterzimmern der Macht oder auf den halböffentlichen Bühnen des Regierungsviertels – Journalisten haben stets mit einem Vorurteil zu kämpfen: dass ihre Politikerkontakte zur professionellen Belastungsprobe werden können, wenn sie dem Objekt ihrer Berichterstattung zu nahe kommen. Sowohl Politiker als auch Journalisten fühlen sich nicht nur im Rampenlicht der Macht wichtig, im gemeinsamen »Höhenrausch« (Jürgen Leinemann) verlieren sie auch leicht das Gefühl für eine gesunde Distanz, die für guten Politikjournalismus konstitutiv ist. Kernfragen, denen wir im folgenden Teil nachgehen, sind: Wie sieht der Arbeitsalltag eines Hauptstadtjournalisten aus? Welche Bedeutung haben Akteure an der Schnittstelle von Politik und Medien – also PR-Profis, Spin Doctors, Pressesprecher, Wahlkampfmanager? Welche professionellen Konsequenzen ergeben sich aus dem Nähe/Distanz-Konflikt zwischen Journalisten und Politikern? Mit welchen Strategien versuchen Politiker, Medien zu beeinflussen oder auszugrenzen, mit welchen Mitteln wehren sich die Journalisten? Und mit welchen Methoden schaffen es Politiker, sich erfolgreich selbst zu inszenieren?

Regierungskommunikation 0.0 oder:
Die Wiederentdeckung des höfischen Meldewesens

Warum »gruschelt« Angela Merkel bei StudiVZ? Wieso treibt die wöchentliche Videobotschaft der Kanzlerin der Elite des Hauptstadtjournalismus die Zornesröte ins Gesicht? Weshalb wäre ein Handyverbot in parlamentarischen Ausschusssitzungen und Krisengipfeln ein herber Rückschlag für die politische Berichterstattung? Welchen Status haben hochdotierte Einflüsterer und Beratungsagenturen im alltäglichen Wettkampf um Aufmerksamkeit? Und was fehlt umtriebigen Lobbyisten, um ihr Image aufzupolieren?

An einem kühlen, klaren Dienstagmorgen fand in Amerika Anfang 2009 etwas statt, das einem Erweckungserlebnis glich: Als Barack Hussein Obama vor dem Capitol am westlichen Ende der National Mall in Washington D.C. auf das Präsidentenamt vereidigt wurde, wollten mehr als eineinhalb Millionen Menschen persönlich dabei sein. Die meisten von ihnen kannten ihren neuen Präsidenten aber nicht von Wahlkampfveranstaltungen in Schulen, Betrieben oder einem der anderen typischen Versammlungsorte, wo alle bisherigen Präsidentschaftskandidaten in direktem Kontakt auf Stimmenfang gegangen waren. Nein, Obama ist der erste Präsident, der das Zentrum der Macht ausgerüstet mit zwei Blackberrys eroberte und vor allem wegen einer ausgeklügelten Online-Wahlkampfstrategie triumphierend ins Weiße Haus einziehen konnte. »Ich bin überzeugt davon, dass Barack Obama heute nicht US-Präsident wäre, wenn es das Internet nicht gäbe«, sagt Arianna Huffington, Blogger-Queen und Gründerin der im Netz erscheinenden *Huffington Post*.[51]

Doch wie hat Obama das Netz und seine Nutzer für sich und seine Sache eingenommen? Der politische Heilsbringer war schon einige Zeit zuvor seinen Instinkten gefolgt und hatte die technologischen Zeichen der digitalen Ära verinnerlicht, deren Prinzipien er sich für den Wahlsieg zunutze machte: Eine wahre Videoflut bei YouTube, ein geschickt eingefädeltes E-Mail-Direktmarketing, SMS-Kampagnen und eine starke Präsenz in den Web-Communities von MySpace bis Facebook suggerierten Volksnähe, Modernität und jugendlichen Esprit – und das auch nach der Wahl. Mit seinen ausgefuchsten Online-Strategien, hinter denen kluge Köpfe wie Internetaktivist Macon Phillips standen, erwies er sich bald als Online-Tausendsassa mit Durchhaltewillen, der vor allem die jüngere Wählerschaft begeisterte und ihr anbot, den Wandel aktiv mitzugestalten – und zwar dort, wo sie sich ohnehin am liebsten aufhält und die kreativsten Ideen entwickelt: im interaktiven Netz der unbegrenzten Möglichkeiten politischer Kommunikation.

Noch während seiner Antrittsrede verwandelte sich die Domain *whitehouse.gov* in einen virtuellen Amtssitz: Plötzlich war ein Großteil der Informationen auf der Homepage nicht mehr unübersichtlich und versteckt, sondern wohlgeordnet und interaktiv, es gab Blogs und neue Formen der Bürgerbeteiligung – ein wahres Paradies für die moderne Informationsgesellschaft. Und schon bald, so versprach der Neugewählte, solle das Volk die Möglichkeit erhalten, Gesetze einige Tage lang in der Netzöffentlichkeit zu diskutieren und Einwände zu erheben, bevor er, der Präsident, seine Unterschrift darunter setze. Auch wenn diese Form von basisdemokratischer Regierungskommunikation nur langsam Einzug hält in die weiterhin von Wirtschafts-, Klima- und Reformkrisen gebeutelte Administration Obamas, war die gefühlte Nähe zum Staatsoberhaupt doch spürbar.

Die deutsche Lust am Mitmachnetz

Auch in Deutschland versuchten Politiker eiligst, auf den Erfolgszug des »Blackberry-Präsidenten« aufzuspringen: Sie bloggten, twitterten und vernetzten sich, um in direkten Kontakt mit den

Bürgern zu treten. Inzwischen ist in den Kreisverbänden der Volksparteien zwar vielerorts wieder Ruhe eingekehrt, zumal nach der Bundestagswahl 2009 – aber eines ist geblieben: die Gewissheit, dass das Internet aus künftigen Wahlkämpfen nicht mehr wegzudenken ist. Geblieben sind auch Politiker vom Schlage eines Thorsten Schäfer-Gümbel, die sich für keine digitale Spielerei zu schade sind, um neue Wählerschichten zu erschließen.

Der Spitzenkandidat der hessischen SPD konnte – trotz späterer Niederlage gegen den amtierenden Ministerpräsidenten Roland Koch (CDU) – in seinem online geführten Wahlkampf bei einigen jungen Wählern punkten, indem er als einer der ersten Politiker auf sozialen Netzwerken wie StudiVZ, Twitter und Facebook Benutzerkonten einrichtete und via YouTube leidlich amüsante Einblicke in den Alltag eines Politikers gewährte.

Dass diese Strategie letztlich doch nicht ganz aufging, Koch sein Amt verteidigen konnte und Schäfer-Gümbels Online-Aktivitäten ihm den Streich eines anonymen Spaßvogels bescherten, der sich unter gleichem Namen mit einem Porträtbild des SPD-Kandidaten als Doppelgänger versuchte und mit unziemlichen Kommentaren für reichlich Verwirrung sorgte, ließ die restliche Parteiriege nicht zurückschrecken: Was Obama kann, können die Volksvertreter hierzulande schon lange – zumindest sollten das die Wähler glauben. Doch der Schuss ging nach hinten los: Erst in der letzten Phase des Bundestagswahlkampfs im selben Jahr legten die deutschen Parteien mit eigenen Online-Konzepten nach, vergaßen dabei jedoch völlig, auch ihre Spitzenpolitiker ordentlich zu positionieren. So überließen die obersten Funktionäre es zunächst den Hinterbänklern, digitales Terrain zu erobern. Obwohl sich auch in den einschlägigen Profilen bei StudiVZ und MeinVZ im Wahlkampf bis zu 50 000 Fans um Merkel, über 16 000 um den FDP-Vorsitzenden Guido Westerwelle und um Steinmeier knapp 15 000 Anhänger gruppierten, bleibt der politische Nutzen solcher Internet-Verbrüderungen fraglich: Solange ein echter Austausch zwischen politischen Entscheidern und

Bürgern wegen unausgereifter Konzepte fehlt, bleiben sämtliche Online-Aktivitäten reine Kosmetik.[55]

Der Kanzlerinnen-Podcast: Rührend oder verkrampft?

Bestes Beispiel dafür ist die wöchentliche Videobotschaft Angela Merkels im Internet, ein sogenannter Vodcast, in dem die Kanzlerin in kurzen, mit flotter Trailer-Musik unterlegten Einspielfilmen zu aktuellen Themen Stellung nimmt. Der Regierungspodcast der »Pionierin in einem weitgehend unbestellten Feld, das irgendwann fruchtbar sein wird«, so Energielobbyist Michael Donnermeyer, belege vor allem eines: die Etablierung einer One-way-Kommunikation. Schnurstracks ließ die Kanzlerin ein anfangs etwas unbeholfen wirkendes Bewegtbildformat im Stil einer Neujahrsansprache zusammenzimmern, das tatsächlich den Oberflächenreiz auslöste, die Regierung sei fortschrittlich und medienkompetent. Das Internet, so die Absicht, solle fortan als Sprachrohr der Regierungschefin dienen, die in dieser Funktion bisher nur einmal im Jahr die Gelegenheit hatte, sich per Fernsehen direkt ans Medienvolk zu wenden – und das auch noch am Silvesterabend, an dem ohnehin noch nie jemandem nach staatstragenden Botschaften aus Berlin zumute war.

Das anarchische Internet war für die Kommunikationsstrategen des Kanzleramts ein Geschenk des Himmels: Von hier aus lässt sich nach Herzenslust all das unter die Leute bringen, was anderswo strengen journalistischen Gesetzmäßigkeiten der Medienproduktion oder der professionellen Neutralität unterliegt. Das ärgert vor allem die Hauptstadtjournalisten: Der Podcast sei »lächerlich«, sagt Nico Fried (*Süddeutsche Zeitung*), Christoph Schwennicke vom *Spiegel* erkennt darin sogar ein »ungefiltertes Propagandagebläse«, und Sabine Adler vom Deutschlandfunk ärgert sich – mit Zornesröte im Gesicht – über die »kommunikative Einbahnstraße«.

Aber was steckt wirklich hinter den Vorbehalten der Berichterstatter? Ist es das reflexartige Gekläffe eines misstrauischen Wachhundes oder das eines gekränkten Pudels? Wenn von professioneller Seite gewettert wird, der Podcast sei grotesk, weil er sich direkt an die Bürger richte und daher kein kritisches Nachhaken zulasse, schwingt darin zumindest verletzter Stolz mit. Auch sind die Hauptstadtjournalisten offenkundig besonders perplex darüber, dass ausgerechnet diejenige, der immer wieder attestiert wurde, sie sei alles andere als telegen, in die audiovisuelle Offensive ging.

Zweifellos steht der Videopodcast aus dem Kanzleramt für eine neue Kommunikationsstrategie, die beinahe alles über den Haufen zu werfen droht, was die politische Kommunikation einer Mediengesellschaft bisher auszeichnete. Der Podcasttitel »Die Kanzlerin direkt« ist hier Programm: Die wegweisende Maßgabe, wie sich die Regierung in Zukunft gegenüber den Meinungsmachern zu verhalten gedenkt – nämlich sie zu umgehen, um den Endnutzer persönlich anzusprechen –, entspricht einer Entwicklung, die in der Werbewirtschaft bereits seit Jahren erfolgreich ist: Mundzumundpropaganda, neudeutsch virales Marketing, funktioniert ohne (journalistische) Zwischeninstanz und wendet sich direkt an den einzelnen Interessenten. Damit kehrt Politik zu den Praktiken des vormedialen Zeitalters zurück, als noch die mehr oder weniger frei gehaltene Marktplatzrede zentrales Verständigungsvehikel zwischen Politiker und Bürger war.

Trotz der polarisierenden Wirkung auf die Berichterstatter ist Medienberater Michael Spreng davon überzeugt, dass der Vodcast eine konsequente Vermeidungstaktik gegenüber Journalisten ist, die der politischen Elite nun mal innewohnt: »Die meisten Politiker sind ja nicht die leidenschaftlichsten Verfechter des Artikels 5 des Grundgesetzes.« Auch wenn Spreng mit seiner These, Politiker würden sich nur allzu häufig gegen die verfassungsgemäße Pressefreiheit stellen, provokant über die Stränge schlägt, wird die wöchentliche Direktansprache an die Internetgemeinde von zahlreichen Medienvertretern als journalistischer Entmündigungsversuch gewertet. Schließlich bläst ihnen vor allem am Wochenende ein kühler Wind aus dem Kanzleramt entgegen: Dass Interviewanfragen am Samstag oder Sonntag durchaus auch abgelehnt werden, um auf die Videobotschaft zu verweisen, weil dort die wichtigsten Themen der Woche angesprochen würden, hält der ehemalige Regierungssprecher Thomas Steg für legitim. Dennoch beklagen sich prominente Vertreter wie ARD-Mann Ulrich Deppendorf bitterlich, so etwas dürfe nicht zur Gewohnheit werden: »Grundsätzlich müssen wir eine Grenze ziehen. Wir dürfen unsere journalistische Rolle nicht aufgeben.«

Doch welchen Problemen hat sich Angela Merkel in ihrem Vodcast bislang zugewandt? Das Spektrum ist durchaus breit: Ob »Afghanistan: ›Kein Frieden ohne Wiederaufbau‹«, »Europa wird demokratischer«, »Schnelles Internet für alle« oder »Kinder sind unsere Zukunft« – die Kanzlerin spricht über Nachhaltigkeit in der Forstwirtschaft und Manöver in der Wirtschaftspolitik, über die Krise des Autobauers Opel, aufopferungsvolle Soldaten, über Doping, Ingenieursmangel und den Spaß am Lesen. Immer spricht sie langsam, bedächtig, meist mit den für sie typisch gegeneinander aufgespreizten Fingern im Vordergrund, die ihr hin und wieder als gestische Argumentationshilfe dienen. Und ob dies nun auf ihre Zuschauer rührend oder verkrampft wirkt – immer mehr Medien übernehmen Ausschnitte daraus, widerwillig zwar, aber immer häufiger, weil ihnen offenkundig nichts anderes übrigbleibt.

Dass Bilder und Zitate aus der Videobotschaft mittlerweile regelmäßig in den Radio-, etwas seltener in den Fernsehnachrichten vorkommen, wird von Regierungsseite aber keineswegs gefeiert – zumindest nicht öffentlich. Stattdessen wird betont, das alles dürfe nicht zu ernst genommen werden. Schließlich handle es sich eher um eine neue Form der Pressemitteilung. Viel wichtiger seien die Bürger, die »Jüngeren, die politische Informationsangebote im Fernsehen nicht mehr nutzen«, entgegnet etwa

Thomas Steg in seiner ehemaligen Rolle als stellvertretender Regierungssprecher: Da noch keine gesicherten Abrufzahlen vorlägen, müsse diese Regierungskommunikation 2.0 ohnehin mit Vorsicht genossen werden, denn letztlich sei das bislang ein Nischenphänomen. Derweil gehen die Nutzungszahlen des Kanzlerinnenservice immerhin in die Zehntausende. Während Obama durch sein Online-Engagement vom wachsenden Kult um seine Person profitierte und auf diese Weise Millionen an Spenden einwarb, versagt der Podcastauftritt durch sein Sender-Empfänger-Modell als zentrale Schnittstelle zum Wähler. Hier wird nicht Interaktion kultiviert, sondern Distanz. Damit mutiert die Videobotschaft der Kanzlerin gewissermaßen zum Sinnbild für die Entfremdung des Politischen von der Öffentlichkeit, indem einerseits der Dialog mit der Presse eingeschränkt wird, andererseits der direkte interaktive Austausch mit der Bevölkerung ausbleibt.

Trotzdem können und wollen Politiker offenbar nicht ohne die Hauptstadtjournalisten. Denn im Grunde ist ihnen das Internet als neue kommunikative Infrastruktur unheimlich. Das ständige Katz-und-Maus-Spiel, der Stellungskampf vor den Parteizentralen, Ministerien und Parlamentsgebäuden, die liebgewonnenen Reibereien im Tagesgeschäft – die Akteure aus Medien und Politik begreifen sich letztlich dann doch weniger als Kontrahenten denn als Zweckgemeinschaft, die sich vereint gegenüber der wild gewordenen Öffentlichkeit im Internet behaupten muss.

Die Gratwanderung zwischen öffentlichkeitswirksamer Regierungsarbeit und populärer Anbiederung führt meist schnurgerade in die Untiefen des Politainment, vor allem in Wahlkampfzeiten. Der ehemalige Regierungssprecher Steg mag noch so häufig betonen, dass Politik niemals zur Unterhaltung verkommen dürfe. Doch seine Überzeugung dürfte bei manchen seiner sozialdemokratischen Genossen auf taube Ohren stoßen: Rudolf Scharping planschte mit seiner schönen Gräfin medienwirksam ins Fiasko, Gerhard Schröder sorgte mit einem absurden Streit um die angebliche Färbung seiner Kopfbehaarung für Irritationen, selbst Franz Müntefering steuerte mit der Heuschrecken-Rede über die Bedrohung durch ausländische Finanzinvestoren zwar eine Leitmetapher zur Globalisierungsdebatte bei, die allerdings mehr kurzweiliges Entertainment bot, als dass sie zur Problemlösung beigetragen hätte. An anderer Stelle übte man sich hingegen in Zurückhaltung: Mäandernd zwischen Botschaftsverkündung und Massenansprache, setzte die CDU/CSU zunächst auf Generalsekretär Volker Kauder als omnipräsentes Parteigesicht und schickte erst spät Feldherrin Merkel in die Schlacht, insgeheim hoffend, beim Spagat zwischen traditionalistischer Agenda und modernistischem Neuentwurf im Internet keinen Imageschaden zu erleiden.

Jens König, langjähriger *taz*-Reporter im Bundestag, hält das für allzu menschlich:»Das Internet als Ganzes steht für das Neue. Dafür, dass dort eine junge Generation heranwächst, die sich anderer Formen bedient, die Politik eher langweilig findet, die sich über Politiker lustig macht, die subjektiv über Politik schreibt. Politische Journalisten und Politiker hingegen verstehen sich und nehmen sich gegenseitig ernst, bei aller Nörgelei im Alltag.« Auch wenn sich Spitzenpolitiker im Zweifelsfall trotz der so häufig gepredigten Bürgernähe doch lieber an die professionellen Medien wenden – die Karten werden neu gemischt, aber bitte mit denselben Spielern. Schließlich wollen Politiker mit Journalisten auf gleicher Augenhöhe über Sachfragen diskutieren oder zumindest den Eindruck vermitteln, dass ihren Gesprächspartner hoffentlich interessiert, was sie vermelden. Angela Merkel ist eine solche Vertreterin alter Schule, und auch Müntefering und Steinmeier gehören zu dieser Kategorie: Sie empfangen diejenigen zum Interview, denen sie gewachsen sind und umgekehrt – Aug in Aug oder in die Kamera, je nachdem. So hält sich die Spitzenpolitik weitgehend vom partizipativen Netz fern, allenfalls ohne Duldung direkten Feedbacks.

Warten, bis das Handy piept

Anders verhält es sich bei den politischen Nachwuchskräften der Berliner Republik: Severin Weiland, Politikreporter bei *Spiegel Online*, tadelt einerseits die fehlende Bereitschaft der Regierungseliten zum Umdenken, hat aber beobachtet, dass Jungpolitiker, die das Internet wie selbstverständlich nutzen und – à la Obama – auch mobil ständig online bleiben, schon lange vor dem allgemeinen Wahlkampffieber das Potenzial des Netzmediums erkannt haben. Die großen Interviews der Führungskräfte mögen noch immer primär in den gedruckten Leitmedien oder in exklusiven Sondersendungen von ARD und ZDF gegeben werden. Doch die strategische Öffentlichkeitsarbeit, das Klein-Klein des alltäglichen Informationsumschlags, richtet sich nunmehr auf das digitale Angebotsspektrum der Nachrichtenorganisationen und Medienhäuser. Als eine der ersten Parteien, so Weiland, habe die CSU die Durchschlagskraft der Online-Nutzung begriffen. Einer ihrer Mitglieder, Karl-Theodor zu Guttenberg, brachte es auch durch seine Web-Affinität in Windeseile zu hohen Beliebtheitswerten und zum Bundeswirtschafts-, später zum Verteidigungsminister. So nahm er es nur gelassen und mit Humor, als ihm die vermeintliche Schwarmintelligenz bei *Wikipedia* unverhofft einen weiteren Vornamen vor den Freiherrn mogelte – den falschen »Wilhelm«. Dass die Presse den »Wilhelm« ungeprüft in ihre Berichterstattung aufnahm, darf angesichts der acht weiteren echten Vornamen Guttenbergs nicht allzu streng bewertet werden. Der Vorfall aber zeigte, wie sorglos Journalisten heutzutage mit Informationen aus dem Netz umgehen.

Der wöchentliche Auftritt der Kanzlerin im Internet hat also für die politischen Akteure im Internet eine gewisse Strahlkraft. Unter der Großen Koalition hat sich ein Paradigmenwechsel im Umgang mit der allgemeinen und der medialen Öffentlichkeit vollzogen: Das Klima zwischen Berichterstattern und Spitzenpolitikern ist weniger kumpelhaft als zu Zeiten Schröders, was die einen Journalisten vor den Kopf stößt, von anderen aber als angenehm beschrieben wird. Ob die Bundeskanzlerin samt Regierungsmannschaft ihrerseits eher auf eine höfliche oder eine höfische Medienzuneigung aus sind, bleibt offen – vermutlich von beidem etwas. Dafür spricht jedenfalls der rege Informationsausfluss, etwa wenn Politiker offenkundig aus Geltungssucht den Pressevertretern per SMS oder Tweet mittels Codewörtern halbgare Verhandlungsergebnisse aus noch laufenden Sitzungen zuflüstern, andererseits bei öffentlichen Auftritten peinlich darauf achten, nur ja im rechten Licht zu erscheinen.

Journalisten und Politiker sind dank ihrer Ausstattung mit Smartphones, den kleinen Handy-Alleskönnern, überall und jederzeit erreichbar – zumindest wenn sie sich nicht in die Funklöcher des ländlichen Brandenburgs verirren. Wenn der ehemalige dpa-Bürochef Martin Bialecki erklärt, dass er und seine Kollegen »Drähte legen«, dann meint er damit den filigranen Kontakt zu Politikern, die dazu bereit sind, anonym als Informanten zur Verfügung zu stehen und für Hauptstadtjournalisten den Maulwurf zu spielen. Entsprechende Kontakte werden – oft auch kurzfristig – vor entscheidenden Ausschusssitzungen oder Verhandlungsrunden geknüpft. Dann wird gewartet, bis das Handy piept.

Die Mobiltelefoniererei, insbesondere das Versenden von Kurzmitteilungen, ist viel stärker noch als das Internet zum Grundpfeiler der informellen politischen Kommunikation geworden. SMS haben einen entscheidenden Vorteil – ihre Unverbindlichkeit: »Bei der SMS kann jeder so tun, als habe er sie nicht gekriegt«, sagt Ex-RTL-Korrespondent Gerhard Hofmann schmunzelnd. Er selbst habe immer sehr gern mit Politikern, Pressesprechern oder Kollegen gesimst, was auf große Gegenliebe gestoßen sei. Auf diese Weise war es immer möglich, eine kurze Frage gleichzeitig an eine Vielzahl von Personen zu schicken – ein Segen, wenn man bedenkt, wie schwer es geworden ist, Politikern in Berlin zufällig über den Weg zu laufen.

Es hat daher auch nichts Wehmütiges, wenn sich Holger

Schmale (*Berliner Zeitung*) an seine Bonner Zeiten erinnert, als er – wie auch seine übrigen Korrespondentenkollegen – direkt gegenüber vom Abgeordnetenhaus stationiert war und nur ein kurzer Blick über das gepflegte Tulpenfeld genügte, um zu bemerken, wenn Joschka Fischer zum Mittagessen oder zur Fraktionssitzung aufbrach. Um ihn abzufangen und in ein kurzes Gespräch zu verwickeln, sei es nicht mal nötig gewesen, schnell in die Gänge zu kommen, sagt Schmale, der heute am Alexanderplatz im Redaktionshaus des Berliner Verlags eher an der Peripherie des politischen Epizentrums arbeitet. Den Blick aus dem Fenster ersetzt das gefüllte Kontaktregister seines Handys mit allerlei vertraulichen Nummern der Spitzenpolitik. Ob sich damit auch Merkel oder Steinmeier persönlich erreichen ließen, will er nicht verraten.

So ist immer häufiger zu beobachten, dass unter den Tischen bereits fleißig in die Mobiltelefone getippt wird, während ein Mitglied des Parteipräsidiums noch spricht – mit der Absicht, sich bei Journalisten ins Gespräch zu bringen und nach Bedarf publizistische Gegenleistungen einzufordern: »Vielleicht glaubt er auch, dass wir in seiner Schuld stehen«, spekuliert Agenturjournalist Thomas Rietig und bemüht das weise Bonmot eines Kollegen: »In diesem Geschäft weiß man nie, wer die Hure und wer der Zuhälter ist. Sicher ist nur, dass dieses Verhältnis so oder so in 90 Prozent der Fälle zutrifft.« Vor allem junge Kräfte des Politikbetriebs versuchen, sich den Informationshunger der Berichterstatter zunutze zu machen: Indem sie interne Informationen in Umlauf bringen, erhoffen sie sich eine Vorzugsbehandlung durch die umsorgten Berichterstatter – eine Art perfektionierter Geneninstrumentalisierung. Der Hauptstadtjournalist jedoch verspricht nichts und freut sich unverhohlen ob einer solchen Naivität, die, selbst wenn sie enttäuscht wird, den Informationsquell nicht zum Versiegen bringt. Laut Berater Michael Spreng gilt: »Man liebt den Verrat, aber nicht den Verräter.« Hier schlagen Journalisten das politische Establishment also mit den eigenen Mitteln: Auch Politiker lassen sich instrumentalisieren, schließlich gibt es genug ambitionierte Vertreter unter ihnen, die sich vom Journalisten-kontakt falsche Hoffnungen machen und daher nur allzu oft anzapfen lassen.

Auch Günter Bannas, einer der wenigen aktiven Hauptstadt-journalisten, die noch auf eine lange Karriere am Bonner Regie-rungssitz zurückblicken können, bejaht den Kurzmitteilungstrend, erteilt aber Mutmaßungen à la »Merkel sauer auf Rüttgers« eine klare Absage. Vielmehr sind es zwischen Journalist und Politiker zuvor abgesprochene Formeln, mit denen bestimmte Entschei-dungen und Akteure beschrieben werden. Die entstehen häufig spontan und bilateral zwischen Reporter und Maulwurf: Abkür-zungen, beispielsweise für bestimmte Personen, seien dabei noch die allgemeingültigsten Chiffren.

Auch Angela Merkel ist eine rege SMS-Versenderin, wie aus dem Kanzleramt bestätigt wird: Sie liebt den schnellen, unkom-plizierten Austausch mit Journalisten oder ihresgleichen, auch während der Sitzungen. Ob und mit welchen Journalisten sie derlei Kontakte unterhält, wird allerdings verschwiegen. Das emsige Getippe dient offenbar weniger der horizontalen Vernet-zung zwischen den einzelnen Regierungsressorts als vielmehr der hierarchischen Amtsführung: In erster Linie werden klare Anwei-sungen verschickt, zum Beispiel bei Kanzlerreisen, wenn keine tägliche Lagesitzung abgehalten wird. Minister delegieren, Mit-arbeiter informieren. Für aufwendigere Abstimmungen von Stra-tegien wird aber lieber, je nach Dringlichkeit und Brisanz des Anliegens, zum (Video-)Telefon gegriffen oder eine Mail ver-schickt.

Beratung um der Beratung willen

Die Vermutung liegt nahe, dass sich Politiker angesichts der medialen Übermacht mit Beratungsleistungen wappnen, um im Notfall die passende Abwehrstrategie parat zu haben – oder dem Gegner die Hand zu reichen. Tatsächlich ist der politische Betrieb Berlins durchsetzt von einem Heer aus Öffentlichkeitsarbeitern und PR-Beratern, die aus dem Spannungsfeld zwischen Politik und Medien Kapital schlagen. Misstrauen erntet die Beraterklasse bisweilen aus beiden Lagern: von den Journalisten, die bei mediengewandten Politikern habituell eine unterschwellige Fremdeinwirkung wittern, oder von den Politikern selbst, die sich Beratung zwar grundsätzlich gefallen lassen, aber nur so lange, wie sie ihr Schicksal nicht vollständig in die Hände Dritter legen müssen.

So konzentrieren sich Beratungsleistungen in der Bundespolitik hauptsächlich auf Hilfe bei der öffentlichen Rechtfertigung komplizierter wie fragwürdiger politischer Entscheidungen und weniger der privaten Katastrophen. Dass der Hauptteil der Beratungsangebote aber auf eine ganz andere politische Ebene zielt, nämlich auf die sehr viel arbeitsintensivere Erledigung von ministeriellen und behördlichen Aufgaben durch PR-Fachleute, ist ein offenes Geheimnis. Hier gewinnt die Kommunikationsblase an Volumen, hier wird beraten um der Beratung willen, um Umsatz zu generieren, nicht um die öffentliche Verwaltung zu entlasten. So werden halbseidene Dienstleistungen offeriert, die auch jeder halbwegs patente Pressesprecher oder seine Mitarbeiter selbst erledigen könnten. Trotzdem werden Aufgaben ausgelagert, solange das Steuersäckel klimpert. Ulrike Hinrichs erinnert sich an ihren Job als Ministeriumssprecherin:»In den Bereichen Öffentlichkeitsarbeit und Kommunikation sind viele Menschen unterwegs, die eine gewisse Ahnungslosigkeit der öffentlichen Verwaltung ausnutzen.« Diese böten eine bestimmte Kommunikation an oder eine bestimmte Medienöffentlichkeit, die sie aber mit drei Anrufen und ihren eigenen Kontakten selbst auch sofort bekommen hätte. Dass sich hinter derlei geballtem Kommunikationsgebläse meist nicht mehr verbirgt als herkömmliche Pressemitteilungen und Pressekonferenzen auf Basis eines Standardverteilers, ist im heiß gelaufenen Behördenalltag von überforderten Öffentlichkeitsarbeitern kaum zu durchschauen.

Dabei läuft die PR-Szene Gefahr, die kommunikative Kompetenz der neuen Politikergeneration zu unterschätzen und der Fehleinschätzung aufzusitzen, dass ihre Zielobjekte kein strategisches Feingespür besäßen. Im Gegenteil: Zehn Jahre nach dem Regierungsumzug haben selbst alte Hasen gelernt, erstaunlich fintenreich mit der erdrückenden Medienpräsenz und der daraus resultierenden öffentlichen Aufmerksamkeit umzugehen: »Merkel ist Merkels beste Beraterin«, sagt zum Beispiel Thomas Wittke, Chefkorrespondent des Bonner *General-Anzeigers*. Selbst wenn man aus den jüngsten Parteitagen, Wahlkampfveranstaltungen oder TV-Kanzlerduellen in Deutschland inzwischen eine immer stärkere Amerikanisierung der politischen Kommunikation herauslesen mag, hat bislang noch nicht einmal das britische Vorbild der strategischen Kommunikations- und Medienberatung vom Format eines Alastair Campbell, Beraterkoryphäe der Blair-Regierung und »Erfinder« von New Labour, gefruchtet.

Persönliche Politikberater finden sich allenfalls in den Parteien selbst oder werden für punktuelle Dienstleistungen wie individuelles Mediencoaching, Wahlkampfprojekte oder einzelne PR-Aktionen gezielt eingekauft. Auch deshalb hält Spreng seine ehemalige Rolle als CSU-Kampagnenmanager für prototypisch: Er habe sich im Dienste Edmund Stoibers zwar als durchaus bedeutungsvoller Impulsgeber verstanden, indem er für seinen Spitzenkandidaten Kampagnen plante, Veranstaltungen organisierte und Medienstrategien entwickelte, doch hätten seine Ideen letztlich keinen Beratertrend ausgelöst. Spreng selbst bedauert heute die geringe Nachhaltigkeit seiner damaligen Tätigkeit, denn ein Bedarf für deutlich mehr professionelle Politikerhilfe ist in seinen

Augen allemal vorhanden. Rhetorisch gesehen sei die deutsche Politik schließlich immer noch erschreckend trostlos.

Lang ist's her, dass auch die parteinahen Stiftungen ihr intellektuelles und strategisches Pfund in die Waagschale werfen konnten, um mehr zu sein als Studienförderer und stotternder Motor einer hauptstadtfixierten, elitären Debattierkultur. Fragt man Journalisten, wird den traditionsreichen Organisationen, seien es Friedrich-Ebert-Stiftung (SPD), Konrad-Adenauer-Stiftung (CDU), Friedrich-Naumann-Stiftung (FDP), Heinrich-Böll-Stiftung (Grüne), Hanns-Seidel-Stiftung (CSU) oder Rosa-Luxemburg-Stiftung (Die Linke), eine Vernachlässigung ihrer grundeigenen Aufgaben vorgehalten. Anstatt eine zentrale Rolle bei der politischen Bildung und – viel wichtiger noch – bei der Gestaltung und Beratung des innenpolitischen Entscheidungsprozesses zu spielen, hielten sie sich größtenteils vornehm zurück.

Unter Ausschluss der Öffentlichkeit: Lobbyismus

Dem Politikbetrieb aber kurzerhand eine Beratungsresistenz zu bescheinigen, wäre schlicht falsch. Der Input kommt nur vermehrt aus anderer Richtung: Der im April 2008 vom ARD-Magazin *Monitor* öffentlich gemachte Skandal zwischen 2004 und 2006 um die Beschäftigung von dreihundert Vertretern aus Unternehmen und Verbänden in Bundesbehörden führt eindrucksvoll vor Augen, wie die apostrophierte Beraterrepublik tatsächlich funktioniert: Ein Bericht des Bundesrechnungshofes entlarvte, dass eine ganze Reihe von Großkonzernen wie SAP, BASF, Lufthansa, Deutsche Bank oder Siemens und nicht zuletzt Autobauer Daimler (damals noch Daimler-Chrysler) Mitarbeiter abstellten, damit diese als »Leihbeamte« am politischen Geschehen teilnehmen konnten. Sie halfen bei der Ausschreibung und Vergabe von öffentlichen Aufträgen, bei der Formulierung von Verordnungen, dann und wann auch von Gesetzesvorhaben, und schrieben des

Öfteren sogar Politikerreden. Dass derlei Lobbyarbeit höchst verwerflich ist, mag niemand in Frage stellen, vor allem weil die fraglichen Volontäre weiterhin von ihren Unternehmen bezahlt wurden.

Und doch sollte das Lobbyismus-Phänomen nicht pauschal als Auswuchs einer verkommenen Vetternwirtschaft abgeurteilt werden, so kühl und Misstrauen erweckend Begegnungen mit den Strippenziehern der Big Player auch wirken mögen wie im Falle von Jürgen Hogrefe, BDI-Funktionär und ehemaliger Generalbevollmächtigter des Energiemultis EnBW. Im Grunde streben Unternehmen, Verbände und all die unzähligen anderen Interessengruppen nach Einfluss auf den politischen Entscheidungsprozess, was nichts anderes ist als der Drang nach Teilhabe an der gesellschaftlichen Verantwortung. Der vormalige *Spiegel*-Redakteur, Fraktionssprecher der Grünen in Hannover und Schröder-Biograph Hogrefe versteht sich daher keineswegs in seiner Lobbyistenfunktion als klandestiner Schattenmann, der auf Biegen und Brechen versucht, möglichst unerkannt und unbemerkt seine Unternehmensziele in den legislativen Gremien durchzudrücken. Vielmehr müsse die Öffentlichkeit seiner Überzeugung nach die Zusammenarbeit zwischen Entscheidungsträgern aus Politik und Wirtschaft als sozial nützlich begreifen: »Das Wichtigste ist, ein Bewusstsein dafür herzustellen, dass die Teilhabe der Wirtschaft am politischen Prozess etwas Wünschenswertes ist und nicht etwas Destruktives.«

Dabei gibt es nur ein wesentliches Problem: Politik und Wirtschaft zeigen beide keinerlei Interesse, die Öffentlichkeit an ihrem gemeinsamen Wirken teilhaben zu lassen, geschweige denn sie davon überhaupt in Kenntnis zu setzen. Da mag Hogrefe auch noch so bestimmt und, wie er meint, »aktiv« einen Code of Conduct fordern, einen verbindlichen Verhaltenskodex, an dem sich Politik, Wirtschaft und allgemeine Öffentlichkeit orientieren können und messen lassen müssen: Wenn niemand weiß, wer wem unter die Arme greift, Freundschaftsdienste erweist oder sein wie auch immer ausgerichtetes Know-how zur Verfügung stellt, kann auch keine Vertrauensbasis entstehen.

Natürlich ließe sich mit Sperrklauseln, unabhängigen Kontrollgremien oder Sonderausschüssen gegen Verstöße im Verborgenen vorgehen. Doch würde das wahrscheinlich in einer weiteren Dämonisierung enden und Verschwörungstheorien Vorschub leisten. Vielmehr stellt sich die Frage: Warum mühsam Aufpasser anlernen, wenn sie schon tagein, tagaus wissbegierig vor den verschlossenen Türen der Besprechungszimmer lauern? Erst wenn die Presse als Anwalt des Bürgers in den Informationsaustausch zwischen Lobbyisten und der Politik eingebunden wird, kann von Transparenz gesprochen werden. Doch die Ängste der politischen Instanzen vor einer hinderlichen Kontrolle ihrer ohnehin schon arg komplizierten Arbeit führen zu einer umfassenden Abschottung des Verwaltungsapparats, der unbehelligt von der Öffentlichkeit agieren kann und sich somit zwangsläufig immer weiter in Misskredit bringt. Zu gravierend sind die Probleme der administrativen Infrastruktur: In den Fluren der Macht herrscht eine chronische Unfähigkeit, sich der Bevölkerung gegenüber unter Verzicht auf individuelle Selbstdarstellung zu präsentieren, zu erklären, zu rechtfertigen. Lieber wird der schöne Schein gepredigt, anstatt authentische Einblicke zu gewähren und sich eben jenem demokratischen Diskurs zu stellen, den die pragmatische Politikerseele am meisten fürchtet; denn Journalisten verursachen durch hartnäckiges Nachbohren in den meisten Fällen nur Mehrarbeit.

Wenn Aussagen wie denen von Michael Donnermeyer zu trauen ist, der sich nach seinem Berliner Senatsjob als sachbezogener Vorkämpfer für Klimabelange versucht, dürfte zumindest die Lobbyvertreter ein zusätzliches Pressegedeck am Besprechungstisch von Wirtschaft und Politik nicht kümmern. Als Geschäftsführer des unter anderem von den Stromkonzernen EnBW, Vattenfall, RWE und E.ON gegründeten Vereins »Informationszentrum klimafreundliches Kohlekraftwerk« (IZ Klima), das in der Nähe des Berliner Gendarmenmarktes residiert, fühlt sich

Donnermeyer als Speerspitze der Aufklärung: »Lobbyarbeit ist nichts Anrüchiges«, sagt er und holt zum kommunikativen Rundumschlag aus: Er fühle sich »mittendrin« im Geflecht zwischen Politikern, Medien und Bevölkerung. Informiert werde an allen Fronten: in Bürgerversammlungen, Parteistuben, Bundestagssitzungen und Redaktionen. Dass sein Infopaket implizit gegen die unliebsame Konkurrenz der Energieriesen gerichtet ist, die mit erneuerbaren Energien experimentieren, steht für ihn nicht im Vordergrund. Schließlich handle es sich bei den Wettbewerbern um die wohl stärkste Lobby überhaupt angesichts der Unterstützung, die sie aus politischen Kreisen erhielten, meint Donnermeyer. Was ihm eher Kopfschmerzen bereitet, ist die generelle Unwissenheit, die auf allen gesellschaftlichen Ebenen, einschließlich der Politik und erst recht bei Journalisten, durchschlage.

Demnach ist der Bedarf an Aufklärung offenbar so hoch, dass Interessenvertretungen verstärkt auch die Hauptstadtbüros der Leitmedien mit Informationsangeboten bombardieren, wohl wissend, dass sich auch mittels des Umwegs über die Medien Politik machen lässt. Während Berichterstatter die Mechanismen solcher Lobbygruppen bei politischen Entscheidungsprozessen gemeinhin als äußerst einflussreich einschätzen, fühlen sich viele Hauptstadtjournalisten selbst immun gegen mögliche Instrumentalisierungsbestrebungen. Ob sie sich belästigt fühlen oder nicht – die Versuche der Einflussnahme auf die Berichterstattung durch Lobbygruppen hat in Berliner Redaktionen die gefühlte Grenze der Erträglichkeit längst überschritten.

Ziel des manchmal mehr, manchmal weniger geschickten Andienens ist es, die Interessen des Auftraggebers möglichst effektiv in einem Bericht oder besser noch in einem Kommentar zu platzieren. Als aussichtsreich gelten in erster Linie Spezialthemen, von denen der Hauptstadtjournalist als Allrounder nur wenig oder überhaupt keine Ahnung hat, in die er sich aber trotzdem schnell einarbeiten muss. Besonders angreifbar oder besser: empfänglich für Lobbydienste gelten Berichterstatter im Hinblick auf medizinische Themen und Wirtschaftsfragen. Hier führen fehlendes Detailwissen und ein sich rasant wandelnder Status quo im redaktionellen Produktionsstress häufig zu Kurzschlusshandlungen, was heißt: Je schneller die Uhr tickt, desto größer ist die Versuchung, eine vorgekaute Fremdinformation zu übernehmen.

Die »Friede-Springer-Connection« und andere Beratungskompetenzen

Das betrifft aber auch, und hier werden darauf angesprochene Hauptstadtjournalisten etwas mundfauler, die Politikberichterstattung selbst. Warum beispielsweise welche Umfrage veröffentlicht wird, die nicht nur bei anstehenden Wahlen die Zeitungs- und Internetseiten füllt, welcher Auftraggeber dahintersteckt und mit welcher Methode sie erhoben wurde, kann – wenn überhaupt – nur bei den öffentlich-rechtlichen Sendern beantwortet werden. Hin und wieder geraten auch junge Journalisten unter direkten Lobbyeinfluss wie im Fall der Initiative Neue Soziale Marktwirtschaft, die im Superwahljahr zielgerichtet versuchte, den Korrespondentennachwuchs mit vollmundigen Versprechen wie Kontakten zur Spitzenpolitik, zu Wirtschafts- und Mediengrößen sowie exklusiven Medienkooperationen (darunter auch *Anne Will* und das politisch nicht unbedingt profilierte, aber bei Twens ungemein hippe Magazin *Neon*) für ihre Sache einzuspannen. Dass sich hinter dem illustren Projekt ein geschicktes PR-Konzept versteckte, das die Ziele der Initiative predigte – »weniger Sozialstaat und mehr Marktwirtschaft«, wie Kritiker sie zusammenfassen[56] – und die in Aussicht gestellten Interview- und Medienpartner größtenteils nichts über das Projekt wussten, ist nur ein Beispiel dafür, welchen dreisten Lobbyeinflüssen auch Journalisten ausgesetzt sind, die sich mit politischen Belangen befassen.

Nach Ansicht von Roger Boyes liegt das eigentliche Problem im Politikjournalismus aber woanders: Der einzelne Redakteur im Politikressort stehe auf einer viel zu niedrigen Hierarchiestufe, um ein lohnendes Ziel für die wirklich wichtigen Avancen der politischen Eliten zu sein. Boyes gibt zu bedenken, dass aufgrund seiner Erfahrung kleinere Gefälligkeiten vielmehr zwischen der Verlagsleitung und der Spitzenpolitik ausgetauscht werden. So gebe es die legendäre »Friede-Springer-Connection« tatsächlich: Hinter der politisch-publizistischen *ménage à trois* zwischen der Mehrheitseignerin des Axel Springer Verlags, ihrem Vorstandsvorsitzenden Mathias Döpfner und der Kanzlerin stecke mehr als ein Gerücht. Natürlich würden Gefälligkeiten ausgetauscht, sagt Boyes. »Wenn der Mindestlohn nicht durchkommt und sich die Betriebskosten in Grenzen halten, muss auch etwas zurückgegeben werden.«

Doch auch der gewöhnliche Hauptstadtjournalist verfügt über Beratungskompetenzen für die Politik: Zu sehr hat sich das politische Gravitationsfeld inzwischen auf eine publikumswirksame Medienpräsenz eingependelt, als dass Parteien und Politiker es sich leisten könnten, auf individuelle Ratschläge von Medienschaffenden komplett zu verzichten. Richard Meng, Christoph Schmitz, Michael Donnermeyer, Ulrike Hinrichs und Michael Spreng haben als ehemalige Journalisten und spätere Politikberater beziehungsweise Pressesprecher den Grenzgang salonfähig gemacht. Obgleich diese Professionsübertritte an sich nichts Anrüchiges sind, zumal wenn sie professionellen Prinzipien folgen und transparent vollzogen werden, hat es sich so mancher Hauptstadtjournalist zur Angewohnheit gemacht, auf beiden Hochzeiten zu tanzen. Wenn Berichterstatter munter zwischen Journalismus und Politik hin- und heroszillieren, als sei ihre Beobachterrolle nur die eine Hälfte ihres Berufsegos und die andere die Funktion, Politiker mit mehr oder weniger passenden Tipps zu versorgen, verwischen die Grenzen zwischen Kontrolleur und Kontrolliertem – und das journalistische Ethos bleibt auf der Strecke.

Wenn Korrespondenten Politikern erklären, wie sie ihre Arbeit besser machen können/sollen/müssen, verkommt der Hauptstadtjournalismus zum Assessment-Center. Zugegeben: Wer mag einem Hauptstadtjournalisten mitten in der um sich greifenden Medienkrise verdenken, dass er Hoffnungen auf Asyl im politischen Apparat hegt? Da mögen Idealisten wie Thomas Kröter vom *Kölner Stadt-Anzeiger* auch noch so sehr betonen: »Als Journalist bin ich Journalist. Als Pressesprecher oder Berater bin ich Sprecher oder Berater« – wenn es hart auf hart kommt und eine Redaktion nach der anderen zusammenrationalisiert wird, schauen auch Hauptstadtjournalisten, wo sie abbleiben: Im Zweifelsfall bieten die Kantinen von Bundesministerien warme Mahlzeiten und der Staat ein geregeltes Auskommen.

Genug Anlässe, sich über den Weg zu laufen und ins Gespräch zu kommen, gibt es hinter den schillernden Fassaden von Berlin-Mitte allemal. Dabei braucht sich niemand zu verstecken: Freimütiges gegenseitiges Beschnuppern bei Branchentreffs, Galaveranstaltungen und Preisverleihungen gehört zum guten Ton. Hier werden beim feierabendlichen Bier Duzfreundschaften zwischen Redaktionsleiter und dem Fraktionschef oder gleich mit dem Regierenden Bürgermeister geschlossen. Und genau hier verdienen sich aufgeweckte Kontakthändler ihren Lebensunterhalt mit Kuppelgeschäften. So profitiert ominöse die Kommunikationsfirma Helios Media und ihr Geschäftsführer Rudolf Hetzel vom ewigen Start-up-Charme und beschäftigt über hundert Mitarbeiter, deren ausgewiesenes Ziel es ist, Politiker und Wirtschaftsbosse mit vielversprechenden Hauptstadtjournalisten in möglichst geselliger Runde zusammenzupferchen. Doch wer wen bezahlt, bleibt im Dunkeln. Worauf es bei den regelmäßigen Stelldicheins nach Sitzungs-, Geschäfts- und Redaktionsschluss ankommt, ist das schlechte Gewissen, etwas zu verpassen, wenn man fernbliebe. Also lassen selbst altgediente Journalisten wie Ulrich Deppendorf (ARD) nur selten eine Gelegenheit aus, um auf diesen Veranstaltungen »ein paar feine Töne« herauszuhören.

Ob *Politikaward*, der inzwischen eingestellte Journalistenpreis *Goldener Prometheus* (beides Events aus dem Hause Helios),

Parteiempfänge, Geburtstags- oder Abschiedsfeiern von Politikern oder Sommer-, Weihnachts- und Neujahrsfeste der Verlage – die Terminhatz des Arbeitstages setzt sich abends in unverminderter Geschwindigkeit fort. Deppendorf beschreibt das Sehen-und-Gesehenwerden: »Wenn man die Reden gehört hat, müssen die Nächsten schon wieder weg, weil der *FAZ*-Empfang am selben Abend stattfindet. Also sieht man dort die Gleichen. Und dann sind noch einige ins Haus der Kulturen zu den *Politikawards*.«

Handfeste Informationen lassen sich auf diese Weise freilich nicht gewinnen. Dennoch sind »offizielle« Rechercheangebote wie die Bundespressekonferenz, die inzwischen sechzig Jahre auf dem Buckel hat, in der Gunst der Berichterstatter gegenüber dem erhofften direkteren Draht zu den Entscheidern stark abgefallen, was vielleicht daran liegt, dass die einstmals zentrale Instanz der Regierungskommunikation zu einer Stellvertreterveranstaltung degeneriert ist. Auf ihr wechseln sich immer neue, weniger auskunftsfreudige Sprecher der Bundesministerien wie verbale Staffelläufer ab, deren Kompetenz sich darauf beschränkt, Verlautbarungen von sich zu geben und kritische Nachfragen mit Schweigen oder Ausweichformeln abzutun.

Dass die BPK immer schon verhältnismäßig wenig Platz bot, wurde in der jüngsten Vergangenheit nur in Ausnahmefällen offenbar, beispielsweise wenn sich die Kanzlerin – selten genug – die Ehre gab. Während sich an manchen Tagen nur eine Handvoll Journalisten in das unscheinbare graue Gebäude am Schiffbauerdamm bequemt, um der Regierungspressekonferenz beizuwohnen, die montags, mittwochs und freitags stattfindet, ist das Trauerspiel bundesweit am Fernsehschirm auf dem öffentlich-rechtlichen Informationskanal Phoenix mit anzusehen. Um die eine oder andere drängende Frage beantwortet zu bekommen, vertrauen manche Redaktionen auf ihre eigenen Leiharbeiter (häufig sind dies Praktikanten) – nur um sicherzugehen, dass die Frage auch tatsächlich gestellt wird. Die Antwort wird dann ferngesteuert wie beiläufig in der Redaktion mitgeschnitten.

Die Konsequenzen der journalistischen Absenz liegen auf der Hand: Qualität und Bedeutung der altehrwürdigen Kommunikationsinstanz lassen rapide nach. Sie gilt nicht mehr als der Ort, an dem – wie noch zu Konrad Adenauers Zeiten – politische und publizistische Konflikte ausgetragen werden. Die Telepräsenz weckt den Schlendrian im Hauptstadtjournalisten, der sich darauf verlässt, dass die (wenigen) anwesenden Kollegen schon die wichtigsten Punkte abhaken werden, sodass sich eigene Recherchearbeit erübrigt.

Bei ausgedünnter Teilnehmerzahl sinkt auch die Wahrscheinlichkeit, dass von Journalistenseite überhaupt (kritische) Nachfragen gestellt werden. Dafür wächst die Gefahr einer reinen Verlautbarungskommunikation, weil Politiker in der BPK, wenn sie sich denn noch blicken lassen, nur noch eine Schaubühne zur Selbstdarstellung erkennen, denn Ausnahmen bestätigen die Regel: Sigmar Gabriel (SPD) oder Ursula von der Leyen (CDU) wird gar nachgesagt, sie könnten sich auch gleich ein Bett hinter dem hölzernen Podium aufstellen, so oft sonnten sie sich im Licht der Kameras. *Stern*-Reporter Jens König wundert sich schon lange nicht mehr über dieses »interessante Schauspiel«: »Ich zeige das gerne Volontären und Praktikanten, damit sie verstehen, wie der politische Zirkus hier funktioniert.« Wenn Regierungskommunikation zum Showcase abgewirtschaftet wird, der das »Blockieren, Mauern und die Informationsreduktion auf das Unwesentliche« kultiviert, wie das inhaltsarme Schaulaufen von Thomas Wittke aus dem Vorstand der BPK charakterisiert wird, scheint die Lage ausweglos: Immer mehr Berichterstatter quittieren das ewig gleiche Ritual mit Abwesenheit und weichen auf andere Recherchequellen aus.

Die Prioritäten werden auch regierungsseitig anders gesetzt: Unter der Großen Koalition startete eine regelrechte digitale Informationsoffensive. Neben dem regelmäßigen Vodcast werden auf einer anmeldepflichtigen Website mit der kokettierenden Bezeichnung »CvD« (Chef vom Dienst) neben aktuellen Terminen auch eigens erstellte Protokolltexte aus den Pressekonferenzen der Bundesregierung und der Bundesministerien für akkreditierte Journalisten zum Abruf bereitgestellt. Trotzdem hält sich die Begeisterung der Pressevertreter ob der zusätzlichen Quellenangebote in Grenzen, weil schon bald klar ersichtlich wurde, was hinter dem digitalen Ausbau der Informationsdienste steckte: die kontrollbewusste Medienstrategie der Kanzlerin.

Hinter den Kulissen der Berliner Republik

Wie gelangt ein Hauptstadtjournalist an exklusive Informationen?
Wie nah kommt er dabei den Politikern? Welche Risiken geht er ein?
Was sind Hintergrundkreise, und machen Journalisten und Politiker
in trauter Runde gemeinsame Sache? Wer instrumentalisiert hier
eigentlich wen? Welche Konsequenzen ergeben sich aus dem Nähe-
Distanz-Problem zwischen Journalisten und Politikern? Wie nah ist
nah genug? Wann wird es gefährlich? Wie setzen sich Journalisten
durch? Mit welchen Mitteln wehrt sich die Politik gegen die ›Vierte
Gewalt‹? Warum wird das PR-Kartell immer einflussreicher? Und
sind es tatsächlich die Politiker, die im Berliner Durcheinander aus
Getuschel, Gerüchten, Meinungen und nur wenigen Fakten von den
Journalisten domestiziert werden – oder ist es nicht vielmehr anders
herum?

Das Kapitel wirft einen Blick hinter die Kulissen des Recherchealltags im Hauptstadtjournalismus mit all seinen Schachereien
und Liebedienereien, ohne die auf dem Berliner Informationsbasar kein Korrespondent mehr auskommt, und unterzieht die
Kommunikationsgepflogenheiten zwischen Medien und Politik
einer kritischen Analyse.

Von politischen Mücken und publizistischen Elefanten

An wohl keinem Ort dieses Landes gestaltet sich die journalistische Recherche so leicht und doch zugleich so schwer wie in
Berlin. Innerhalb von nur zehn Jahren haben die Verbreitung
digitaler Kommunikationstechnik und die Schwemme von Informationsmaklern, vor allem in der Öffentlichkeitsarbeit, dazu geführt, dass die politischen Berichterstatter dauerhaft überlastet

sind: »90 Prozent der Pressemitteilungen werfe ich ungelesen sofort in den Papierkorb. Nach dem Lesen der restlichen zehn Prozent bleibt vielleicht ein Prozent übrig. Mit dem Material kann man arbeiten«, seufzt Jens König vom *Stern* über den täglichen Verwaltungsaufwand, den allein herkömmliche Pressemitteilungen verursachen, ganz zu schweigen von den unzähligen Einladungen zu Presseterminen, die tagein und im brummenden Berlin gern auch tagaus stattfinden wird. Andererseits war es noch nie so umständlich und kraftraubend wie heute, Wichtiges von Unwichtigem zu trennen und Überflüssiges auszusieben. Was unter der elektronisch verdichteten Kommunikationssphäre vor allem anderen leidet, ist die Qualität der Recherche.

Die journalistische Wühlmaus Hans Leyendecker, für investigative Recherchen zuständiger Redaktionsleiter bei der *Süddeutschen Zeitung*, ließ sich sogar dazu hinreißen, mit gewohnt spitzer Feder die eigenen Kollegen in der Hauptstadt zu attackieren. Als Anlass diente die Veröffentlichung eines Bandes über Bob Woodward und Carl Bernstein, die Enthüller des »Watergate-Skandals«[57]: Verglichen mit diesen Reporterlegenden, schrieb Leyendecker, seien die Parlamentskorrespondenten nicht mehr als »nette Laubsägenbastler«[58].

Tatsächlich hat der Recherchealltag der Berliner Korrespondenten nur wenig mit den Vorbildern von der *Washington Post* gemein. Doch ihn auf Hobbyniveau zu vermuten glich einem unsportlichen Seitenhieb. Denn viele Hauptstadtjournalisten fühlen sich als Opfer der Rahmenbedingungen und werten die Kritik von solch hohem Ross als Affront. Mit sarkastischem Unterton kontert Dieter Wonka, langjähriger Korrespondent der *Leipziger Volkszeitung*: »Es gibt ja die professionalisierten investigativen deutschen Alphajournalisten, die gut davon leben, dass sie ihre von Staatsanwälten zugelieferten Papiere dann als investigative Recherche ausgeben.« Auch in Berlin seien journalistische Recherchen ebenso akribisch wie hartnäckig; nur forderten sie dem einzelnen Berichterstatter ungleich mehr Einsatz und Durchhaltevermögen ab, weil es in der Bundespolitik gemeinhin langweiliger zugehe als zum Beispiel im Wirtschaftssektor: »Nicht alles ist ein Fall für Herrn Leyendecker. Im kriminellen Bereich kann man sicherlich eher punkten, doch so kriminell ist die Politszene dann doch nicht.«

Nicht ohne Grund zeigen sich manche Pressevertreter dünnhäutig, wenn der Wert ihrer Arbeitsleistung kritisiert wird. Schließlich sehen sie sich in der Rolle der Frontkämpfer, zumal in einem Recherchekrieg, der längst neuere Waffen kennt, als sie das Enthüllungsduo Woodward und Bernstein zu spüren bekam – oder benutzen konnte. Wo keine Zeit mehr bleibt, um sich tage-, wochen- oder gar monatelang in einem Problemthema zu verbeißen und es auf Missetaten und sonstiges Skandalpotenzial abzuklopfen, ist die tägliche Routine der größte Feind der Recherche. Die längste Zeit und größte Mühe müsse darauf verwendet werden, Tagesaktualität »abzubuchstabieren«, räumt Thomas Wittke vom Bonner *General-Anzeiger* resigniert ein. Noch 1995 schrieb der damalige *Süddeutsche*-Redakteur Stefan Kornelius zu Ehren des journalistischen Stilpatriarchen Wolf Schneider: »In Bonn können Journalisten der Nähe kaum ausweichen, weil alles in der Stadt nahe ist. Zirkel, Hintergrundkreise, Reisen: Die Politik ist allgegenwärtig und verstellt den Blick: Sie kettet Journalisten in ihr System und beraubt sie ihrer Unabhängigkeit.« Erschien die Abhängigkeit den Beteiligten in Bonn bereits anormal, wuchs sie sich in Berlin zum Systemfehler aus. Was eine Forschergruppe der Universität Münster über mehr als die Hälfte der Journalisten in Deutschland herausgefunden hat[59], gilt für die Berichterstatter in Berlin allemal: Immer mehr Zeit verwenden Journalisten fürs Kommunizieren und Koordinieren – mit dem Ergebnis, dass sie mehr arbeiten und weniger recherchieren.

Der Hauptstadtjournalismus hängt in seinem unstillbaren Durst nach Neuigkeiten am Tropf der politischen Öffentlichkeitsarbeit. Terminlage, Sachthemenplanung, Interviewvergabe – alles folgt dem Takt der parlamentarischen und ministerialen Agenden.

Eigenständige Rechercheinitiativen, um selbstbestimmte Themen zu setzen, gehören zu den seltenen Ausnahmen. Und wenn auf die Info-Flut des Politikapparates kein Verlass mehr ist, wie zum Beispiel aufgrund des tranig dahinplätschernden Wahlkampfes im Sommerloch 2009, verbreitet sich Panik in den Redaktionsstuben: Womit sollen Seiten und Sendeplätze gefüllt werden, wenn die Grundversorgung mit Informationen aus den Pressestellen nicht mehr sichergestellt ist?[60] Die Hilflosigkeit der Nachrichtenmacher zeigt sich in solchen Phasen meist daran, dass die Meinungsmacher das Ruder übernehmen. Wo endlich genug Zeit und Muße wäre, um sich als Spürhund tiefergehend mit drängenden Problemen und langfristigen Prozessen auseinanderzusetzen, wird lieber die politische Mücke zum publizistischen Elefanten gemacht wie im Fall der ehemaligen Gesundheitsministerin Ursula Schmidt, deren Dienstwagen-Fauxpas im Endspurt des Bundestagswahlkampfs zur Affäre aufgeblasen wurde. Schmidt hatte sich ihren Dienst-Mercedes in ihr Urlaubsdomizil nach Spanien bringen lassen, um zwei offizielle Termine zu absolvieren – bevor der Wagen gestohlen und der ganze Vorgang skandalisiert wurde. Zuerst empörten sich die Medien, dann die Republik, obwohl alles mit rechten Dingen zugegangen war.

Solche scheinbaren Versuche, sich vom Reservoir der Politik-PR abzunabeln, führten in der Vergangenheit allenfalls zu zweifelhaften Achtungserfolgen. Zudem stürzt sich die Hauptstadtjournaille in immer verworrenere Ungereimtheiten aus privaten Petitessen und Gerüchten und ist gleichzeitig tief verunsichert, welchen Quellen nun auch wirklich zu trauen ist. Um sich möglichst direkt unverfälschte Informationen zu beschaffen und dabei den Durchblick zu wahren, kommt daher kein politischer Korrespondent in Berlin mehr ohne ein penibel gepflegtes Netzwerk aus persönlichen Kontakten aus. Doch die sind schwer zu knüpfen und zudem der steten Gefahr ausgesetzt, schon durch eine kleine Unstimmigkeit wieder zu veröden. Gegenseitiges Vertrauen ist nach Ansicht vieler Hauptstadtjournalisten somit zur wichtigsten Währung im Berufsalltag geworden. Die geknüpften Bande werden umso stärker: Ein Hauptstadtjournalist muss nicht nur mit Politikern auskommen, sondern auch viel Kraft und Mühe aufwenden, um auf zwischenmenschlicher Ebene den Informanten seine Unentbehrlichkeit als Kommunikator und, wichtiger noch, als Multiplikator zu beweisen. Andererseits – und hier taugt die These vom gemeinsamen Ziehen am selben Strang nicht mehr – mutet der Austausch zwischen Politikern und Journalisten wie eine Burleske aus Gefälligkeiten und gegenseitiger Ausnutzung an, bei dem jedes Lager auf seine Vorteile bedacht ist und ganz entschlossen eigene Strategien verfolgt, um seine Ziele zu erreichen.

Die beidseitige Kommunikationsblockade

Am 20. Februar 2008 wurde das Ende einer großen Berliner Politikerkarriere eingeleitet – und das durch eine unscheinbare Zeitungsmeldung, die ein bundesweites Beben im politischen Raum auslöste. Erst ein knappes Jahr später suggerierte Profikoketteur Graf Nayhauß in seiner Politikkolumne für die *Bunte*, dass ein harmloses Hintergrundgespräch mit Journalisten für den Fall des SPD-Parteivorsitzenden Kurt Beck verantwortlich gewesen war. Das NDR-Medienmagazin *Zapp* hegte bereits eine Woche nach Erscheinen der betreffenden Meldung an jenem Mittwochmorgen einen ähnlichen Verdacht und sprach bedeutungsschwer vom »Mediendebakel des Kurt Beck«. Dabei konnte sich »König Kurt«, so die putzige Betitelung des Rekordlandesvaters im heimischen Rheinland-Pfalz, noch ein gutes halbes Jahr an der Spitze der SPD halten, bis er das Handtuch warf und die Parteiführung aufgab. Was war geschehen?

Beck steckte mitten im Wahlkampf, und obwohl er in Hamburg im besagten Februar für den ehemaligen Kulturstaatsminister Michael Naumann um Wählerstimmen warb, dafür also, dass die SPD nach Jahren der CDU-Regentschaft endlich wieder das Ruder in der Elbstadt herumreißen könne, dachte der SPD-Vorsitzende doch nur an dreierlei: an Wiesbaden, an Andrea Ypsilanti und an die Linkspartei, mit deren Hilfe die Kandidatin der Sozialdemokraten nach der Landtagswahl in Hessen unter Umständen zur Ministerpräsidentin gewählt werden könnte. Die Sozialdemokraten hatten dort mit ihrer Spitzenkandidatin einen Achtungserfolg erzielt, brauchten aber – rein theoretisch – Zusatzstimmen aus der Fraktion der Partei Die Linke, um Roland Koch vom Thron zu stoßen und Ypsilanti zu krönen.

Kurt Beck ist ein sympathischer Kerl: ruhig, gelassen, etwas behäbig vielleicht, aber bodenständig. In Berlin bekam er deshalb schnell den Spitznamen »Mecki« verpasst, nicht nur wegen seines markanten Igelhaarschnitts. Der gebürtige Bad Bergzaberner und Sohn eines Maurers hatte sich hartnäckig, aber ohne Verbissenheit bis an die Spitze der SPD emporgearbeitet. Doch blieb er in der Bundespolitik immer ein Fremdkörper aus der Provinz, der es sich auf Parteitagen nicht nehmen ließ, vor Beginn seiner Reden langatmig eine regionale Mitgliederdelegation nach der anderen per Handschlag zu begrüßen. Auch gegenüber Journalisten zügelte er seine Leutseligkeit nicht: In aller Vertrautheit lud Beck am 7. Februar eine Handvoll Korrespondenten zum Hintergrundgespräch nach Hamburg und ließ seine Gedanken in die Ferne schweifen: Was wäre, wenn sich Ypsilanti mit den Stimmen der Linkspartei zur Ministerpräsidentin wählen ließe? Das wäre doch eine Möglichkeit, eine solche Strategie könne er sich vorstellen. Einige Berichterstatter mussten bei derlei Redseligkeit heftig schlucken, schließlich ist das Verhältnis der Sozialdemokraten zur Partei Die Linke schwer belastet. Eine Annäherung wird von der SPD-Spitze nur ausnahmsweise in Berlin und Mecklenburg-Vorpommern auf Landesebene toleriert. Sonst jedoch stehen die Fahnen auf Sturm, auch weil sich die beiden Parteien gegenseitig ihre Wählerschaft streitig machen.

Knapp zwei Wochen später platzte dann die publizistische

Bombe: Zeitgleich erschien in der Hannover'schen *Neuen Presse*, der *Schweriner Volkszeitung* und im *Wiesbadener Kurier* ein kurzer Text, der das Gedankenspiel zur Tatsache machte: »In der SPD-Führung wird eine Wahl der hessischen SPD-Spitzenkandidatin Ypsilanti zur Ministerpräsidentin nun offenbar auch für den Fall angestrebt, dass sie auf Stimmen der Linken angewiesen wäre. ›Sie wird sich zur Wahl stellen. Als Ministerpräsidentin kann sie Neuwahlen nach vier, fünf Monaten machen. So sieht das auch Kurt Beck‹, wurde unserer Redaktion in Parteikreisen bestätigt.«

Autor der Nachricht war Christoph Slangen, ein verdienter Regionalkorrespondent mit fast zwanzigjähriger Berufserfahrung und einem beachtlichen Lokalzeitungsverteiler. Slangen ist jemand, der im harten Journalistenjargon als Bauchladenschreiber gilt: eine Nachrichtenagentur im Kleinen, die ihren Abnehmern nicht nur journalistische Beiträge liefert, sondern auch ein Gesicht dazu. Täglich erreichen seine Veröffentlichungen in Zeitungen wie dem *Nordkurier* aus Neubrandenburg, der *Allgemeinen Zeitung* aus Mainz, der *Passauer Neuen Presse* oder dem *Gießener Anzeiger* auf diese Weise zusammengenommen eine Druckauflage von bis zu einer Million Exemplare.

Slangen steht auf Anfrage auch heute noch zu seiner Arbeitsweise, möchte aber nicht mehr über den Vorfall sprechen, schließlich habe er dazu schon alles gesagt, was zu sagen war. Vertrauensbruch wurde ihm vorgeworfen, sein Verhalten wurde als Indiskretion abgewatscht. Als die Wunden noch frisch waren und das Bohei groß, rechtfertigte sich Slangen gegenüber dem Fachmagazin *Message*, dass er am nächsten Tag einen persönlichen Informanten in der SPD angerufen und gefragt habe, wie die Partei in Hessen mit der Linken verfahren wolle und wie Kurt Beck das sehe. Diesen Informanten habe er auch zitiert, nicht Beck selbst.

Der Teufel jedoch steckt im Detail, und das Beispiel offenbart die Hin- und Hergerissenheit beim vertraulichen Informations- und Gedankenaustausch von Journalisten und Politikern gleichermaßen: Hätte Kurt Beck so offen über den Kurs der SPD

spekuliert, wenn er sich darüber im Klaren gewesen wäre, dass
seine Haltung veröffentlicht wird – ob nun direkt oder indirekt,
wie im Fall Slangens? Wer trägt die Schuld für den politischen
Sündenfall? Der Journalist, weil er in Parteikreisen so lange wei-
terbohrte, bis er die Wahrheit aus anderem Mund bestätigt bekam? Der Informant, weil er intrigant oder die Tragweite der
Informationen falsch einschätzend einfach drauflosplapperte?
Oder Beck persönlich, weil er so leutselig *und* naiv war zu glauben, eine solch bahnbrechende Neuigkeit würde vertraulich behandelt werden?

Schon hier wird deutlich, dass die herkömmlichen Maßstäbe
politischer Kommunikation kaum ausreichen, um die filigranen
Verwicklungen, winzigen Schlupflöcher und riesigen Unsicher-
heiten für alle Seiten verlässlich in den Griff zu bekommen. Am
Ende schwindet vor allem eines: das Vertrauen. Und wenn die gewählten Volksvertreter meinen, Journalisten wollten sie nur für
die nächste Schlagzeile aushorchen, ist das ein mindestens ebenso deutliches Anzeichen von Misstrauen wie die analoge Auffassung aus der entgegengesetzten Perspektive: Journalisten, die un-
terstellen, Politiker hätten kein Interesse daran, ihnen aufrichtige
Auskünfte zu geben, glauben ihnen im Zweifelsfall kein Sterbens-
wörtchen – was die beidseitige Kommunikationsblockade zemen-
tiert.

Wie du mir, so ich dir – das Hintergrundprinzip

Es liegt also in der Gegensätzlichkeit der beruflichen Ambitionen
von Politikern und Journalisten begründet, dass das Vertrauensverhältnis zwischen ihnen begrenzt ist: Der Politiker möchte
Mehrheiten gewinnen, der Journalist (hoffentlich) politische Verfehlungen aufdecken. Journalisten hoffen auf Indiskretionen, Politiker fürchten sie oder streuen sie absichtlich.

Berlins Senatssprecher Richard Meng, der beide Seiten aus

eigener professioneller Anschauung kennt, möchte dagegen nicht von einem eindeutigen Misstrauensverhältnis zwischen den beiden Berufsgruppen sprechen, sondern lieber von einer Atmosphäre der »Halboffenheit«, von der die berufliche Verständigung zwischen Medien und Politik im Hintergrund gekennzeichnet ist: Jeder gibt nur so viel preis, wie es ihm nützt und vor allem nicht schadet. Meng selbst war während seiner Journalistenlaufbahn bei der *Frankfurter Rundschau* in Bonn und Berlin zehn Jahre lang Mitglied in zwei der profiliertesten Hintergrundkreise: der »Gelben Karte« und dem »Wohnzimmerkreis«.

Auch heute noch sind beide Gesprächsrunden der Inbegriff für Vertraulichkeit und Exklusivität. Aufgenommen wird nur, wer sich einem strengen Verschwiegenheitsritual unterwirft, das schon damit beginnt, dass Anwärter nur von einem ihrer Mitglieder empfohlen werden können. Als eine der ältesten journalistischen Gruppierungen hat sich die »Gelbe Karte«, bekannt für ihre linksliberale Ausrichtung, erhalten. Sie formierte sich 1971 als Contra-Bewegung zu den eher konservativen Kreisen rund um Willy Brandts ehemaligen Pressereferenten und Redenschreiber und jetzigen Chefredakteur des SPD-Parteiblatts *Vorwärts*, Uwe-Karsten Heye, sowie Helmut Hohrmann, den Bonner Korrespondenten der mittlerweile eingestellten US-amerikanischen Rundfunkanstalt RIAS in Berlin, und den Agenturjournalisten Holger Quiring von der dpa. Ihr Ziel war und ist, in gemeinsamer Anstrengung den Zugang zu hochrangigen Politikern zu erleichtern. Zu den bekanntesten Mitgliedern gehören unter anderem Tissy Bruns (*Der Tagesspiegel*), Nico Fried (*Süddeutsche*) und Jens König (*Stern*), die Mitgliederzahl der »Gelben Karte« ist streng auf 30 Journalisten begrenzt. Umso wichtiger ist den Beteiligten die Aufrechterhaltung der kompromisslosen Verpflichtung zur gegenseitigen Diskretion. Der Name des Kreises wurde dem Gründungskongress der SPD-Arbeitsgemeinschaft für Arbeitnehmerfragen entlehnt, bei dem die Journalisten gelbe Akkreditierungskarten bekamen. Heute steht seine symbolische Bedeutung für weitaus mehr: Bei Vertrauensbruch wird dem betreffenden Mitglied nicht nur die gelbe, sondern gleich auch die rote Karte gezeigt.

Noch stärker zum Mythos verklärt ist der »Wohnzimmerkreis«, in dem zehn leitende Redakteure der größten Hauptstadtmedien vertreten sind. Mitglieder sind unter anderem Sabine Adler (Deutschlandfunk) als Nachfolgerin von Richard Meng, Nico Fried (*Süddeutsche Zeitung*), Christoph Schwennicke (*Der Spiegel*) und auch in diesem Kreis: Tissy Bruns. Die Geschichte des elitären Zirkels begann relativ unspektakulär als Neugründung einiger frustrierter Bonner Jungjournalisten unter dem Namen »Wespennestkreis«. Doch der pragmatische Charme der frühen Jahre ist nach dem Regierungsumzug einem geheimnisvollen Gewese gewichen. Geleitet von *FAZ*-Büroleiter Günter Bannas, treffen sich die Mitglieder im monatlichen Reihum zum Abendessen im Wohnzimmer eines der Kollegen. Und die Granden der Politik stehen Schlange. Ob Merkel, Steinmeier, Müntefering, Steinbrück, Schäuble und so weiter und so fort: Sie alle wurden meist mehrmals in den Wohnstuben der Journalisten bewirtet und lernten ihre Familien kennen. Was in der Politik Rang und Namen hat, kommt jedoch nicht, um Hummercremesuppe zu löffeln oder teuren Bordeaux zu verkosten, sondern weil sich die Spitzenpolitiker von der versammelten Journalistenelite Verständnis für ihr politisches Tun erhoffen. Je kleiner und exklusiver die Runde, desto besser. Denn nur dann scheint halbwegs gesichert, dass das Gesagte den Raum nicht verlässt und allenfalls in den Hinterköpfen der Anwesenden abgelegt wird.

Trotz des guten Rufs speziell dieser Hintergrundkreise fällt Mengs Fazit nach unzähligen vertraulichen Treffen mit den Lenkern der Republik zwiespältig aus: Erfahren hat er in diesen Runden häufig nichts Substanzielles. Auch Günter Bannas kommt zu einem ähnlichen Schluss: »Es wird zwar gefragt, aber dann sagt der Befragte: ›Sage ich nicht‹. Auch operative Planungen und Personalgeschichten unter dem Motto: ›Ich werde nächste Woche diesen oder jenen Minister entlassen‹ werden nicht verraten –

oder doch eher selten. Manchmal gilt das Gegenteil: Es gibt Fälle, in denen den ganzen Abend über geredet wird, und am nächsten Tag geschieht Unerwartetes.« Trotzdem seien Hintergrundkreise unverzichtbarer als jemals zuvor. Ja, aber warum eigentlich?

Die Horde der Hauptstadtjournalisten erschwert es dem einzelnen Korrespondenten ungemein, hinter die politische Tarnung zu blicken, die bei offiziellen Presseterminen so penibel gepflegt wird. Überließe man die Ausleuchtung des Menschen hinter der »Politikmaschine« (Lars Kühn, Exsprecher des SPD-Parteivorstands) allein der Selbstdarstellung des Politikers oder dem emotionalen Wechselbad der Boulevardmedien, wäre der Aufklärung kaum geholfen. Und Bannas hat natürlich recht: Nie waren Hintergrundkreise wichtiger in einer Sphäre, wo das oberflächliche Spiel von Licht und Schatten alles zu dominieren scheint. Natürlich sind sie die passende Plattform, um politische Zusammenhänge zu ergründen: Journalisten wollen erfahren, wie Politiker denken, wollen wissen, was hinter den hohlen Phrasen und gebügelten Statements steckt. Bei welchen Gelegenheiten lacht der Politprofi? Wann wirkt er entspannt, wann angespannt? Wie reagiert er auf Reizthemen? So abgebrüht und erfahren Politiker sonst in ihrem Auftreten erscheinen: Im Hintergrundkreis entblößen sie bisweilen – und sei es nur für einen kurzen unachtsamen Moment – ihr Innerstes.

Solche Beobachtungen aus unmittelbarer Nähe sind unverzichtbar für das Verfassen von Porträts oder Features, die sich absetzen sollen vom üblichen Einheitsbrei. Hauptstadtjournalisten müssen in erster Linie eines: ihren Heimatredaktionen beweisen, dass sie die Mächtigen besser kennen als alle anderen. Sie sind es, die schon nach kurzer Zeit die wichtige Seite 3 ihres Blattes mit ausladenden Reportagen über die Leiter und Lenker der Parteien schreiben sollen. Sie sind diejenigen, die zu Rate gezogen werden, wenn *Bild* oder *Spiegel Online* mal wieder mit einer Exklusiv- oder Eilmeldung auftrumpfen. Die erfolgreichsten Hintergrundkreise funktionieren daher nach einem sogenannten Closed-Shop-Prinzip: Zugang erhält nur derjenige Hauptstadtjournalist, der das ungeteilte Vertrauen seiner Kollegen genießt. Wer dazugehören darf, gehört automatisch auch zu »den Guten«, wie Jens König (*Stern*) es nennt – eine Auszeichnung, die auch von der hohen Politik registriert wird. Die oberste Maßgabe lautet: dichthalten. Dann, aber auch nur dann hat man eine Chance, dass in einem 90-minütigen Gespräch vielleicht fünf Minuten davon interessante Einblicke in die Psyche und das strategische Denken des Gastes erlauben.

Schon in Bonn gab es eine Reihe weniger, aber einflussreicher Hintergrundkreise, die bei Politikern beliebt waren, um im institutionalisierten lockeren Rahmen ihre Sicht der Dinge darzustellen, ohne auf druckreife Formulierungen achten zu müssen – nicht zum Zwecke der schnellen Nachricht, sondern um des gegenseitigen Verstehens willen. ARD-Journalistin Corinna Emundts bemerkt unterdessen in den vergangenen Jahren eine signifikante Kreis-Müdigkeit unter Politikern: Ihre anfängliche Mitteilsamkeit unter der rot-grünen Koalition sei einer allgemeinen Langeweile gewichen, die sich auch auf die Lebendigkeit von Hintergrundkreisen ausgewirkt habe. Und nun tagten sie allesamt seltener, weil ihnen die Gäste fehlten.

Dabei wird allenthalben auch auf Politikerseite hoher Nachholbedarf registriert, was das Verständnis journalistischer Arbeitsprozesse angeht. Als sich Ulla Schmidt offensiv gegen Vorwürfe der Steuerverschwendung zur Wehr setzte, wurde unter Berliner Öffentlichkeitsarbeitern gefrotzelt: Wenn sie häufiger in Hintergrundkreise gegangen wäre, hätte sie gewusst, dass ihr Dienstwagentransfer ans Urlaubsziel für zwei geringfügige Termine zwar rechtmäßig sei, aber bei Journalisten nicht gut ankomme. Der informelle Austausch zwischen Medien und Politik unter Ausschluss der Öffentlichkeit ist also durchaus auch als Hilfsangebot an Politiker zu verstehen, wiederum den Journalisten, das unbekannte Wesen, besser kennenzulernen: »Politiker wissen, wie Politiker ticken. Aber im Grunde wissen sie nicht, wie Journalisten ticken«, glaubt Richard Meng und attestiert den Berichterstattern eine große anonyme Macht:»Wie denken, wie reden die, wie gehen die miteinander um?«All das sei für die meisten Politiker ein absolutes Rätsel. Hintergrundkreise sind nach Mengs Ansicht deshalb auch kein Merkmal der Deprofessionalisierung, sondern wichtige Kompensationsräume für die Zwänge des alltäglichen Miteinanders: Nirgendwo sonst könne man sich in sein Gegenüber so hineinfühlen wie bei diesen seltenen Gelegenheiten. Auch der ehemalige SPD-Stratege Thomas Steg hält die intuitiven Qualitäten von Hintergrundkreisen für ausschlaggebend: In den dort stattfindenden Gesprächen erfahre der Politiker, wie Journalisten auf Themen und Argumente reagieren, wie sich ihre Einschätzungen verändern und welche Haltungen es zu bestimmten Themen gibt. Und mit etwas Glück kann er sich sogar in den Wahrnehmungsmodus des Berichterstatters versetzen und damit sich selbst einen Spiegel vorhalten.

Regelbuch mit vier Siegeln:»unter eins« bis»unter vier«

Nichtsdestotrotz bleiben die illustren Runden ein Unsicherheitsfaktor für beide Seiten, schon weil es jedem Korrespondenten freisteht, gemeinsam mit gleichgesinnten Kollegen eine eigene Plattform zu gründen, eigene Vertraulichkeitsregeln festzulegen und sich dem »positiven Wettbewerb« (Corinna Emundts, *tagesschau.de*) zwischen den vielfältigen Hintergrundkreisen zu stellen. Die Zahl der Hintergrundkreise hat sich im Vergleich zu Bonner Zeiten schätzungsweise verdoppelt – gesicherte Angaben liegen nicht vor. Nur wenige werden wieder geschlossen wie der »Sozialpolitische Kreis«, der regelmäßig etwa 20 überwiegend junge Journalisten und immer dieselben zwei Politiker und zwei Experten zur Diskussion versammelte, bis Dauergast Horst Seehofer Berlin verließ, um die Regierung im Freistaat Bayern zu übernehmen.

Trotz des attestierten Rückgangs des Mitteilungsbedürfnisses hinter den Kulissen der Berliner Republik gibt es von journalistischer Seite ein unverändert großes Interesse an Hintergrundkreisen, die sich in allen politischen Formen, Farben und Größen gebildet haben: Je nach Fachgebiet, politischer Gesinnung oder Medientypus nennen sie sich »Millionäre« (Korrespondenten auflagenstarker Regionalzeitungen), »Provinzkreis« (Lokalzeitungen), »Das Kartell« (Wirtschaftsjournalisten), »Das Rote Tuch« (Frauen), »Außenverteidiger« (Verteidigungspolitik), »Betonköpfe« (unter anderem Tarifpolitik, Rente und Krankenversicherungen) oder »Vino Rosso« (gemischt aus ausländischen und einheimischen Journalisten). Manche sind fast so alt wie die Bundesrepublik, zum Beispiel der knapp 250 Mitglieder starke »Deutsche Presseclub« (gegründet 1952)[61], andere so jung wie »Unter 3 zehn«, der sich seit 2005 aus 13 journalistisch arbeitenden Altstipendiaten der Konrad-Adenauer-Stiftung zusammensetzt. Meist versammeln sich darin – im Gegensatz zum letztgenannten Fall – aber mehr als 13 Berichterstatter, was nach Meinung vieler Pressesprecher jede freimütige Äußerung zum Risiko werden lässt, wie Iris Bethge, ehemalige Sprecherin im Bundesfamilienministerium, glaubt: Schon ab 15 Personen werde eine solche Runde anstrengend, man brauche dann schon fast ein Mikrophon – und das sei ja nun für ein Hintergrundgespräch völlig widersinnig. Zu kontrollieren sind derartige Zusammenkünfte kaum noch, die Vertraulichkeit schrumpft zur leisen Hoffnung. Wenn der Gast verabschiedet ist und Bilanz gezogen wird, ist es an jedem einzelnen Journalisten, vertraulich mit dem Erlebten und Gesagten umzugehen – auch wenn oder gerade weil es so besonders spektakulär ist.

Sie alle hoffen auf Einblicke ins Getriebe der Macht und werben in vorauseilendem Gehorsam mit selbst auferlegten Maulkorberlassen um das Vertrauen der Politiker. Hintergrundkreise bleiben nur so lange ein effektives Rechercheinstrument, wie sich beide Seiten an die Regeln halten, die gewährleisten sollen, dass zumindest die besagte »Halboffenheit« zustande kommt. Im Gegensatz zu Pressekonferenzen und sonstigen öffentlichen Presseterminen wird hier gemeinhin »unter drei« kommuniziert. Von »unter eins« wird gesprochen, wenn Äußerungen des Politikers zur Veröffentlichung mit konkreter Namensnennung gedacht sind wie beispielsweise bei Interviews. »Unter zwei« bedeutet wiederum, dass einzelne Zitate zwar verwendet werden dürfen, die Quelle jedoch verschleiert werden muss, was in Artikeln dann meist mit »wie aus Kreisen des Ministeriums XY bekannt wurde« umschrieben wird. »Unter drei« dagegen bezeichnet die höchste Vertraulichkeitsstufe und bedeutet, dass der Journalist weder den Urheber des Gesagten noch das Gesagte selbst zitieren darf.[62] Die für Außenstehende durchaus irreführenden Bezeichnungen bringen bisweilen selbst Profis ins Schleudern: Die Regelung dessen, was vom Gesagten geschrieben oder gesendet werden darf, fußt letzten Endes auf einem wackeligen Gerüst der Selbstverpflichtung. Irgendwann, meint nicht nur Jens König vom *Stern*, sickert alles durch. Die Frage sei nur, wann.

Moralische Imperative taugen im Kampf um die nächste Sensation herzlich wenig, auch weil Missverständnisse ohnehin an der Tagesordnung sind. Der einstige Außenminister Joschka Fischer beispielsweise soll schon von vornherein davon ausgegangen sein, dass alles, was er im vertraulichen Hintergrundkreis bespricht, ohnehin veröffentlicht wird, erinnert sich Nico Fried (*Süddeutsche Zeitung*): »Die Hintergrundregeln sind mittlerweile so sehr verschludert – und zwar auch von politischer Seite – dass Sie, wenn Sie unterschiedliche Politiker fragen, was sie unter ›unter drei‹ verstehen, ganz unterschiedliche Antworten bekommen.« Fried kann über das Beispiel Fischer nur den Kopf schütteln: »Fischer hat seine Hintergrundgespräche immer ›unter drei‹ gemacht, und wenn man ihm zwei Tage später begegnet ist, hat er einen manchmal gefragt, wieso man das nicht aufgeschrieben hat. Manchmal hat er während der Gespräche ›unter drei‹ immer noch zusätzlich gesagt: ›Das dürfen Sie jetzt aber wirklich nicht aufschreiben‹, und hat damit quasi ein ›unter vier‹ kreiert. Jeder Politiker handhabt das unterschiedlich. So was lernt man nur mit der Zeit. Und manchmal geht's schief.«

Doch auch so mancher Hauptstadtjournalist ist geneigt, den Interpretationsrahmen zu erweitern und selbst zu bestimmen, was unter den Vertraulichkeitskategorien zu verstehen ist. Selbst in seriösen Hintergrundkreisen, in denen Instanzen des Qualitätsjournalismus wie *Spiegel, Frankfurter Allgemeine Zeitung* und *Süddeutsche Zeitung* vertreten sind, kann in dieser Hinsicht einem erfahrenen Korrespondenten zufolge, der nicht genannt werden möchte, von einem gemeinsamen Nenner kaum die Rede sein. Viele Berichterstatter ziehen es vor, ihren eigenen Regeln zu folgen. So sei es durchaus üblich geworden, mit dem in Hintergrundkreisen erworbenen Wissen zielgerichtete Recherchen anzustellen und sich die vertraulichen Aussagen indirekt durch andere Informanten bestätigen zu lassen wie im Fall des Beck'schen Stolpersteins Christoph Slangen, sagt Richard Meng: »Das ist natürlich ein bisschen daneben und gehört zu einer dieser Gratwanderungen, die den Hauptstadtjournalismus kennzeichnen.« Mitunter geschehe dies aber auch unbewusst, weil der Journalist durch seinen Wissensvorsprung einfach andere Fragen stelle als die Kollegen. Ein waschechter »journalistischer Revolverheld«, wie ihn Christoph Schwennicke vom *Spiegel* beschreibt, also einer, der durch gezielte Indiskretionen eine Kerbe um die andere in sein Schießeisen schlagen kann, ist Slangen jedoch nicht. Dafür ist er schon zu lange im Geschäft. »Die meisten dieser Kollegen sind hier in Berlin entweder nur sehr kurz oder sehr lange. Die nur sehr kurz da sind, hatten meistens zu schnell zu viel auf dem Kerbholz.«

Ob es sich nun um einen gezielten Vertrauensbruch zwecks Auflagensteigerung handelt oder um eine »absichtslose Geschwätzigkeit« (Gerhard Hofmann, ehemals RTL/n-tv) – zugenommen haben die Fehltritte jedenfalls, so zumindest ist selbstkritisch aus Journalistenkreisen zu hören. Eingeständnisse helfen jedoch nicht weiter, schließlich kommt es im Zweifelsfall immer darauf an, wann was und wie viel von wem an die Öffentlichkeit gerät: Bei der ARD beispielsweise werden die Ergebnisse der Hintergrundgespräche unter den Mitarbeitern des Hauptstadtstudios brüderlich geteilt, was niemanden zu stören scheint. »Die stellen wir in den internen E-Mail-Verteiler in unserem Studio, und jeder, der dazugehört, kann dann lesen, was besprochen wurde. Es ist nicht so, dass die Kollegen das alles nur für sich behalten, das geht ja auch gar nicht. Wir haben uns aufgeteilt nach Arbeitsgebieten, nach Ministerien, nach Parteien, in denen die einzelnen Korrespondenten Mitglied sind«, erklärt Studioleiter Ulrich Deppendorf. So kann jeder lesen, was besprochen wurde. Dass einzelne Journalisten hin und wieder auch gern »über Bande« spielen, um eine im Vertrauen getroffene Aussage doch verwenden zu können, bestätigt Karl Feldmeyer, langjähriger Politikredakteur der *Frankfurter Allgemeinen*: Es werde einfach der nächste Kollege informiert, der sich nicht an die Spielregeln gebunden fühlt. Die politische Kommunikation als Spiel und das vertrauliche Hintergrundgespräch als höchster Level: Wer die Regeln am besten beherrscht – und das bedeutet immer auch, sie am effektivsten für sich auslegen zu können –, gewinnt. Alle anderen, darunter eben auch Kurt Beck, ziehen den Kürzeren.

Mit allgemeinem Kopfschütteln dagegen wird quittiert, dass manche Kollegen ihr exklusives Hintergrundwissen weniger dafür einsetzen, ihre Aufgabe als kritischer Berichterstatter zu erfüllen, sondern vielmehr dazu neigen, es mit dem politischen Gegner des bisweilen doch zu offenherzigen Gastes zu teilen und sich davon eine Vorzugsbehandlung zu versprechen. So etwas komme häufiger vor, als man erwarten würde, berichten langjährige Hintergrundbesucher. Günter Bannas (*Frankfurter Allgemeine*) weiß von einem solchen Vorfall zu berichten, auch wenn dieser schon Jahre zurückliegt: »Johannes Rau trat als Kanzlerkandidat einmal im Presse Club auf, der ja auch ›unter drei‹ tagt. Er schilderte Pläne, sagte aber nichts Spektakuläres. Doch am nächsten Tag erzählte mir ein CDU-Ministerreferent, dass er schon alles wüsste, was der Rau gesagt habe. Da wurde also weitererzählt, obwohl es nicht sehr ergiebig war, was Rau damals gesagt hat.« Rau blieb in diesem Fall gewissermaßen nur der reflexartige Rückzug in die verbale Verschlossenheit übrig. Martin Bialecki, der noch zu seinen Redaktionsleiterzeiten bei dpa nie einen Hintergrundkreis besuchte, weil er die gefährliche Nähe zur Politik fürchtete wie der Teufel das Weihwasser, meint: »Wenn Hintergrundkreise keinen geschützten Raum mehr darstellen, braucht man sie eigentlich nicht mehr.«

»Wer will Suppe?« – Mythos Hinterzimmer

Mit seinem Lustspiel *Was ihr wollt* hatte William Shakespeare vor allem eines im Sinn: die tragikomische Darstellung unsicher gewordener Identitäten. Im Mittelpunkt der Geschichte steht die schöne Gräfin Olivia, in die sich gleich mehrere Mannsbilder unsterblich verliebt haben. Einer von ihnen ist Malvolio, ein ehrgeiziger Vertreter der Mittelschicht, der sich zu Höherem berufen fühlt und alles unternimmt, um der Gräfin zu gefallen. Als ihm ein gefälschter Brief Olivias zugespielt wird, folgt er willfährig den vermeintlich authentischen Forderungen: stets zu lächeln, sich merkwürdig zu verhalten und seine gelben Strumpfbänder über Kreuz zu binden. In seinem Streben, jenen nahe zu kommen, die entweder groß geboren wurden oder denen ihre Größe zugefallen ist, geriert er sich als eitler Geck – und fällt tief. Am Ende steht er da als gebrochener Mann, als »eine geschlagene Kreatur; kriechend, des aufrechten Gangs nicht mehr fähig, verlässt er die Stätte seiner Niederlage im Fluch«, wie der Theaterkritiker Hans Schwab-Felisch über eine Aufführung des Stückes im Jahr 1980 schrieb.[63] Fast 30 Jahre später fällt es seinem Kollegen Karl Feldmeyer wie Schuppen von den Augen: Im Rückblick auf seine Berliner Zeit erscheint es dem in Rente gegangenen Hauptstadtjournalisten, als seien viele seiner ehemaligen Kollegen dem »Malvolio-Symptom« zum Opfer gefallen: Sie folgten ihrer eigenen Eitelkeit und ließen sich durch falsche Schmeicheleien der Politiker und ihre kumpelhafte Nähe dazu verführen, irrational und nicht mehr sachbezogen zu handeln. Am Ende stünden sie vor den Trümmern ihrer Prinzipien – wie der naive Träumer in Shakespeares Stück.

Nach Auffassung der Magazin-Journalisten Marc Baumann und Tobias Haberl zeichnen sich Hauptstadtkorrespondenten in erster Linie durch zwei Merkmale aus: ihre besondere Fähigkeit, Politiker persönlich zu kennen und trotzdem noch wählen zu gehen, und ihre selbstherrliche Einstellung, zu glauben, allein sie würden die Wahl entscheiden.[64] In ihrem Machtglauben ähnlich verwirrt wie der traurige Malvolio, wird jedoch nur wenigen Berliner Berichterstattern bewusst sein, wie zerrissen sie im Grunde sind zwischen der berauschenden Wirkung der Nähe zur Macht und ihrer eigentlichen Aufgabe, als Beobachter und Kommentatoren die notwendige Distanz zu wahren. Oder?

Es mag floskelhaft klingen, doch ebenso wie Politiker sind auch Journalisten nur Menschen – und verhalten sich dementsprechend: Wer sich jahre- und jahrzehntelang fast täglich über den Weg läuft, miteinander reist, speist und vergreist, mal mehr und mal weniger bewusst Abstand wahrend, der knüpft automatisch auch persönliche Beziehungen. Die »Gefahr der unzulässigen Nähe«, wie *Spiegel*-Redakteur Christoph Schwennicke es ausdrückt, ist bei noch so professioneller Arbeitsatmosphäre in Berlin latent hoch, sehen sich doch die Berichterstatter und die Objekte ihrer beruflichen Begierde durch die unzähligen informellen Kontaktgelegenheiten bis tief in die Nacht oft häufiger als die eigenen Familien. Zwar ist es unter Journalisten auch heute noch offiziell verpönt, mit Politikern auf Schmusekurs zu gehen, doch geduzt wird trotzdem gern.

Zugeben mögen das nur wenige, offenbar regt sich Unbehagen ob des freundschaftlichen Umgangs miteinander. Gern spricht niemand darüber, dass er (oder sie) mit Spitzenpolitikern, aber mehr noch mit Bundestagsabgeordneten, die viele noch aus früheren Zeiten kennen, per Du ist. Nico Fried (*Süddeutsche Zeitung*) meint, das schränke seine kritische Berichterstatterrolle in keiner Weise ein, andere dagegen wie Thomas Wittke (*General-Anzeiger*) und Peter Frey (ZDF) schlagen Duzangebote von Politikerseite grundsätzlich aus, um nicht in Gewissenskonflikte zu kommen. ARD-Journalist Ulrich Deppendorf duzt sich mit Berlins Regierendem Bürgermeister Klaus Wowereit, Ex-*BamS*-Chefredakteur und Politblogger Michael Spreng duzt den geschassten Bundesverteidigungsminister Franz-Josef Jung, und Severin Weiland (*Spiegel Online*) fühlte sich, als er noch bei der *taz* arbeitete, genötigt, sämtliche Jungpolitiker der Grünen zu duzen: »Schon damals war mir das sehr unangenehm. Ich habe mir das vor Jahren abgewöhnt. Das Siezen schafft Distanz – zum Nutzen beider Seiten.« Aber reicht tatsächlich schon der Rückzug auf das förmliche Sie, um aus dem Schneider zu sein? Exfernsehreporter Gerhard Hofmann hat dazu eine eindeutige Meinung: Er hält die Dämonisierung des Du kurzum für »Bullshit«: »Als ob ein Du zu irgendeiner Form der Gefolgschaft verpflichtet!« Nicht die sprachliche, sondern die innere Nähe zu Politikern sei das eigentliche Problem: »Ich habe schon Leute gehört, die bei einem nächtlichen Vermittlungsausschuss einen Politiker aus ihrem Bundesland interviewten und hinterher fragten: ›War es so recht, Herr Minister?‹«

So gibt es ganz unterschiedliche Auffassungen davon, wie viel Nähe – ob äußerlich oder innerlich – zur politischen Kaste der journalistischen Unabhängigkeit noch guttut oder schon schadet. Wohl kein Hauptstadtjournalist ist davor gefeit, sich wichtig und privilegiert zu fühlen, wenn er von den Lenkern der Nation direkt angesprochen wird. »Jeden von uns beeindruckt der Umgang mit sehr mächtigen Menschen. Wer sagt, er sei dagegen immun, ist nicht ganz ehrlich zu sich selbst«, meint Tissy Bruns vom *Tagesspiegel* und erklärt: »Wenn ich zu Hause erzähle, dass ich letzte Woche zum Hintergrundgespräch mit der Bundeskanzlerin eingeladen war, gibt es aus dem Familien- und Bekanntenkreis immer ganz ehrfürchtige Reaktionen. Dann merke ich immer, dass das eine Sache ist, die andere Leute beeindruckt, aber auf mich selbst wirkt sie eben auch.«

Je besser man sich kennenlerne, desto größer sei das Risiko, dass sich Freundschaftsdienste einschlichen und – je nach Sympathiewert des Beteiligten – die Kommentierung beeinflusst werde. Dabei gehe es weniger um offensichtliche Fehltritte oder Regelwidrigkeiten des Politikers, die anhand der konkreten Faktenlage zu kritisieren sind. Es sei aber tatsächlich sehr schwierig, über jemanden, den man gern hat, und jemanden, den man nicht ausstehen kann, gleichermaßen gerecht und mit Abstand zu schreiben, wenn es zum Beispiel um kleine Peinlichkeiten gehe, also Dinge, über die man nicht unbedingt berichten müsse, meint Bruns. »Es gibt also ein Nähe- und Distanzproblem, wenn man Politiker sehr gut kennt. Davor ist niemand geschützt.«

Gleichwohl ist in Berlin die »Duzkumpelsaufnähe« (Thomas Kröter, *Kölner Stadtanzeiger*) der alten Bonner Zeiten einer zwar distinguierteren, aber auch intensiveren Nähe aus Überzeugung und zwischenmenschlicher Sympathie gewichen. »Man kann das Nähe-Distanz-Problem gar nicht endgültig bekämpfen, weil man auch nur ein Mensch ist, persönliche politische Einstellungen hat, Sympathien und Antipathien empfindet. Und dadurch ist mir natürlich das eine näher als das andere«, sagt Nico Fried. Wer als Journalist behaupte, er würde nicht zögern, einen Informanten ins Visier zu nehmen, mit dem er schon länger zu tun hat, der schwindle. Die inneren Konflikte, die ein jeder Hauptstadtjournalist mit engen Kontakten zur Politik ausfechten muss, sind also nicht zu verachten. Auch wenn sich viele Vertreter beider Seiten in heuchlerischer Geselligkeit üben, sich »niederduzen«, wie Ex-dpa-Büroleiter Martin Bialecki bemängelt, regieren Falschheit und der schöne Schein: Niemand möchte sich in die Karten schauen lassen; keiner will, keiner darf seine Tarnung ablegen, sonst riskiert er, ins Abseits zu geraten.

Die Berliner Hintergrundkreise dienen schon lange als Projektionsfläche für Verschwörungstheorien. Der nichtöffentliche Austausch legt die Vermutung nahe, es handle sich um geheime Absprachen und Gemauschel zwischen den Medien und der Politik, deren manipulationsfreudige Abgesandte auf Tuchfühlung gehen, Brüderschaft trinken und einen Pakt gegen die Aufklärung schmieden. Öl ins Feuer gossen die Fernsehreporter Thomas Leif und Julia Salden mit ihrer Dokumentation *Strippenzieher und Hinterzimmer* (SWR/NDR), die ein düsteres Bild zeichnete: Journalisten, Minister und Parteifunktionäre säßen in einem Boot, kapselten sich von der Bevölkerung ab – und verstünden sich prächtig. Richard Meng, der im Film noch als stellvertretender Redaktionsleiter der *Frankfurter Rundschau* vor die Kamera trat und heute neben seiner Tätigkeit als Sprecher des hauptstädtischen Senats auch an der Freien Universität Berlin lehrt, meint rückblickend, dass eine solche Mystifizierung informeller Kontakte kontraproduktiv sei, und macht seine Kritik an der Darstellung einer heimlich mitgefilmten Sitzung des Hintergrundkreises »Gelbe Karte« in dem nicht weit vom Regierungsviertel entfernten Restaurant Piccolo fest: »Ich zeige den Film gern meinen Studenten und erzähle ihnen, was wirklich abgelaufen ist bei der Szene, in der wir alle die Hand heben: Von wegen Abstimmung über die politische Linie im Hinterzimmer! In dem Moment kam nämlich die Bedienung und fragte: ›Wer will Suppe?‹«

Mit so viel Humor begegneten nur wenige der Porträtierten den filmischen Trugbildern: Nach der Ausstrahlung herrschte schlechte Laune unter den Mitgliedern. Von misstrauischen Unterstellungen, in Hintergrundkreisen gehe es nicht mit rechten Dingen zu, hält Thomas Kröter (*Kölner Stadtanzeiger*) nichts: Diese Runden als »klandestine Manipulationsstätten« zu verteufeln, sei großer Stuss. Christoph Schwennicke vom *Spiegel* unterstreicht, dass alles viel weniger »geheimlogenartig« sei, als angenommen werde. Wer nachfragt, erfährt sogar, dass Hintergrundgespräche größtenteils alles andere als ein angenehmer Zeitvertreib sind:

Langweilig seien sie, es komme ohnehin nicht viel dabei herum, doch wer sich davor drücke, müsse ständig damit rechnen, etwas zu verpassen.

Bei Hintergrundveranstaltungen, die wiederum seitens der Politik en masse in die gedrängten Terminplaner der Journalisten gedrückt werden, kann sich die schreibende und sendende Zunft wenigstens sicher sein, dass es etwas zu vermelden gibt. Außerdem gibt es Schnittchen und Prosecco oder sogar Weintrauben wie beim ehemaligen Bundesarbeitsminister Olaf Scholz (SPD) oder im »Café Guido«, dem Pressefrühstück des FDP-Vorsitzenden und amtierenden Außenministers Westerwelle. Kanzlerin Merkel lädt immer dann, wenn sich in ihr ein Mitteilungsbedürfnis regt, Pressevertreter in gleich mehreren Zahlenstärken und Konstellationen ein: vom erlesenen Elitekreis der führenden Leitmedien bis hin zu allen Berliner Büroleitern – dann kommen bis zu 70 Korrespondenten auf einmal. Schon Konrad Adenauer richtete zu seinen Kanzlerzeiten die sogenannten Teegespräche aus, bei denen zehn bis fünfzehn vom Regierungssprecher handverlesene Journalisten zusammenkamen. Adenauer lag dieser direkte Austausch unter Ausschluss der Öffentlichkeit besonders am Herzen: Er sprach gar vom wohl wichtigsten Instrument einer modernen Staatsführung.[65]

Wer wirklich etwas herausfinden will, bleibt dem Gravitationsfeld der gastronomischen Aufmerksamkeitsmagneten wie dem Café Einstein, den Restaurants Borchardt, San Nicci oder Grill Royal fern. Alte Hasen wie Martin Bialecki oder Mainhardt Graf von Nayhauß halten die Luxusaquarien der medialen, gesellschaftlichen und politischen Zierfische der Hauptstadt für gänzlich ungeeignet, um etwas Vertrauliches zu besprechen. Ständig werde man unterbrochen, weil jeder jeden kenne – oder zumindest den Anschein erwecken möchte. Informelle Kontakte werden woanders gepflegt, im tiefen Westen Berlins zum Beispiel, in einem kleinen chinesischen Restaurant, das völlig unverdächtig ist, zum Powerbroker-Lokal der mächtigen Gesetzes- und Meinungsmacher zu verkommen. Unspektakulär und sachbezogen verlaufen die meisten informellen Treffen während Fraktions- und Vorstandsklausuren oder Parteitagen, auf denen es offenbar ganz natürlich ist, sich in den Pausen bei einer Tasse Kaffee auf einen Plausch zu treffen. Doch auch hier gilt: Der Markt der Interessen ist allgegenwärtig. Jeder Politiker, der etwas erzählt, jeder Journalist, der fragt, hat seine eigenen Absichten. Nichts geschieht ohne Hintergedanken, und die gewisse Nähe selbst zu unteren Rängen der Bundespolitik gehört für den Berichterstatter zum essenziellen Bestandteil des Rechercherüstzeugs.

Weniger als zehn Hauptstadtjournalisten haben direkten Kontakt zur Spitzenpolitik auf informeller Ebene, schätzen die erfahrenen Kollegen. Alle übrigen müssen sich anderweitig bemühen. »Als Bonner Journalist muss man möglichst auf allen Hochzeiten tanzen«, schrieb Graf von Nayhauß Mitte der achtziger Jahre.[66] In Berlin hat sich demgegenüber eine fachspezifische Stammkundschaft herausgebildet, die von den einzelnen Ministerien, parlamentarischen Fachgruppen und Experten innerhalb der Parteien gepflegt wird. Das Gros der Hauptstadtjournalisten ist daher bei seiner Arbeit auf die Mitteilungsbereitschaft von Pressestellen, Ministerialräten, Staatssekretären und engen Mitarbeitern bestimmter Politiker angewiesen. Auch wenn die Dienste der Pressestellen mitunter nur unter starken Vorbehalten als akzeptabler Rechercheersatz bewertet werden, ist das persönliche Verhältnis zwischen Journalisten und Pressesprechern ausschlaggebend für eine reibungslose Informationsversorgung des Korrespondenten. Wenn im täglichen Recherchestress der Redaktionsschluss naht und die Antwort auf eine Anfrage bei einem Ministerium oder einer Partei immer noch auf sich warten lässt, weil die Öffentlichkeitsarbeiter andere Medien oder einzelne Journalisten vorziehen, kann sich das für den Wartenden schnell zu einem Problem auswachsen, das ihn gegenüber der Heimatredaktion unter Rechtfertigungsdruck setzt. Da hilft oft nur ein gutes persönliches Verhältnis zu den Sprechern. Halb zieht es sie, halb sinken sie hin:

Jedenfalls setzt dieses sonderbare Miteinander die »natürliche« Rollendistanz zwischen Hauptstadtjournalisten und PR-Beauftragten außer Kraft. Die Wahrnehmung der wichtigen journalistischen Kontrollfunktion wird dadurch tendenziell verwässert, wenn nicht unmöglich gemacht – immer häufiger auch durch die Furcht, mit Sanktionen belegt zu werden, wenn allzu forsch auf dem Auskunftsrecht bestanden wird.

Zuckerbrot und Peitsche: Zwischen Nähe und Äquidistanz

Die Zeit heilt Wunden, und so manche unangenehme Begegnung verschwindet unter der schweren, weichen Decke des Vergessens. Jens König, zu Zeiten der rot-grünen Bundesregierung noch Redakteur bei der *taz*, erinnert sich:»Joschka Fischer konnte im Umgang mit Journalisten sehr verletzend sein. Interviews mit ihm waren oft Schwerstarbeit, er hat Fragen abqualifiziert, er hat Sie als Interviewer direkt angegangen, er hat Sie auch schon mal angebrüllt.« Und heute? Alles vergessen und vergeben. Eine interessante, schillernde politische Figur sei er gewesen. Das Idol aber entpuppte sich als streitbarer Egomane, der auch unfair austeilen konnte. König heute:»Es war nicht wichtig, ob ich ihn mochte oder nicht. Nähe führt zwangsläufig irgendwann zu persönlicher Enttäuschung.« Auch Gerhard Schröder, so ist von einigen Medienvertretern zu hören, habe mit seiner Verachtung gegenüber den Medien nicht hinter dem Berg gehalten, als er das Kanzleramt erst einmal erobert hatte – vom Patriarchen Helmut Kohl ganz zu schweigen, der sogar versucht haben soll, einzelne kritische Journalisten jobtechnisch »auszuschalten«.

Die Führungselite der Politik hat zumindest in Deutschland immer am längeren Hebel gesessen, um Journalisten bei ihren Recherchen Knüppel zwischen die Beine zu werfen – oder sie damit gleich aus dem Verkehr zu ziehen. Das sagt jemand, der es wissen muss, weil er als Hauptstadtkorrespondent vier Kanzler und eine Kanzlerin begleitet hat: Karl Feldmeyer von der *FAZ* hat beobachten müssen, wie die Politik bisweilen zum Schlag gegen kritische Berichterstatter ausholte und sie mit einem einzigen Anruf zu Fall brachte. Nur allzu gern wechselten Spitzenpolitiker die Ebene und meldeten sich direkt bei der Chefredaktion oder besser noch beim Vorstand, um ihren Unmut über die vermeintlich schlampige Arbeit des Redaktionsmitarbeiters zu äußern. Das könne sehr gefährlich werden für den einzelnen Journalisten, sagt Feldmeyer, schon deshalb, weil er sich in seinem Beschäftigungsverhältnis in einer existenziellen Abhängigkeit von der Redaktions- und Verlagsleitung befinde. Diese »offene Flanke« lasse sich nicht schützen, allenfalls durch resistente Chefs. Die säßen jedoch allzu häufig in der Provinz und seien teils vom Neid auf ihre Korrespondenten geplagt, weil diese den exklusiven Kontakt zur Macht pflegten, nicht aber sie selbst. Wenn sie nun die Ehre erwiesen bekämen, direkt vom Parteichef angesprochen zu werden, sei die Versuchung groß, auf das unmoralische Angebot einzugehen – und im Rausch der emotionalen Tiefe Mitarbeiter und Prinzipien zu opfern. Wenn es um alles gehe, so Feldmeyer, sei der Journalist aufgrund der Ungleichheit der Waffen das schwächste Glied – auch und vor allem heute noch.

Wie also umgehen mit den Avancen der Volksvertreter? Was müssen Journalisten fürchten, wenn sie nicht spuren? Das Regierungsduo Schröder/Fischer bezog zu diesen Fragen eindeutig Stellung: Ihr Kommunikationsstil umfasste einerseits hohe Medienaffinität – die Kameras umwerbend, inszenierungsfreudig und großformatig – und andererseits ein ständiges Wechselbad aus kumpelhaften Anwandlungen und rüdem Umgangston. Wer sich auf den ambivalenten Annäherungs- oder auch Anbiederungskurs einließ, konnte sich schnell verirren. Ex-*BamS*-Chefredakteur Michael Spreng kramt in seinem Gedächtnis: »Ich habe 1998 in Kommentaren für Gerhard Schröder Partei ergriffen, weil ich verspürte, dass die Menschen Helmut Kohl und seinen Politikstil nicht mehr ertrugen. Mir ging das genauso. Schröder erschien mir damals nicht nur politisch, sondern auch von seinem Auftreten her als ein Typ, der eine andere, modernere politische Kultur verkörperte, eine neue Figur, die interessant war. Kurze Zeit später habe ich dann, als es mir notwendig erschien, über Schröder sehr kritisch geschrieben, weshalb er mir dann die ›Freundschaft‹ wieder aufgekündigt hat.« Mit den Konsequenzen ließ es sich als Redaktionsleiter einer auflagenstarken Zeitung des Axel Springer Verlags leben, doch Kollegen niederen Rangs kann ein solcher Liebesentzug die Karriere kosten: »Politiker meinen, wenn ein Journalist mit ihnen vertrauensvoll umgeht, sei das gleich ihr Kombattant. Ich hatte auch mal ein sehr gutes Verhältnis zu Helmut Kohl, also in dem Sinne, dass wir vertrauensvoll miteinander umgegangen sind und er sich darauf verlassen konnte, dass ich ihn nicht reinlege. Kohl missverstand das aber, meinte, ich sei sein Gefolgsmann, und wertete jeden kritischen Bericht als Verrat.«

Ein Jahrzehnt nach dem Regierungsumzug hat sich aus Sicht vieler Hauptstadtjournalisten nichts so stark gewandelt wie die Kommunikationspolitik der Bundesregierung und ihr Umgang mit Journalisten. Man wisse wieder, woran man sei. Die grundsätzlichen Probleme im Umgang miteinander gebe es aber immer noch, sie hätten sich nur verlagert. Insbesondere Kanzlerin Merkel wird in ihrem Umgang mit den Medien als Ausnahme von der Regel gelobt: »Es gibt kein Näher und kein Ferner, sondern stets dieselbe Äquidistanz, die uns den Job, wie ich finde, erleichtert«, meint Christoph Schwennicke vom *Spiegel* und ergänzt: »Frau Merkel ist immer gefühlte zweieinhalb Meter weg, wohingegen Schröder auch mal so nah war, dass es einem schon fast unangenehm wurde. Schröder agierte da sehr utilitaristisch, je nachdem, wie es ihm nutzte.« Doch auch Merkel taktiert, nur nicht derart ungeschminkt wie ihr Vorgänger. Nicht Schröder, sondern sie sei die perfekte Medienkanzlerin, meint Günter Bannas (*FAZ*): Wo zwischen Schröder und so manchen ihm zugeneigten Journalisten zuweilen nicht einmal mehr ein Blatt Papier zu passen schien, hält Merkel ihr Gegenüber stets auf Abstand. Selbst solche Korrespondenten, die sie häufiger im Kanzleramt besuchen dürfen, kommen ihr nicht näher als der Zuschauer vor dem Fernsehapparat: zweieinhalb Meter, dann ist Schluss.

Zwar scheint niemand die teilweise schrägen Allüren der rotgrünen Administration ernsthaft zu vermissen – mit Ausnahme von Thomas Wittke vom Bonner *General-Anzeiger* vielleicht, der Schröders »Basta«-Stil und seine »Do or Die«-Philosophie als Kontrapunkt zur Abwägungspolitik Angela Merkels lobt. Doch die von Schwennicke hervorgehobene »respektvolle Äquidistanz« der Bundeskanzlerin schwankt in den Augen der Hauptstadtjournalisten mindestens ebenso stark, nämlich zwischen »höfisch« (Ulrich Deppendorf) und »höflich« (Richard Meng), zwischen »Machtbewusstsein« und »guter Erziehung« (Holger Schmale). Ob sie nun weniger professionell arbeitet als ihr Amtsvorgänger oder ihre Sachkompetenz deutlich stärker ist: Unbestritten ist Merkels Pragmatismus in Bezug auf die Medien. Sie muss weder auf gewachsene Freundschaften mit Journalisten Rücksicht nehmen wie im Fall von Schröder, Fischer oder auch Helmut Kohl, noch ging sie durch eine harte Parteischule, musste sich nicht jahrzehntelang durchboxen, um an ihr Ziel zu gelangen. Einer generalstabsmäßigen Medien- und Kommunikationsstrategie stand daher nichts im Wege.

Dass sich dies wiederum zum Leidwesen der Berichterstatter auswirkt, meint jedenfalls Dieter Wonka, der seit Jahren versucht, Angela Merkel aus der Reserve zu locken: »Merkel ist die Perfektionierung von Schröders Versuch, ein Medienkanzler zu sein. Merkel macht das perfekt mit dieser Mischung aus Naivität, die sie bisweilen zeigt, weil sie ja eigentlich der Anti-Medien-Typ ist. Aber ich kenne kaum einen anderen Politiker, der so gezielt den Blick einsetzt gegenüber Journalisten und genau weiß, wie sie sich wann verhalten muss, damit das richtige Foto entsteht und der richtige Blick im Film. Sie spielt perfekt mit den Medien, weil sie auch keine gemeinsame Medienvergangenheit hat. Daher geht Frau

Merkel auch in einer brutal ausnutzenden Form mit den Medien um. Sie schuldet ihnen nichts.« Im Kanzleramt wird ein strenges, teils Furcht einflößendes Regiment geführt. Sich zu duzen gehört sich nicht, schon gar nicht mit Journalisten. Insofern hat sich die Top-down-Hierarchie mit dem Wechsel vom Patriarchat zum Matriarchat sogar noch verschärft: Es sei schwieriger als jemals zuvor, im Kanzleramt persönlichen Kontakt zu Mitarbeitern zu knüpfen, beklagt sich der professionelle Socializer Graf von Nayhauß (*Bild*/*Bunte*):»Die leben in Furcht vor ihrer Herrin.« Früher habe es keine Probleme gegeben, sich mit einzelnen Beratern von Gerhard Schröder oder Helmut Kohl auszutauschen. Im Ensemble der Selbstdarsteller regierte gerade das *Laisser-faire*-Prinzip – kurz: Selbst die potentesten Rudelführer hatten ihren Laden nicht so fest im Griff wie die Pfarrerstochter aus der Uckermark. Graf von Nayhauß gab irgendwann auf: Unter dem straffen Regime Merkels gebe niemand ohne Erlaubnis einen Pieps von sich.

Die Kanzlerreisen und der geschrumpfte Airbus

Als Mainhardt Graf von Nayhauß-Cormons in Berlin das Licht der Welt erblickte, wurden dort just die ersten Verkehrsampeln in Betrieb genommen. Damals, im Jahr 1926, war Berlin nicht nur die Hauptstadt der Weimarer Republik, sondern auch der schillernde Mittelpunkt von Lebenskunst und Lebenslust der Reichen, Schönen und Kreativen. Das mag den neugierigen Grafen dazu inspiriert haben, in seinem späteren Journalistenleben zwei Leitlinien zu folgen: die bedeutendsten, weil mächtigsten Personen des öffentlichen Lebens möglichst überallhin zu begleiten und ihnen menschlich nahe zu kommen. So reiste er mit Kanzler Helmut Schmidt 1975 nach China, mit Helmut Kohl 1995 in den Nahen Osten, mit Gerhard Schröder 2004 durch Afrika und mit Angela Merkel 2006 in die USA – vier von insgesamt über 120 Kanzlerreisen, auf denen Nayhauß knapp 1400 Stunden lang vier Generationen deutscher Regierungschefs körperlich und psychisch ganz nah war, indem er mit ihnen über eine Million Kilometer zurücklegte.

Der Graf genoss bei den Kanzlern der Republik zweifellos einen privilegierten Status, und er genießt ihn heute noch, obwohl er das Renteneintrittsalter schon vor etwa 20 Jahren hinter sich gelassen hat. Von einem ähnlichen Erfahrungsschatz können andere Korrespondenten nur träumen, doch Nayhauß weist den Verdacht der Sonderbehandlung weit von sich. Vielmehr hat der Offizierssohn und gelernte Wirtschaftsjournalist seine ganz eigene Erfolgsstrategie entwickelt, um sich als »Beobachter mitten in der Theaterkulisse« unentbehrlich zu machen. Dabei standen starke journalistische Flaggschiffe hinter ihm: zunächst unter anderem *Spiegel* und *Stern*, später dann die *Bild*, für die er seit 1981 als Stammkolumnist schreibt (»Bonn vertraulich«/»Berlin vertraulich«). Doch tatsächlichen Zugang, so Nayhauß, habe er erst bekommen, als er sich seine eigene Kameraausrüstung zulegte, um als Bildjournalist akkreditiert zu werden. Damit huldigte er der Eitelkeit der Politiker, welche immer größeren Gefallen daran fanden, die schreibende Zunft mit inhaltsleeren und phrasenreichen Pressekonferenzen abzuspeisen, und nur Kameraleute und Photographen näher und häufiger an sich heranließen. Auf diese Weise wurde es ihm möglich, »hautnah mitzubekommen, wie wenig die Darsteller voneinander halten, sich angiften, während sie im Rampenlicht auf der Bühne schöntun. Denn Politik bleibt immer Theater«, erzählt der Graf.

Auf die Passagierliste eines der beiden Luftwaffen-Airbusse A310 mit den Namen »Konrad Adenauer« und »Theodor Heuss« zu gelangen, ist mit den Jahren trotz der gesteigerten Medienaffinität zeitgenössischer Kanzlerschaften nicht gerade leichter geworden. Wer miterleben wollte, wie Helmut Kohl überraschend einen Drachen auf dem Platz des Himmlischen Friedens steigen ließ, und das Rätsel zu lösen beabsichtigte, wer stets die beiden Reisekoffer des pfälzischen Rekordkanzlers packte, wem es beliebte, mit Gerhard Schröder in einer polnischen Bar einen Absacker zu trinken, oder wer herausfinden wollte, warum Angela Merkel im Gegensatz zu ihren Vorgängern eine Visagistin mitreisen lässt und gereizt reagiert, wenn ein Journalist den Wunsch äußert, sie auf der Rückreise von einem anstrengenden Auslandstermin im Flugzeug mit einer Minikamera zu filmen, der musste und muss die wohl höchste Hürde im politischen Berlin nehmen: das Vertrauen des Regierungssprechers.

Treu seiner Chefin ergeben, bestimmt der designierte BR-Intendant und bisherige erste Regierungssprecher Merkels, Ulrich Wilhelm, über die Belegung des Sitzplatzkontingents in der Regierungsmaschine, das für Pressevertreter reserviert ist. 100 Passagiere passen gewöhnlich insgesamt in eines der beiden Airbus-Flugzeuge. Die Zahl der zugelassenen Journalisten hängt von der Menge an Beratern, Beamten und Sicherheitsleuten ab, die von der Kanzlerin als notwendig erachtet werden, wobei es auch die Wirtschaftsdelegationen von Großkonzernen und mittelständischen Unternehmen zu berücksichtigen gilt, welche die Regierungschefin bei Reisen zu Wachstumsmärkten begleiten.

Zumindest die Berichterstatter reisen nicht kostenlos, sondern zahlen einen stattlichen Preis, rund 30 Prozent des regulären Economy-Tarifs der Lufthansa. Umso empörter zeigen sich einige Berliner Büroleiter namhafter Medienhäuser, die sich bei der Berücksichtigung ihrer Anträge auf Teilnahme an Kanzlerreisen benachteiligt fühlen. Im Kampf um exklusive Berichterstattung beanspruchen vor allem die Nachrichtenagenturen ihren Teil des Kuchens: »Es geht nicht um Kosten, sondern ums Prinzip«, sagt Thomas Rietig (Associated Press). Zu Kohls Zeiten habe dessen Medienberater Andreas Fritzenkötter keinen Zweifel daran gelassen, dass immer für alle fünf großen Agenturen ein Platz im Airbus reserviert war. Doch unter Kanzlerin Merkel sei alles anders geworden: »Nun haben wir heutzutage aber das merkwürdige Phänomen, dass der Airbus offenbar kleiner geworden ist. Irgendjemand hat den Airbus geschrumpft.« Plötzlich habe es sich zu einem Problem entwickelt, Journalisten in genügender Zahl und

Ausgewogenheit zu akkreditieren, und das bekämen nicht nur die Agenturen, sondern auch einige Qualitätszeitungen zu spüren. »Für uns stellt sich das besonders delikat dar, weil wir unseren Kunden gegenüber keine Stringenz zeigen können«, sagt Rietig. »Die wollen vielleicht nicht nur dpa-Berichte über die Kanzlerinreisen haben, sondern die verstehen Pressefreiheit so, dass sie zwischen dem Bericht von dpa, ddp, AFP, *Reuters* und AP wählen können, wenn sie schon selbst keinen eigenen Mitarbeiter mitschicken können.«

Was hinter der veränderten Dosierung der erlaubten Nähe zur Kanzlerin auf ihren Reisen in die Fremde steckt, darüber lässt sich nach Meinung des AP-Redakteurs nur spekulieren. Dabei braucht man sich nur das Naheliegende ins Bewusstsein zu rufen, um die Frage zu beantworten: Jeder Kanzler und jede Kanzlerin folgt einer mal mehr, mal weniger ausgefeilten Medienstrategie – und nimmt die Korrespondenten mit, die ihm oder ihr am ehesten entsprechen. Glaubt man einem altgedienten Berichterstatter wie Ulrich Deppendorf (ARD) oder einem Exjournalisten wie Richard Meng, soll Schröder bei seiner Auswahl mehr aus dem Bauch heraus gehandelt und seine persönlichen Günstlinge bevorzugt haben, mit denen er ganz offen paktierte. Merkel hat nun einen neuen Kurs eingeschlagen, der offenbar vielen Korrespondenten aufs Gemüt schlägt. Sie lasse emotionsloser und stärker auf die Multiplikatorenwirkung der einzelnen Journalisten hin selektieren, wer an ihrer Seite fliegen dürfe; es gehe ihr also nur um die Auflage und Verbreitung der jeweiligen Medien – und vielleicht auch um ihren guten Draht zum Vorstandsvorsitzenden des Axel Springer Verlags, Mathias Döpfner, meint jedenfalls Thomas Wittke vom Bonner *General-Anzeiger*, der die Springer-Zeitungen bei Kanzleramtsangelegenheiten regelmäßig im Vorteil sieht. Merkel, so ist auch anderswo zu hören, habe Schröders »*Bild*, *BamS*, Glotze«-Prinzip perfektioniert und lasse die peripheren Medien zunehmend gegen Stahlwände laufen. In den ersten vier Jahren als Kanzlerin hat sie bei ihren über 130 Auslandsreisen keinen Zweifel darüber aufkommen lassen, dass sie auf Klasse statt Masse setzt: weniger Journalisten, dafür handverlesene. Das Kanzleramt wiegelt natürlich ab: Niemand werde vernachlässigt, jeder komme zum Zug – aber einer nach dem anderen.

Wer es erst einmal an Bord geschafft hat, wird im Vergleich zu den Kanzlerreisen unter Schröder oder Kohl von der obersten Reiseleiterin angeblich nahezu verwöhnt: »Sie kann sehr witzig und unterhaltsam sein und gibt sich bei ihren Auslandsreisen Mühe, die Journalisten auch teilhaben zu lassen an dem, was da besprochen wird. Sie brieft mindestens einmal täglich, was man von Schröder definitiv nicht sagen konnte. Was ich an ihr schätze, ist, dass sie meines Erachtens versucht, ein sachliches Informationsverhältnis mit Journalisten aufzubauen«, sagt Nico Fried von der *Süddeutschen* – einer der wenigen regelmäßigen Fluggäste der Kanzlerin. Anderen dagegen ist die Begeisterung vergangen: Die Architektur der beiden Airbusse tauge nicht mehr für konzentriertes Arbeiten und effektive Briefings. Die Besprechungskabine sei sogar so klein, dass kaum mehr als 20 Kollegen hineinpassten und diese mehr über- als nebeneinander den Erläuterungen der Kanzlerin zu folgen versuchten. Thomas Wittke hat sich sein Urteil längst gebildet: »Das ist ein immer kürzer werdendes Vergnügen.« Wo auch immer das Fluggerät der Regierungschefin geschrumpft sein mag, ob nun im Passagierraum oder in den Arbeitskabinen oder lediglich in den Köpfen daheimgebliebener Berichterstatter: Wie kein Kanzler zuvor hat Angela Merkel gelernt, sich das Neidpotenzial unter den Korrespondenten zunutze zu machen – und ihre unangreifbare Auswahlhoheit zu behaupten.

Die Autorisierungsfalle schnappt zu!

Wenn Hauptstadtjournalisten ein Unwort der Legislaturperiode wählen dürften, es würde wohl »Autorisierung« lauten. Ursprünglich von den Medien selbst als Hilfsmittel bei der akkuraten

Wiedergabe von Politikeräußerungen eingeführt, verkam der Vorgang spätestens unter der Großen Koalition zur verhassten Pflichtübung. Der *Spiegel* hatte in den siebziger Jahren die Praxis etabliert, Interviews vom jeweiligen Gesprächspartner gegenlesen zu lassen, um notwendige Sprachglättungen oder auch inhaltliche Korrekturen vorzunehmen. Offenbar vertrugen sich die Logik der Medien und die der politischen Institutionen und Akteure zur damaligen Zeit, dass ein Interview mit einem Politiker aufrichtig geführt, verschriftlicht und redigiert wurde und nur selten der Gefahr ausgesetzt war, nachträglich vom Befragten substanziell verändert zu werden. Mittlerweile hat sich die Situation diametral umgekehrt: Es gibt kaum noch eine Zeitung oder Zeitschrift, die nicht schon mindestens einmal in die Autorisierungsfalle getappt ist. Und ihr fällt nicht nur die Authentizität zum Opfer, die das politische Interview als eine der wichtigsten journalistischen Vermittlungsformen auszeichnet; vielmehr werden in zunehmendem Maße auch die Unabhängigkeit und die inhaltliche Qualität der journalistischen Recherche den Kommunikationsstrategien politischer Berater überantwortet.

Politiker revidieren nachträglich gern und mit selbstbewusster Hand all das, was sie mitunter freimütig in Interviews geäußert haben. Diese Praxis beschränkt sich schon lange nicht mehr darauf, dass nur einzelne Statements, die schwarz auf weiß etwas schärfer wirken, als sie gemeint waren, zurückgezogen werden. Es macht auch keinen Unterschied mehr, ob es sich dabei um einfache Abgeordnete, hochrangige Parteifunktionäre oder Minister handelt: Es wird gestrichen, umformuliert und neu hinzugedacht, als hätte es das Interview in der ursprünglichen Konstellation nicht gegeben. Betroffene Journalisten packt in solchen Fällen das kalte Grausen: Die Erfindung beißt ihre Schöpfer.

Es mag wie ein Treppenwitz der deutschen Pressegeschichte anmuten, dass die prominentesten Fälle von Autorisierungsmissbrauch seitens des Interviewpartners nicht nur in der politischen Arena, sondern auch in den Gefilden der Popmusik- und Filmindustrie auftreten. Unter den bekanntesten Plagegeistern von Kulturjournalisten finden sich Jungschauspieler wie Heike Makatsch, Christian Ulmen und Hannah Herzsprung, aber auch ältere PR-Profis wie Martina Gedeck oder Götz George. Wer ein Interview ergattern möchte, muss Autorisierungsvereinbarungen unterschreiben, die bei Verstößen mit empfindlichen Klagesummen drohen. Zurück kommen die Gesprächstranskripte dann zwar in der Regel pünktlich, doch sind sie nicht selten bis zur Unkenntlichkeit entstellt. Nur wenige Fragensteller haben den Mut, den Star vor den Kopf zu stoßen und das Interview nicht zu veröffentlichen – oder es mit sämtlichen Schwärzungen doch in voller Länge zu bringen.

Einen Versuch, auch das unlautere Treiben von Gesprächspartnern aus der Politik bei der Freigabe von Interviews öffentlich zu brandmarken, unternahm im November 2003 eine Allianz aus *taz, Berliner Zeitung, Süddeutsche Zeitung, Kölner Stadtanzeiger, Tagesspiegel, Frankfurter Allgemeine, Financial Times Deutschland, Die Welt* und die *Frankfurter Rundschau.* Zum Auftakt der konzertierten Aktion veröffentlichte die *taz* ein entlarvend zusammengestrichenes Interview mit dem damaligen SPD-Generalsekretär Olaf Scholz, das nach dem publizistischen Lifting kaum noch wiederzuerkennen war. In den Folgemonaten entspann sich in den beteiligten Zeitungen eine leidlich fruchtbare Debatte über die Sinnhaftigkeit von Autorisierungen. Jedenfalls blieb das konzertierte Unterfangen der protestierenden Blätter insoweit folgenlos, als die Autorisierung weiterhin übliche Praxis bleibt. Und so hat jedes politische Lager seine Pappenheimer. Selbst Angela Merkel steht nicht vorbehaltlos zu ihren Äußerungen und lässt sie im Nachhinein von Mitarbeitern auf »kesse Sprüche« und »Verbalminen« durchkämmen, wie sich Henning Krumrey, damals *Focus*, heute *Wirtschaftswoche*, über sein erstes Interview mit der Kanzlerin echauffiert. Zum Ärgernis vieler Journalisten hat sich die Zahl der pingeligen Politiker und ihrer zensurwütigen Sprecher signifikant vermehrt. Es gebe nur noch wenige, die zu ihren Äußerungen stünden, so Krumrey. So weit, dass die Aktionisten sich gegenseitig versprachen, nachträglich geänderte Interviews nicht mehr zu drucken, reichte der Wille also dann doch nicht.

Verschwörungstheorien, latente Missgunst, Akteure, die sich nichts schenken: Nicht nur Deutschlands Schauspieler sind Garanten für großes Kino, sondern auch seine Politiker. Mit Hollywood hat das aber herzlich wenig zu tun, denn dort gilt die Regel: Gesagt ist gesagt. In anderen Mediendemokratien würden sich Journalisten niemals diktieren lassen, was sie veröffentlichen, glaubt Roger Boyes von der britischen *Times*. In Berlin hingegen fühlen sich selbst ausländische Korrespondenten – zumindest die »eingedeutschten« – in der Pflicht, ihren Interviewpartnern die Gesprächsprotokolle vor Drucklegung vorzulegen, schließlich gehöre das zum guten Ton. Davon wollen Journalisten in den USA und Großbritannien aber nichts wissen: Was dort zählt, ist die Tonbandaufnahme. Das hat die Skandalschauspielerin Lindsay Lohan, der im Gespräch herausrutschte, sie habe Drogen genommen, ebenso zu spüren bekommen wie Samantha Power, die ehemalige Wahlkampfberaterin von US-Präsident Barack Obama, die sich während eines Interviews mit der britischen Tageszeitung *The Scotsman* dazu hinreißen ließ, Obamas damalige Rivalin Hillary Clinton als »Monster« zu bezeichnen. Ihr Hinweis, diese Aussage sei »off the record«, also vertraulich gewesen, ignorierte die Interviewerin gleichmütig und brachte das Gespräch im Wortlaut. Schließlich habe man vorher vereinbart, dass das Interview zur Veröffentlichung gedacht sei. Power musste gehen, die Reporterin blieb.

Juristisch ist die Lage in Deutschland eindeutig: Wenn – und nur wenn – vor dem Interview festgelegt wird, dass das Gespräch vom Interviewpartner autorisiert werden soll, muss sich der Journalist auch daran halten. Wer sich darauf einlässt, muss damit leben, dass der Text möglicherweise nur mit Streichungen und Umformulierungen freigegeben wird. In solchen Fällen gibt es zur widerstandslosen Veröffentlichung nur zwei Alternativen:

Entweder das Interview wandert in den Papierkorb, oder die Zeitung verhandelt nach. Letzteres Vorgehen ist Alltag in deutschen Redaktionen. Oft geht es nur um Kleinigkeiten, die eine oder andere Spitze an die Adresse des politischen Gegners in den eigenen Parteireihen, eine lockere Bemerkung, die Originalitätswert hat, weil sie überrascht. Was Interviews angeht, versuchen vor allem Politiker alles Mögliche, um nicht die Kontrolle über das Gesagte in den Medien zu verlieren. Auch geht es ihnen darum, die Tätigkeit der Journalisten stärker zu beeinflussen: »Das Autorisierungsprinzip ist die letzte Bastion der Kontrolle für die Bürokratie«, sagt *Times*-Reporter Roger Boyes.

In Deutschland haben die Berichterstatter auch die (nicht zwangsläufig schlechte) Angewohnheit, ein Interview nicht – wie häufig im angloamerikanischen Raum praktiziert – Wort für Wort in holpriger Umgangssprache abzudrucken, sondern das Transkript zu bearbeiten, die Sprache zu schleifen, langatmige Äußerungen zu verdichten und an bestimmten Stellen zu kürzen. Daher war und ist es sinnvoll und ein Gebot der Fairness, den Befragten darüber in Kenntnis zu setzen und ihm eine Stellungnahme zu ermöglichen. Doch wenn das Autorisierungsprinzip auf beiden Seiten den Interviewflickschuster hervorruft, weil Politiker und Journalist Fragen und Antworten munter ändern oder neu erfinden, als hätte das Interview niemals stattgefunden, dann braucht sich keiner von beiden mehr daran zu halten, was tatsächlich gesagt wurde. Das aber schadet der journalistischen Gattung des persönlichen Interviews nachhaltig und trägt zur Verwahrlosung der politischen Kommunikation und des Hauptstadtjournalismus gleichermaßen bei. Für Brigitte Fehrle ist die Autorisierungsvereinbarung zwischen Medienmachern und Politikern daher ein Systemfehler: überflüssig wie ein Kropf, weil Gespräche unter solchen Bedingungen gleich schriftlich geführt werden könnten. Besonders irrig sei die Regelung, weil sie nur den Printjournalismus, nicht aber die Fernseh- oder Radioberichterstattung betreffe, unterstreicht die ehemalige *Welt*-Politikchefin Margaret Heckel, die nach und nach dazu überging, Interviews für das Internetangebot ihrer Zeitung mit einem Camcorder filmen zu lassen, weil es dann keinerlei Murren gebe und eine Autorisierung hinfällig werde. Kurzum: Von deutschen Politikern wird nicht verlangt, wie gedruckt zu sprechen, wohl aber, sich wie gesendet auszudrücken.

Dass alle bisherigen Versuche seitens des Hauptstadtjournalismus, dem eigenwilligen Treiben der Politiker Einhalt zu gebieten, misslangen, liegt an dem natürlichen Ungleichgewicht zwischen dem hohen Informationsbedarf der Medien und dem geringen Mitteilungsbedürfnis der Politik einerseits und der unnatürlich stark ausgeprägten Kompromissbereitschaft der Berichterstatter andererseits. Wenn alle Journalisten am gleichen Strang zögen, hätte keiner von ihnen mehr Sanktionen der Mächtigen zu fürchten. Doch da der aktuelle Hauptstadtjournalismus jeden einzelnen Korrespondenten und seine Gazette dazu anreizt, auf seinen eigenen Vorteil bedacht zu sein, um kleine exklusive Achtungserfolge zu erzielen, scheut sich die Gesamtheit vor einem handwerklichen Richtungswechsel. Auch hier gilt die uralte Regel: Wer den Aufstand probt, sollte sich der Loyalität seiner Soldaten gewiss sein.

Von einem Aufstand ist die Berliner Journaille indes weit entfernt. Gefürchtet wird nicht die Preisgabe der journalistischen Integrität, sondern der Unmut der Politprominenz, die pflegeleicht für einen steten Fluss an Verlautbarungen sorgt: »Das funktioniert als eine Art Strafe-Belohnungs-System«, erklärt Roger Boyes. Wer sich nicht an die Autorisierungsvereinbarung halte, die bei Politikerinterviews sogar schon stillschweigend vorausgesetzt werde, habe später mit Sicherheit Schwierigkeiten, bei derselben Person eine zweite Chance zu bekommen. »Das hat natürlich keine rechtliche Grundlage, aber wenn man sich über dieses Prinzip hinwegsetzt, wird man sanktioniert, weil man einfach kein Interview mehr bekommt«, sagt Holger Schmale (*Berliner Zeitung*). Seine bittere Bilanz zu diesem Zuckerbrot-und-Peitsche-Prinzip: »Ich kenne kein Hauptstadtmedium, das sich darüber hinwegsetzen würde.«

Der hohe Preis der Kenntlichkeit

Wenn sich selbst die Großen von solchen Strafandrohungen der Politik in die Knie zwingen lassen, welche Handhabe bleibt dann überhaupt noch den hinsichtlich Reichweite und Auflage schwächeren Medien? Glaubt man Stimmen aus der Regionalpresse, wird hinter den Fassaden der hektischen Betriebsamkeit des politischen Berlins mit harten Bandagen gekämpft. In einem Klima, in dem nur diejenigen wahrgenommen werden, die regelmäßig in den Leitmedien auftauchen, kann es leicht passieren, dass Korrespondenten der Lokal- und Regionalmedien von Politikern und ihren Mitarbeitern übersehen werden. Von strategischer Benachteiligung ist die Rede, manchmal gar von bösartiger Ausgrenzung. Thomas Wittke, ein Hauptstadtjournalist, der nach dem Regierungsumzug schwer mit der Transformation des Bonner *General-Anzeigers* vom Pflichtblatt am Hofe Kohls zu einem von vielen Lokalblättern unter Schröder und Merkel zu kämpfen hatte, spricht sogar von einer »95-prozentigen Ausschlussquote«, wenn es um den Zugang zum Allerheiligsten geht.

Vorbei sind die Zeiten, in denen sich das Wahlkampfteam von Edmund Stoiber bemüßigt sah, in einer schweißtreibenden Aktion an die 50 Interviews mit dem bayerischen Kanzlerkandidaten in Regionalzeitungen zu lancieren. »Wenn ein Bundespolitiker in meiner Heimatzeitung ist, dann ist er mir richtig nah, denn die Lokalzeitung ist mir persönlich viel näher, weil sie aus meinem persönlichen Umfeld, über die Sperrmüllabfuhr und den Unfall an der Ecke berichtet. Wenn der Bundespolitiker also dort erscheint, dann entsteht eine besondere Nähe und damit auch Sympathie«, erinnert sich Stoibers damaliger Medienberater Michael Spreng. Thomas Wittke spürt von diesem Geist heute nichts mehr: An der Schwelle zum zweiten Jahrzehnt des 21. Jahrhunderts behandle die Regierung die Regionalmedien, die etwa 90 Prozent der Medienlandschaft in Deutschland repräsentieren, unter »ferner liefen«: »Wo bleibt da bitte schön eine agenturunabhängige, eigenständige Berichterstattung in den regionalen Medien, wenn die Politik so gespielt wird?« Enttäuschung mischt sich mit Unverständnis.

Frust wächst in erster Linie bei den überlasteten »Bauchladenmenschen von der Regionalpresse« (Martin Bialecki). Für sie ist aufgrund des Termindrucks, der dadurch entsteht, dass sie sich in der Regel als Allrounder beweisen müssen, während es sich die Redaktionsbüros der Leitmedien leisten können, jeder Partei einen gesonderten Korrespondenten zuzuordnen, die Arbeitsbelastung ungleich höher. Hinzu kommt die tendenzielle Oberflächlichkeit bei der Recherche: Wer breit abdecken muss, kann sich auf das Einzelne schlechter konzentrieren. Die in Journalistenschulen und auf Medienworkshops vermittelten Rechercheregeln sind kaum zu befolgen, wenn unter den Bedingungen enger werdender Zeitressourcen und gekürzter Redaktionsetats gearbeitet werden muss. Schlimmer noch ergeht es den freien Journalisten: Ihre Motivation fällt wegen der durchgängig mageren Zeilenhonorare von teilweise nur zehn Cent ohnehin gering aus. Um ihre Existenz zu sichern, müssen sie sich noch eiserner als ihre festangestellten Kollegen an die Devise »Masse statt Klasse« klammern. Regionale Parlamentsberichterstatter sind bei Anfragen an die Politik auch stärker als ihre Kollegen von *FAZ*, *Süddeutsche* & Co. auf die Auskunftswilligkeit der Pressestellen angewiesen, weil ihnen der persönliche Draht zur Spitzenpolitik und zu den Strippenziehern im Hintergrund fehlt. Für Thomas Wittke liegt es auf der Hand, dass es in den Pressestellen der Ministerien und Regierungsbehörden Prioritätenlisten gibt, die die Recherchesituation von Regionalzeitungen systematisch behindern. So müssten Regionalzeitungen teilweise bis abends um sieben oder halb acht auf ihren Rückruf warten – wenn der Redaktionsschluss schon längst verstrichen ist.

Auch Vertreter auflagenstarker Zeitungen beschweren sich, dass die PR-Abteilungen von Ministerien und Parteien aus taktischen Gründen oft bis kurz vor Redaktionsschluss abwarten, bis sie auf Anfragen von Journalistenseite antworten. So steigt die Wahrscheinlichkeit, dass dem Berichterstatter keine Zeit mehr bleibt, das Statement sorgfältig zu redigieren oder nachzuverhandeln, und dass es dadurch möglichst unverändert erscheint. Doch selbst wenn auch potente Magazine wie der *Stern* von der Spitzenpolitik schon einmal auf die lange Bank geschoben werden, bis die Freigabe eines Interviews erfolgt, haben vor allem die kleinen Lokal- und Regionalzeitungen im Redaktionsalltag unter den lästigen Eskapaden politischer Kommunikationsstrategen zu leiden. Verzichten können sie aber auf den Kontakt zu den Pressestellen nicht, schließlich haben diese die Verwaltung des Informationsflusses und die wichtige Terminkoordination von Politikern fast vollständig übernommen. Abgesehen von informellen Kontakten sind Pressesprecher oft der einzige Schlüssel zur handelnden Politik. Weil aber Insiderwissen aus dem Politikbetrieb wegen der Schleusenwärter in den Pressestellen nur noch selten zu den Journalisten vordringt, versuchen auch Korrespondenten ohne die nötige Medien-Power im Rücken, sich zumindest im inneren Zirkel einen Namen zu machen, um von den entscheidenden Ansprechpartnern wahrgenommen zu werden.

Darin liegt auch eine Perspektive. Eine Karriere wie die von Dieter Wonka, einem der wohl umtriebigsten Berliner Politikberichterstatter aus dem Regionalsektor, wäre in anderen Hauptstädten der Welt auch anders undenkbar: Der Korrespondent der *Leipziger Volkszeitung* hat sich über Jahre ein vielgliedriges Recherchenetzwerk aufgebaut, mit dem er zum einflussreichsten Vertreter der Regionalmedien in Berlin avancierte. Anders als bei der Washingtoner White House Press oder bei den im britischen House of Parliament akkreditierten Journalisten mit ihrem institutionellen Recherchevorteil gegenüber der Medienkonkurrenz, die keinen der heiß begehrten Plätze erringt, zeigen rasende Reporter aus der deutschen Provinz wie Wonka, dass auch sie lohnende Anlaufpunkte für Politiker und andere Interessenvertreter sein können. In Berlin herrscht also auch so etwas wie Chancengleichheit: Jeder Politiker, jede Pressestelle entscheidet schließlich selbst, welche Anfrage sie beantwortet. Entscheidend ist dabei nicht allein die Bekanntheit des Mediums, sondern auch die des einzelnen Journalisten.

Die wenigen Wonkas Berlins zahlen also einen hohen Preis für ihre Kenntlichkeit im publizistisch-politischen Getriebe: Angespornt vom eigenen Anspruch, sich selbst zu inszenieren, durch die politischen Talkshows zu tingeln, auf Politpartys und Galadiners bis tief in die Nacht herumzuhängen, sich bei Kameraterminen gezielt und doch ganz zufällig wirkend neben prominente Politiker ins Bild zu positionieren, um der eigenen Branche mediale Dauerpräsenz und intime Kenntnis des Machtapparats zu suggerieren, hält nicht nur in Atem, sondern laugt aus – körperlich und psychisch. Das Buhlen um die eigene Relevanz in einem schäbigen Aufmerksamkeitssystem, das sich aufzufressen beginnt, erweist sich somit als Achillesferse des wahrhaftigen politischen Reporters. Oder anders formuliert: Wenn sich Hauptstadtjournalisten und Politiker hinter den Kulissen nichts schenken, aber ständig so tun als ob, weiß am Ende niemand, wer wem etwas schuldig bleibt.

Die Journalisten und ihr Publikum

Die Gesetze des Medienmarktes, zumindest die der privatwirtschaftlich verfassten Presse, verorten Erfolge und Misserfolge eines Mediums sui generis in der Gunst des Publikums. Doch nach der Erfahrung zahlreicher Berliner Chefkorrespondenten haben die Leser und Zuschauer nur begrenzten Einfluss auf die politische Berichterstattung – ob durch Leserbriefe oder Einschaltquote: Die Journalisten richten sich vornehmlich danach, was in den engen Grenzen des Regierungsviertels geschieht. Und Politikern geht es nicht viel anders, verwenden sie ihr kostbares Zeitbudget doch lieber für massenwirksame Medienauftritte, anstatt in ihrem Wahlkreis den direkten Kontakt zum Wähler zu suchen.

»Berlin-Mitte ist das Zentrum des politikverdrossenen Deutschland«, schreibt Tissy Bruns.[67] Und tatsächlich haben die Entzauberung politischer Wirklichkeit und die Entpolitisierung der Gesellschaft viel mit dem anfänglichen Hype um die Hauptstadt zu tun, der sich zwischen Arroganz und Ignoranz gegenüber anderen deutschen Regionen hochschaukelte. Die Hauptstadtmedien spielen dabei nicht nur eine Vermittlerrolle, sondern sind mitverantwortlich für eine Reihe von Fehlentwicklungen, die sie nun einzuholen scheinen: Immer weniger Menschen können sich für Gedrucktes begeistern, Fernseh- und Radionutzung sind rückläufig, vor allem das Desinteresse an politischen Nachrichten nimmt beängstigende Ausmaße an. Die Beziehung der Bericht-erstatter zur Öffentlichkeit gründet somit auch auf der eigenen Bedeutungslosigkeit und den gesunkenen Ansprüchen, die der Hauptstadtjournalismus an sich selbst stellt.

Inwiefern hat sich die handelnde Politik also vom Wahlvolk entfremdet? Welche Vorstellungen haben Journalisten von ihrem Publikum? Welche Einflussmöglichkeiten hat das Publikum auf die Berichterstattung? Wie äußert sich der angebliche Realitäts-verlust der Berliner Kommunikations- und Medienelite? Und was müssen Politiker und Journalisten tun, damit sie weiterhin rele-vant bleiben? Können beide überhaupt dem Hamsterrad ent-kommen?

Im »Treibhaus«: Die Entzauberung der Politik und die Entpolitisierung der Gesellschaft

»Dunst. Gewitterdunst. Treibhausluft: Sonnenglast.
Die Fenster des Treibhauses waren schlecht geputzt;
die Lüftung funktionierte nicht. Er saß in einem Vakuum,
dunstumgeben, himmelüberwölkt. Eine Unterdruckkammer
für das Herz.«

Wolfgang Koeppen[68]

Dass die zunehmende Distanz zwischen Wahlvolk und Gewählten etwas mit der Arroganz der Berliner Politiker zu tun hat, ist ein hartnäckiger Vorwurf, der gern und gebetsmühlenartig von Boulevardmedien geschürt und an Stammtischen unhinterfragt wiedergekäut wird. Das wachsende politische Desinteresse innerhalb der Gesellschaft ist aber auch auf eines der Kernprobleme im gehobenen Journalismus zurückzuführen: den generell rückläufigen Konsum politischer Informationen in Presse, Hörfunk und Fernsehen. Während der Journalismus aus der Hauptstadt wie beschrieben immer häufiger zwischen Effekthascherei und Wichtigtuerei zirkuliert und sich auch die medienvermittelte Politik zunehmend in eine substanzlose Show verwandelt, spielt sich das Kräftemessen der realen, handelnden Politik in den Hinterzimmern eines überdimensionierten Bürokratieapparats ab: Hinter verschlossenen Türen von unzähligen Unterausschüssen, parlamentarischen Arbeitsgruppen, Sachverständigenräten, Enquetekommissionen, Expertengremien und der mehr oder weniger geheimen Parteizirkel wird beratschlagt, entschieden und veranlasst. Und gerade diese Sachebene, die sich täglich in den meist undurchsichtigen Personalentscheidungen, Machtstrukturen und

Konflikten moderner Politik widerspiegelt, wird in den Massenmedien kaum thematisiert. Für ihre Vermittlung verliert der politische Journalismus als Aufklärungsinstanz zusehends an Bedeutung. Gleichzeitig avancierte in den vergangenen Jahren die überregionale Presse zum zentralen Faktor beim Werben der Spitzenpolitik um öffentliche Aufmerksamkeit. Diese beiden scheinbar gegenläufigen Entwicklungen können sowohl für das politische als auch für das journalistische Lager fatale Abnutzungserscheinungen zur Folge haben, den wir auf einen »Treibhauseffekt« zurückführen, wie ihn schon Wolfgang Koeppen in seinem 1953 erschienenen Schlüsselroman *Das Treibhaus* für die Bonner Szenerie beschrieben hat.

Das Hauptstadtdilemma in Personalunion

Auch in Berlin herrscht seit dem Regierungsumzug ein treibhausartiges Klima, das die Politiker und die Journalisten der Hauptstadt gleichermaßen in eine Reihe von Zwangslagen befördert hat: Zum einen nehmen beide den Alltag der Bürger durch eine Berliner Dunstglocke wahr, die wegen der jahrelangen Fixierung auf das eigene soziale und gesellschaftliche Umfeld immer unschärfer geworden ist. Zweitens treffen sie Entscheidungen aus einem zu engen Handlungskorsett heraus, das ihnen nach eigenem Empfinden oft keine Wahlfreiheit lässt. Und drittens ist die gegenseitige Abhängigkeit derart gewachsen, dass man statt von einer Zweckgemeinschaft wohl eher von einem Zwangsverhältnis sprechen muss. Anders gesagt: Zwar reden sich beide Seiten ein, nicht voneinander beeinflusst zu werden, in Wahrheit sind sie aber aufeinander angewiesen wie siamesische Zwillinge. Dieses auch physische Zusammenwachsen wird in der Soziologie als *Interpenetration*[69] bezeichnet. Dieser Begriff klingt nicht von ungefähr wie ein Eintrag aus dem Sexualkundelexikon, bezeichnet aber das intime Tauschverhältnis »Information gegen Inszenierung«, das vor allem die Journalisten und Politiker auf der Berliner Bühne auf merkwürdige Weise miteinander vereint: »Politiker und Medien beleuchten und beklatschen sich auf dieser Bühne gegenseitig, als Darsteller, Publikum und Kritiker«, analysiert Tissy Bruns. »Von den Bürgern werden sie als eine selbstbezogene Kaste wahrgenommen, die in einem Boot sitzt, durch eine gleichartige Lebensweise verbunden, auf der sicheren Seite und jenseits der Risiken, die sie in Ausübung ihrer öffentlichen Macht den Bürgern zumuten.«[70]

Auch Wolfgang Koeppens Roman *Das Treibhaus*, der vom Außenseitertum eines einstmaligen politischen Idealisten in der noch jungen Bundesrepublik erzählt, ist eine Geschichte über die wachsende Durchlässigkeit von Medien- und Politiksphäre und den zunehmenden Realitätsverlust beider Systeme, je stärker sie sich einander anverwandeln. Das geschilderte Geschehen hätte sich ähnlich im heutigen Berlin zutragen können, allerdings ist dort die Frequenz der gegenseitigen Liebedienereien noch höher, die Abgrenzungen noch schwieriger und das Heischen nach Aufmerksamkeit noch erbarmungsloser als im beschaulichen Bonn. Koeppens Protagonist, der in der frisch etablierten Parlamentsdemokratie zwischen Fraktionszwang und politischem Kommunikationskalkül beinahe zerrieben wird, vereint gleich beide Berufsbilder in sich und verkörpert das Hauptstadtdilemma in Personalunion: Der Journalist und spätere SPD-Bundestagsabgeordnete Felix Keetenheuve dient dem Autor als Parabel für die Gettoisierung der Bundespolitik im ehemaligen Regierungssitz. Bereits wenige Jahre nach Gründung der BRD, so Koeppens hellsichtige These, haben Politik und Medien in der aufgeheizten Kessellage am Rhein nicht nur den Draht zu den Bürgern, sondern auch jegliche Bodenhaftung verloren.

Man mag Koeppens »Treibhauseffekt« als Generalkritik an der schwindenden Trennung der Berufsrollen von Journalisten und Politikern in Bonn lesen, am Entstehen eines gemeinsamen Herrschaftswissens, das die professionelle Distanz zwischen Politik und Medien allmählich aufweicht. Das Ergebnis war das Kunstprodukt einer verschworenen Elite, das der Masse in Form von Medieninszenierungen verabreicht wurde, die sich vor allem in der hochritualisierten Statement-Maschinerie der Fernsehnachrichten und mitunter auch an den Absprachen von Moderationen in politischen Talkshows, die Spitzenpolitiker gefügig machen sollen, ausprägen. Koeppens Roman kann somit auch als erfrischende Analogie zur politischen Entfremdung in der neuen Hauptstadt gelesen werden, in der die Ausnahme der operativen Zusammenarbeit von Politikern und Journalisten zur Regel geworden ist und der Druck innerhalb des politisch-medialen Vakuums eher zu- als abgenommen hat. Die wechselseitigen Grenzüberschreitungen sind das Kennzeichen einer Medienrepublik, die die putzigen Gepflogenheiten aus Bonner Zeiten längst abgelegt und durch eine aufgesetzte Salonkultur ersetzt hat: Im Berliner Medienmilieu wird getratscht, werden Dinge aus der Politik ausgeplaudert, die nicht für Dritte bestimmt sind – Vertrauensbrüche sind gang und gäbe, aus denen sich ständig neue soziale, handwerkliche und vor allem berufsethische Konflikte ergeben.

Dabei mangelt es nicht an Einsicht: Die Probleme, die aus der eigentümlichen Mixtur von elitärem Closed-Shop-Prinzip und professionellem Distanzverlust, dem aufgeheizten Medienklima und der Politikmüdigkeit im Land erwachsen, beklagen auch leitende Korrespondenten, Bürochefs, Redakteure und Pressesprecher. Politik hat sich ihrer Meinung nach weiter denn je von den Stimmungen und echten Problemen in der Bevölkerung entfernt – eine Entwicklung, die durch die unerträgliche Mediendichte und das atemberaubende Berichterstattungstempo mit verursacht werde.

Vom paradoxen Image des bundesdeutschen Journalismus

In den vergangenen Jahren hat die Kommunikationsforschung wie am Fließband empirische Studien produziert, die sich mit dem Verhältnis von Journalismus und Publikum auseinandersetzen. Diese Arbeiten befassen sich überwiegend mit dem Fremd- und Selbstbild von Journalisten, vor allem mit leidlich interessanten Fragen wie: Was halten Journalisten von ihrem Publikum? Wie informieren sich Journalisten über ihre Leser und Zuschauer? Welchen Einfluss haben diese auf die journalistische Arbeit?[71] Was erwarten die Bürger allgemein vom Journalismus, und warum werden sie enttäuscht?[72] Welches Ansehen genießen Journalisten in der deutschen Bevölkerung? Und wie hoch ist das Vertrauen, das Journalisten entgegengebracht wird?[73]

In der repräsentativen Studie »Journalismus 2009« der beiden Medienforscher Martin Welker und Holger Geissler wird zum Beispiel der Status des bundesdeutschen Journalismus ausgelotet.[74] Die Autoren haben dazu mittels eines Online-Fragebogens 1000 Bundesbürger im Alter von 16 bis 65 Jahren befragt – und kommen zu dem paradoxen Schluss, dass zwar die Mehrheit der Deutschen die Glaubwürdigkeit und Unabhängigkeit von Journalisten anzweifelt, der Beruf in der Bundesrepublik aber durchaus hohes Ansehen genießt. So glauben nur 46 Prozent der Bürger, Journalisten seien »an einer wahrheitsgemäßen Berichterstattung interessiert«. Vor allem Ostdeutsche hegen Zweifel an ihrer professionellen Objektivität: Zwei Drittel bestreiten, dass sich Journalisten an der Wahrheit orientieren. Mehr als jeder zweite Befragte vermutet gar eine direkte Beeinflussbarkeit der Medien durch die Interessen der Politik und der Wirtschaft: Dass sich »Journalisten durch den persönlichen Umgang mit Politikern instrumentalisieren bzw. vor deren Karren spannen« lassen, glauben immerhin 59 Prozent. Noch erschütternder ist das Ergebnis, dass 61 Prozent der Bundesbürger der Meinung sind, Journalisten nutzten ihren Status aus, um die öffentliche Meinung in ihrem

Sinne zu manipulieren. 93 Prozent aller Befragten unterstellten den Pressevertretern überdies generell einen verhältnismäßig großen Einfluss auf die Öffentlichkeit.

Dass der Journalistenberuf trotz erheblicher Zweifel an der Integrität von Medienschaffenden ein vergleichsweise gutes Image hat, ist vielleicht gerade dieser zugeschriebenen Meinungsmacht zu verdanken. Wie sonst ist es zu erklären, wenn sich mehr als drei Viertel der Bevölkerung wohlwollend gegenüber einem Freund äußern würden, der eine Karriere als Journalist plant? Oder hat es damit zu tun, dass die meisten glauben, Journalismus sei ein vergleichsweise stressfreier Beruf? Im Vergleich mit fünf anderen Berufen (Arzt, Bauarbeiter, Unternehmer, Lehrer, Hausfrau/-mann) landeten Journalisten immerhin auf dem letzten Platz, wogegen Ärzte nach Meinung der Bundesbürger den weitaus anstrengenderen Job haben.

Die Studie des Marktforschungsinstituts YouGovPsychonomics und der Macromedia Hochschule für Medien und Kommunikation gibt aber noch weitere Rätsel im öffentlichen Bild der Journalisten auf: Trotz der mehrheitlichen Skepsis gegenüber ihrer Professionalität meinen nämlich mehr als 50 Prozent der Bundesbürger, Journalisten berichteten objektiv. Die Mehrheit – 69 Prozent – ist außerdem davon überzeugt, Journalisten recherchierten »gewissenhaft« für ihre Artikel. Und nur jeder Zehnte denkt, Journalisten inszenierten ihre Berichte, um die Auflage zu steigern. Allerdings halten es 74 Prozent für wahrscheinlich, dass Journalisten für ihre Recherchen »über Leichen gehen«, also rigorose Methoden bei der Informationsbeschaffung anwenden. Ob das nun als besonders anrüchig betrachtet oder vielleicht sogar begrüßt wird, lässt die Studie offen.

Das weniger widersprüchliche, mithin erwartbare Ergebnis der Befragung findet sich auf Rezeptionsseite, also bei den Seh- und Lesepräferenzen des Publikums: Während dem Privatfernsehen und dem Internet allgemein nur wenige Befragte ihr Vertrauen aussprechen, scheinen das öffentlich-rechtliche Fernsehen und die Presse immer mehr als Leuchttürme in einer unübersichtlichen Medienwelt auf. Vor allem regionale wie überregionale Zeitungen und Wochenmagazine belegen hinsichtlich der Glaubwürdigkeit die vordersten Plätze. Laut Aussage der Forscher bilden die beiden publizistischen Zugpferde *Der Spiegel*, den 82 Prozent für »sehr glaubwürdig« oder »eher glaubwürdig« halten, und *Die Zeit* (80 Prozent) die »Speerspitze der journalistischen Glaubwürdigkeit« unter den Top 10 einzelner Angebote. Hohe Werte erzielen auch die *Frankfurter Allgemeine Zeitung*, der auflagenrückläufige *Focus* (beide je 76 Prozent) sowie die *Süddeutsche Zeitung* (75 Prozent), *Die Welt* (70 Prozent) und die Illustrierte *Stern* (65 Prozent), während die auflagenstärkste deutsche Tageszeitung *Bild* in Sachen Glaubwürdigkeit mit acht Prozent weit abgeschlagen den letzten Platz belegt. Trotz aller berechtigten Zweifel an der Belastbarkeit von Informationen und Quellen aus dem globalen Netz verdeutlicht die Studie, dass zugleich die Aufholjagd der publizistischen Online-Marken in puncto Glaubwürdigkeit begonnen hat: Dem Online-Ableger des *Spiegel* trauen bereits 75 Prozent der Bundesbürger, *Focus.de* 70 Prozent und *Zeit Online* 67 Prozent. Gern hätte man noch erfahren, wo *Bild Online* in dieser Liste rangiert, allerdings bleibt die Studie diese Information schuldig.

Dass die Berufsgruppe der Journalisten bei der Mehrheit der Bundesbürger durchaus ein hohes Prestige hat, während die einzelnen Medienangebote, -gattungen oder -marken, für die sie arbeitet, nur geringes Vertrauen genießt und ihr zudem ein gelegentlicher Machtmissbrauch zugetraut wird, deckt sich mit den Ergebnissen von Wolfgang Donsbach. Der Kommunikationswissenschaftler von der Technischen Universität Dresden hat zu einem ähnlichen Thema geforscht und 2009 zusammen mit einigen Kollegen unter dem Titel *Entzauberung eines Berufs. Was die Deutschen vom Journalismus erwarten und wie sie enttäuscht werden* eine Studie veröffentlicht, die sich mit dem Verhältnis zwischen den Erwartungen der Bundesbürger und ihren Bewertungen von journalistischem Verhalten und von Medienangeboten befasst. Die repräsentative Untersuchung – eine Telefonbefragung unter mehr als 1000 deutschen Erwachsenen zwischen November 2007 und Januar 2008 – gibt nicht minder Anlass zur Sorge als der erschreckende Statusreport »Journalismus 2009«: Zwar *steigt* Donsbach zufolge die Anerkennung von Journalisten – doch gleichzeitig *sinkt* das Vertrauen ihnen gegenüber noch signifikanter als bei Politikern. Über 40 Prozent der Befragten seien der Meinung, »Journalisten hätten zu viel Macht und würden moralische Grenzen überschreiten«, erklärte Donsbach in einem Vortrag am Institut zur Förderung des publizistischen Nachwuchses, das die Studie initiiert hatte.[75] Problematisch sei vor allem die Lücke, die die Zeitungsnutzung hinterlasse und nicht durch das Internet kompensiert würde. Insgesamt führe das in der Außenwahrnehmung des Berufsjournalisten zu einem gravierenden Glaubwürdigkeits- und Imageverlust. So sei die Mehrheit seiner Befragten sicher, dass Journalisten PR-Artikel für Anzeigenkunden verfassten. Der Beruf werde umzingelt von »para-journalistischen Tätigkeiten«, so Donsbach weiter, seine Konturen verschwämmen zusehends.

Nur noch jeder Vierte vertraut Journalisten im Allgemeinen. Andererseits nähmen diese heute ihren Beruf oft völlig anders als noch vor wenigen Jahren wahr: »Durch die zunehmende Ausrichtung am Leserinteresse erleben viele Journalisten eine Boulevardisierung ihres Berufs.« Gerade der Einfluss der Wirtschaft, der immer mehr auf Auflagen- und Quotensteigerung anstatt auf Qualität abziele, verschlechtere das Image der Berichterstatter. Weil immer mehr Menschen der Ansicht seien, Journalisten setzten ohnehin nur ihre eigenen Bedürfnisse durch und verzerrten Nachrichten in Richtung ihrer eigenen Einstellung, wendeten sie sich von den Informationsangeboten der klassischen Medien und damit vom Journalismus ab. Alles in allem steckten die Medien in einer Glaubwürdigkeitskrise, die unserer Gesellschaft und Demokratie schade, weil – so Donsbach – »die Medien für die öffentliche Meinungs- und Willensbildung von immanenter Bedeutung sind«.

Welche Lehren lassen sich aus dieser Untersuchung ziehen? Ziel der Studie sei es gewesen, Medienverdrossenheit »zu einem Thema der öffentlichen Diskussion zu machen«, schreiben Donsbach und seine Mitarbeiter in ihrem Bericht:[76] »Ähnlich der Politikverdrossenheit wäre Medienverdrossenheit etwas, das sich die Gesellschaft auf Dauer nicht leisten kann.« Durch sie werde die Professionalität und Redlichkeit derer eingeschränkt, die tagtäglich wichtige Informationen und Weltsichten zusammenstellen, um den Gesellschaftsmitgliedern eine Teilhabe an Bereichen zu ermöglichen, die über ihre primären sozialen Beziehungen hinausweisen.

Der immense Verlust an Qualität und Glaubwürdigkeit der Informationen hat gleich mehrere Ursachen, vermutet Donsbach: Sich häufende Medienskandale und Ökonomisierung zählen dazu, aber auch das unsicher gewordene Profil des Journalistenberufs und der derzeitige Medienwandel, der die gesamte Branche durcheinanderwirbelt. »In der Entgrenzung des Journalismus durch neue Kommunikationstechnologien wie das Internet verschwimmen die Grenzen zwischen professionellem Journalismus, der sich bestimmten Standards verpflichtet hat, und dem Bereich der Laien oder Aktivisten.« Vor allem die neuen Informationskanäle, die den Umschlag von Nachrichten um ein Vielfaches erhöhen, und den gestiegenen Konkurrenzdruck macht auch Donsbach als beängstigende Trends aus, die journalistische Tugenden wie Genauigkeit, Fairness, Hintergrundrecherchen und Fact-Checking endgültig in den Hintergrund treten lassen. Umso mehr häufen sich skandalöse, boulevardeske, personalisierende und dramatische Elemente im Medienangebot, die das öffentliche Bild von der Verwahrlosung des politischen Journalismus bekräftigen.

Das Spiel mit der Macht und die Ohnmacht der Politik

Der anhaltende Strukturwandel der Öffentlichkeit durch die digitalen Technologien, die Vermengung verwandter Branchen wie Public Relations, Public Affairs, Werbung und Marketing, aber auch die Krise des Qualitätsjournalismus in seiner gegenwärtigen Form stellen die Medien heute zweifellos vor gewaltige Herausforderungen. Das ambivalente Berufsbild, das mit der Ausfransung professioneller Konturen und der allgemeinen Verlotterung journalistischer Sitten und Werte einhergeht, hatte Siegfried Weischenberg bereits Anfang der neunziger Jahre angeprangert, als er unter anderem die sozialen Einstellungen von Journalisten und deren Publikumsbild in einer Pilotstudie untersuchte, die er 2005 in einem aufwändigen *Report über die Journalisten in Deutschland II* prolongierte. Anders als in den zuvor beschriebenen Erhebungen ging es dem Hamburger Journalistikprofessor nicht darum zu zeigen, was die Bürger von den Journalisten, sondern was Journalisten von ihrem Publikum denken. Auf der Basis von 1500 Telefoninterviews gelangte Weischenberg zu der Erkenntnis, dass Journalisten deutlich weniger von ihren Lesern, Hörern und Zuschauern hielten als noch ein Jahrzehnt zuvor.

Während in der ersten Hälfte der neunziger Jahre die meisten Journalisten ihr Publikum als fortschrittlich einstuften, war es jetzt nur noch jeder Fünfte. Jeder dritte Journalist halte seine Rezipienten für konservativ, der Großteil sehe das Publikum irgendwo im politischen Mittelfeld. Auch hinsichtlich des politischen Interesses lieferte Weischenbergs Studie aussagekräftige Ergebnisse: 21 Prozent der Journalisten glaubten, ihr Publikum sei politisch desinteressiert, 39 Prozent attestierten ihm mittelmäßiges Politikinteresse, und nur 40 Prozent unterstellte den Mediennutzern überhaupt ein solches Interesse – im Jahr 1993 war es immerhin noch die Hälfte der Befragten. Man mag einwenden, dass die Quellen, die Journalisten nutzen, um sich ein Bild von ihrem Publikum zu machen, alles andere als objektiv sind: »Mehr als acht von zehn Journalisten … informieren sich durch die Reaktionen, die sie vom Publikum erhalten, durch private Kontakte zu Leuten aus dem Publikum … und auch durch das, was Kollegen vom Publikum erzählen«, schreiben Weischenberg und seine Mitarbeiter.[77] Aber dass dieses Bild dennoch die gesamte Berichterstattung beeinflusst, wird wohl niemand ernsthaft bestreiten. Genau das tun aber viele Journalisten, die ihr Publikum zu kennen glauben, ihm aber zugleich jegliche Mitsprache bei ihrer täglichen Arbeit verwehren – und das, obwohl die Redaktionen heute wesentlich mehr Feedback »von außen« erreicht als je zuvor. Der Mailverkehr, die Kommentare und Forumseinträge, zu denen das Internet die Nutzer regelrecht auffordert, verdeutlichen dieses Missverhältnis umso mehr und haben die Enttäuschungen der Deutschen vom Journalismus immens verstärkt, während das Berufsprestige den aktuellen Umfragen zufolge weiter steigt.

Noch 1919 stellte Max Weber in seinem Vortrag »Politik als Beruf« vor Studenten der Universität München ernüchternd fest, der Journalist gehöre »zu einer Art Pariakaste, die in der ›Gesellschaft‹ stets nach ihren ethisch tiefstehenden Repräsentanten sozial eingeschätzt wird«. Und bis vor einigen Jahren tauchten immer wieder Rankings auf, in denen Journalisten – noch hinter Unternehmern, Atomphysikern, Managern von Großunternehmen, Spitzensportlern oder Informatikern – eines der Schlusslichter auf der Berufsprestigeskala bilden. Weiter abgeschlagen waren nur Berufspolitiker, TV-Moderatoren oder Gewerkschafter, vordere Plätze belegten meist Ärzte, Polizisten, Hochschulprofessoren und Geistliche. Dieses Stimmungsbild, das sich ähnlich auch im internationalen Vergleich bis vor einigen Jahren abzeichnete, muss aus heutiger Sicht offenbar generalüberholt werden, da das Ansehen von Journalisten deutlich aufgewertet wurde.

Was allerdings weiter zugenommen hat, ist die Unsicherheit, was den Journalismus genau ausmacht und wozu wir Journalisten überhaupt noch brauchen.[78] Es gibt zahlreiche ältere Umfragen, die diesen scheinbaren Widerspruch ausblenden und lediglich das miese Image von Journalisten dokumentieren, ohne der Frage nachzugehen, warum Journalisten und ihr Publikum eigentlich keinen besonders guten Draht zueinander haben. Doch eines leugnen auch sie nicht: dass sich der Journalismus von den Nöten und Interessen der Bevölkerung immer weiter entfernt und das Publikum völlig falsche Vorstellungen davon hat, was Journalisten genau tun und – vor allem – wie sie ticken.

Der vorherrschende Eindruck, Journalismus sei ein homogenes Berufsfeld, ist jedenfalls schlicht falsch. Der Beruf weist eine enorme Bandbreite an Rollenmustern, Hierarchieebenen und Einflussmöglichkeiten auf, die empirisch bisher kaum untersucht wurden. Vor allem die zahlreichen Verflechtungen mit den Eliten aus Politik, Wirtschaft und Kultur, die dem Idealtypus eines unabhängigen, distanzierten und fair berichtenden Journalisten entgegenstehen, bleiben in der Wahrnehmung der Rezipienten, aber auch der Forschung häufig diffus. Anhaltspunkte dafür, wie Journalisten beispielsweise untereinander kommunizieren und konkret entscheiden, gibt es ebenso wenig wie Untersuchungen, die aufzeigen könnten, warum und in welche Richtung sich das Selbstbild von Journalisten über die Jahre verschoben hat. Meist wirken die aktuellen Theorien und Definitionen, die Journalismus in einen gesellschaftlichen Sinn- und Bedeutungszusammenhang stellen, eigentümlich blass und konstruiert. Aspekte kultureller und sozialer Identität des Journalismus, die sein gefährliches Spiel mit der Meinungsmacht und sein Streben nach Einfluss ergründen, bleiben zumeist im Dunkeln.

Obwohl – oder vielleicht gerade weil – viele Journalisten in der Ausübung ihres Berufs immer noch eine unersetzliche Kontroll- und Kritikfunktion gegenüber den Mächtigen der Republik (›Vierte Gewalt‹) sehen oder doch zumindest eine zentrale Mittlerrolle zwischen Bürgern und Staat, driften das journalistische Selbstbild und die Wertschätzung seitens der Politik auseinander: Zuweilen mussten und müssen sich Journalisten von Spitzenpolitikern heftige Verbalattacken gefallen lassen wie »Ratten und Schmeiß-fliegen« (Franz Josef Strauß), »Fünf-Mark-Nutten« (Joschka Fischer) und »Schweinejournalismus« (Oskar Lafontaine). So setzt sich die wachsende Kluft zwischen Journalisten und Bevölkerung auf Ebene der Politik unweigerlich fort, vielleicht auch deshalb, weil der Journalismus tatsächlich so etwas wie das Bindeglied zwischen politischer und öffentlicher Sphäre sein sollte – oder zumindest das, was von dieser Funktion übriggeblieben ist.

Auch dass Journalisten noch nie als Abbild der Gesellschaft taugten, weil sie als Angestellten- oder Beamtenkinder vorwiegend der Ober- und Mittelschicht entstammen, eher männlich und politisch links orientiert sind, zumeist ein abgeschlossenes Hochschulstudium haben und meist über exzellente Netzwerke verfügen, ist ein offenes Geheimnis, das viel zu selten untersucht wird.[79] Ebenso wenig wie Ärzte, Anwälte oder Professoren sind die Journalisten also als Berufsgruppe in ihrer sozialen Zusammensetzung ein Spiegel der Bevölkerung: Das zeigt sich etwa daran, dass man Arbeitersöhne und -töchter unter den Medienprotagonisten fast genauso vergeblich sucht wie Hauptschüler, obwohl 39 Prozent der Deutschen einen Hauptschulabschluss und über 28 Prozent von ihnen sogar über keinen Berufsabschluss verfügen.

»Mehr Demut tut not«: Die wachsende Rivalität im Treibhaus

Noch seltener als über die Arbeitsbedingungen und Herkunft von Journalisten wird allerdings darüber geforscht und nachgedacht, welche möglichen Konsequenzen es hat, wenn sich Staatsmacht und Journalismus die Hände reichen. Wie wirkt sich die Kumpanei von Politikern und Journalisten auf die Wahrnehmung der Realität aus? Und was sagt eigentlich der Bürger dazu, dass in der politischen Berichterstattung der subjektive Zweck immer mehr die Mittel heiligt? »Die Mitregenten« lautete bezeichnenderweise die Überschrift eines Artikels im Berliner *Tagesspiegel*, in dem

Sonja Pohlmann eine Studie des Mainzer Medienwissenschaftlers Hans Mathias Kepplinger vorstellte, die den realen Einfluss der Hauptstadtjournalisten auf die Politik unter die Lupe nahm.[80]

Der Statistikprofi, der sich seit Jahrzehnten mit der Analyse politischer Kommunikation befasst, hatte dafür 2008 insgesamt 187 Bundestagsabgeordnete und 235 ständige Mitglieder der Bundespressekonferenz (BPK), die für Presse, Hörfunk, Fernsehen und Nachrichtenagenturen arbeiten, schriftlich befragt, um herauszufinden, wie stark die Medien in den politischen Betrieb eingreifen. Den Antworten zufolge glauben die meisten Hauptstadtjournalisten, dass sie das politische Geschehen spürbar beeinflussen und dies offensiver täten als Politiker, die versuchen, ihren Einfluss in den Medien geltend zu machen: Journalisten, so Kepplinger, wirken vor allem über das politische Agenda-Setting und durch Versuche, einzelne Politiker in Skandale zu verwickeln (Beispiele Kurt Beck und Ulla Schmidt). Kepplinger stellte außerdem fest, dass Journalisten wie auch Politiker der Meinung sind, die jeweils andere Berufsgruppe habe zu viel Einfluss auf die eigene Arbeit. Ein weiteres verblüffendes Ergebnis der Umfrage: Während sich Politiker ein eher ausgeglichenes Machtverhältnis zwischen Journalisten und Politikern wünschen, wollen die Journalisten ihren Einfluss auf die Politik noch ausbauen. »Dies legt zwei Vermutungen nahe«, schlussfolgert Kepplinger. »Entweder sind die Journalisten machtbewusster als die Politiker, oder die Politiker sind genauso machtbewusst wie sie, zugleich aber realistisch genug, um nicht mehr zu verlangen.«

Auch bei Fragen nach dem Beitrag zum Gemeinwohl, der Effektivität ihrer Arbeit und der Skrupellosigkeit bei der Wahl ihrer Mittel fällt die Einschätzung der eigenen Berufsgruppe stets positiver aus als die der Gegenseite, und zwar sowohl bei Politikern als auch bei Journalisten – allerdings ist bei Ersteren die Diskrepanz zwischen ihrer durchweg positiveren Selbstwahrnehmung und der negativen Fremdwahrnehmung deutlich geringer als bei den Medienvertretern. Anders gesagt: Politiker leiden offenbar weniger unter Realitätsverlust als Journalisten oder sind eher zur Selbstkritik bereit. Zudem, so Kepplinger, sähen Journalisten, wenn es um das Machtverhältnis zwischen Politik und Medien gehe, »nicht nur das Recht, sondern auch die Moral auf ihrer Seite. Dies dürfte ihren Machtanspruch zusätzliche Dynamik verleihen.« Daraus könne man ableiten, dass sich »das Machtgefälle zwischen Medien und Politik in Zukunft weiter zugunsten der Medien verschieben wird«.

Dass die Macht der Medien weiter zunehmen werde, könne man schon daran beobachten, dass nur diejenigen Politiker Prestige genössen, die in den Medien präsent seien, wobei Symbolik inzwischen mehr zähle als Substanz. Aus Kepplingers Sicht ist das der Grund dafür, warum zum Beispiel der überaus populäre Bundesverteidigungsminister und frühere Bundeswirtschaftsminister Karl-Theodor zu Guttenberg (CSU) besser ankomme als sein damaliger Amtsvorgänger Michael Glos (CSU), der inhaltlich viel mehr gesagt habe als sein jugendlicher Nachfolger. Weil die Menschen sich immer weniger für Politik interessierten, könnten die meisten Politiker nur noch mit vorwiegend unpolitischen Themen auftrumpfen. Die Massenmedien sind für Politiker nach wie vor ein wichtiges Sprachrohr, um potenzielle Wähler anzusprechen. Dabei bleiben die Tageszeitungen, vor allem die überregionalen Blätter, für sie ein unverzichtbares Forum zur Formulierung ihrer Ansichten, ebenso aber auch die Agenturen, das Internet und der Hörfunk. Und obwohl die politische Leitfunktion des Fernsehens lange nicht mehr so ausschlaggebend ist wie zu Beginn der neunziger Jahre,[81] darf auch sie im Hinblick auf das Massenpublikum weiterhin nicht unterschätzt werden.

Im scheinbar einvernehmlichen Umgang mit den Medien hätten allerdings »die meisten Politiker kein natürliches Interesse, der Vierten Gewalt einen Gefallen zu tun« oder sich gar unter ihre Kontrolle zu stellen, sagt Michael Spreng, einst Medien- und Kommunikationsberater des ehemaligen Kanzlerkandidaten Edmund Stoiber und heute Betreiber des Politblogs *sprengsatz*. Andersherum werde ein Schuh daraus, glaubt er: »Sie wollen die Medien benutzen. Viele Politiker haben, so würde ich das sagen, nur ein instrumentelles Verhältnis zu den Medien, aber kein Überzeugungsverhältnis.« Die meisten Politiker wollten die Medien lediglich dazu benutzen, ihre Ziele durchzusetzen. Allerdings führe diese instrumentelle Mechanik auch zu einer gewissen Ohnmacht bei den Politikern, erklärt Tissy Bruns: »Der Zeitaufwand, den ein Politiker mit direkter Kommunikation verbringt, ob nun mit seinen Kollegen, im Wahlkreis mit Bürgern oder in Ausschüssen, schrumpft zu Lasten des Zeitaufwandes, den er dafür aufbringen kann, um über und mit Medien zu kommunizieren. Dass verändert den Politiker insofern, dass er großen Ruhmverlockungen ausgesetzt ist. Es gibt Abgeordnete, die schon vor dem Frühstück googeln, wie oft ihr Name genannt wurde.«

Bruns' These, dass Politiker und Journalisten versuchten, die verlorene Gestaltungsmacht auf beiden Seiten gemeinsam durch Omnipräsenz im großen Rauschen der Medienwelt zu kompensieren, leuchtet ein. Dennoch wird das Miteinander zunehmend problematisch: Dass beide Gruppen glauben, die jeweils andere Seite habe mehr Einfluss, als sie haben sollte, wertet Kepplinger als Hinweis auf eine wachsende Rivalität in Berlin, die auf »die Vergrößerung des eigenen Einflusses beziehungsweise die Verringerung des Einflusses der jeweils Anderen« ziele. Beim ständigen Tauziehen um die Vorherrschaft bleibt offenkundig eines auf der Strecke: die ausgewogene politische Berichterstattung. Denn was dem Ego Einzelner dient, muss noch lange nicht automatisch dem Wähler gefallen.

»Ich denke, Journalisten machen einen Fehler, wenn sie glauben, sie können große Politik machen«, appelliert Christoph Schwennicke (*Der Spiegel*) an seine Zunft. »Plötzlich glauben wir Journalisten, wir drehen das große Rad. Mehr Demut tut da not. Wir sollten uns weniger wichtig nehmen.« Und Gerhard Hofmann räumt selbstkritisch am Beispiel der Bundestagswahl 2005 ein, wie dieser Höhenrausch schlimmstenfalls enden kann: »Wir, die Journalisten, die Berliner Korrespondenten, Chefredakteure, Kommentatoren – wir, der Aufklärung verpflichtet, der unabhängigen Information, hatten in einer der wichtigsten Disziplinen versagt: mit den Füßen auf dem Boden bleibend zu erahnen, was die Wähler wollen.«[82] Die Hauptstadtjournalisten hätten Umfragen eins zu eins für Stimmungsberichte aus dem Volk genommen, Inszenierung sei oft wichtiger als Gehalt gewesen, Exklusivität habe vor Bedeutung rangiert.»Und die Mehrheit hatte sich in sicherer Gewissheit des schwarz-gelben Wahlsiegs schon früh auf deren Seite geschlagen«, schreibt Hofmann.

Aber wie steht es nun um das politische Desinteresse des Mediennutzers? Woran lässt es sich ablesen? Stimmt es überhaupt, dass sich die Mehrheit der Bevölkerung nicht mehr für Nachrichten interessiert? Je nachdem, welche Studien man zu Rate zieht und wer ihre Auftraggeber und Urheber sind, dürften die Antworten recht unterschiedlich ausfallen. Eine hohe empirische Dichte und Plausibilität der Ergebnisse liefern die repräsentativen Zuschauerbefragungen der Arbeitsgemeinschaft Fernsehforschung (AGF), eines Zusammenschlusses von ARD, ProSieben Sat.1, RTL und ZDF, der regelmäßig quantitative Studien in Auftrag gibt.

In einer Erhebung der AGF vom Frühjahr 2009 untersuchen Camille Zubayr und Stefan Geese die Informationsqualität der Fernsehnachrichten aus Zuschauersicht:[83] Darin konstatieren die Autoren eine rückläufige Entwicklung in der Nutzung von Nachrichtensendungen, obwohl deren Relevanz nach wie vor hoch eingestuft werde. Was auf den ersten Blick widersprüchlich klingt, ist beim zweiten Hinschauen plausibel:»Für die große Mehrheit der Bevölkerung ist die aktuelle Information also eine wichtige und unersetzliche Funktion des Mediums Fernsehen. Dieser Befund ist auch in der langfristigen Perspektive vergleichsweise stabil. Stets hielten ungefähr neun von zehn Fernsehzuschauern Nachrichtensendungen für elementare Bestandteile des Programmangebots«, schreiben die Medienforscher. Allerdings falle der im Jahr 2008 ermittelte Wert gegenüber den in der Vergangenheit erreichten Niveaus. Verantwortlich für diesen Nachrichtenknick ist die Generation der unter 30-Jährigen, von denen nur noch ein Viertel täglich eine Nachrichtensendung verfolgt, während dies drei Viertel der 65-Jährigen tun. Fazit: »Nachrichtensendungen im Fernsehen entfalten also seit einigen Jahren keine so große Zugkraft mehr.«[84]

Der rückläufige Nachrichtenkonsum im Fernsehen gehört sicher nicht zu den Hauptindikatoren für das wachsende politische Desinteresse der Bevölkerung. Aber er ist zumindest ein empirischer Anhaltspunkt dafür, dass sich der politische Journalismus allmählich von ihren Nöten, Sorgen und Interessen entfernt. Auch wenn Journalisten nicht für die sinkende Wahlbeteiligung direkt verantwortlich gemacht werden können, steht doch außer Zweifel, dass sie gewisse Verpflichtungen gegenüber dem Wähler haben. Anders gesagt: Es kann und darf auch den Hauptstadtjournalisten nicht egal sein, wenn sich die Leser, Zuschauer und Hörer von ihren publizistischen Angeboten abwenden.

Derlei Abnutzungserscheinungen der Demokratie, das schwindende Engagement der Bürger und die zunehmende Gleichgültigkeit gegenüber »denen da oben«, sind vielleicht symptomatisch für eine Medienrepublik, in der sich Politikjournalismus viel zu häufig auf Dienstwagenaffären und Diätenerhöhungen kapriziert. Die Wechselhaftigkeit unseres politischen Systems, der schleichende Untergang der Volksparteien, die Einebnung politischer Ideologien – all das sind Phänomene, die sich unweigerlich in unserem Mediensystem fortpflanzen: Skandalisierung, Emotionalisierung und Personalisierung um jeden Preis und oft ohne erkennbaren Anlass, die explodierende Bereitschaft der Bundesbürger, im sozialen Netzwerk wie bei Facebook, StudiVZ und Twitter zu kommunizieren, sowie andere mit den klassischen Medien konkurrierende Online-Aktivitäten sind nur einige Entwicklungen, die den klassischen Qualitätsjournalismus realitätsblinder und bürgerferner denn je erscheinen lassen und seine überragende Rolle als Vermittlungsinstanz in Frage stellen.

Dagegen können auch ambitionierte Versuche wie die Sendung *Ich kann Kanzler* im ZDF mit 2600 jugendlichen Bewerbern und Bremens ehemaligem Bürgermeister Henning Scherf, Talkmaster Günter Jauch und Ulknudel Anke Engelke in der Jury wenig ausrichten: Sie wirken letztlich wie verkrampfte Versuche, einer entpolitisierten Jugend die Politik nahezubringen. Vor allem diese Selbstbezüglichkeit der Medien auch innerhalb der tagesaktuellen Berichterstattung ist einer der Gründe, warum sich Journalismus immer weiter von der Lebenswirklichkeit der Bürger entfernt. Aber auch die von Bruns konstatierte Unart, »Millionen Menschen durch planmäßige Strategien, durch Bilder, Aufführungen und Personalisierungen zu bewegen«, mündet in hochartifiziellen Paralleluniversen, die die bestehenden Strukturen und Instrumente des Qualitätsjournalismus kategorisch unterwandern. Hinzu kommen Einflüsterer, die hinter den Kulissen die Strippen ziehen und beratungsaffinen Politikern bei ihren Medienauftritten unter die Arme greifen. Auch ihr Wirken erklärt, warum sich das Volk von seinen Vertretern immer häufiger übergangen und betrogen fühlt.

Was tun?

Es gibt viele Dinge, die Journalisten und Politiker besser machen müssen, um relevant zu bleiben. Bei genauerem Hinsehen offenbaren sich auch wesentliche Mängel im Betragen der Politiker, deren Ursachen teils unabhängig von der Medienberichterstattung sind, teils aber auch in direktem Zusammenhang mit ihr stehen. Ein Beispiel: der Kontakt zum Wähler. Um die Kommunikation zwischen Volk und Politik zu normalisieren und den Entfremdungstendenzen entgegenzusteuern, wären weniger Show und Effekte ein Anfang. Echte Bürgernähe statt symbolischer Politik und aufgestylter Selbstdarstellung lautet das Motto der Stunde, das auch in den Medien stärker umgesetzt werden müsste.

Um medial für den (Jung-)Wähler sichtbar zu bleiben, sollten Politiker bei aller Öffentlichkeitsverdrossenheit zudem mehr digitale Interaktivität wagen, sich also eigene Medienkanäle schaffen (Stichwort Podcast/Vodcast) und offen mit den neuen Kommunikationsmöglichkeiten umgehen. Zwar gibt es erste, mitunter sogar vorbildliche Versuche von Spitzenpolitikern, regelmäßig zu bloggen, zu videopodcasten oder zu twittern, aber das Misstrauen der jüngeren Wählerschichten kommt nicht von ungefähr: In der Regel stecken hier Berater, Agenturen oder sogenannte Kompetenzteams dahinter, was man den jeweiligen Auftritten im Netz auch anmerkt.

Versuche, Kontakt zu den Wählern aufzunehmen, funktionieren nicht mehr ausschließlich über das alte Sender-Empfänger-Modell der linearen Massenmedien, sondern zunehmend per Interaktionsprinzip. Der Dialog wird aber nur dann von den überwiegend jungen, überdurchschnittlich intelligenten und politisch überaus aktiven »Netzbürgern« aller politischen Couleur für voll genommen, wenn die digitalen Botschaften authentisch sind.[85] Zu einer fruchtbaren Kommunikation würden auch Internet-Aufrufe oder -Petitionen von Politikern beitragen, die stärker an die Souveränität der neuen Bürgerbewegung im Netz und das Engagement der Internetgemeinde anknüpfen. Die digitale Lebenswelt darf folglich kein politischer Nebenschauplatz bleiben, sondern sie muss als Kernelement einer modernen Medienpolitik verstanden werden, die die Internetkompetenz von Politikern, Parteien und Regierung auf kluge Weise mit einer aktiven Netzpolitik vereint.

Nicht nur im Journalismus, auch aufseiten der Politik sollte mehr Transparenz gefordert werden, vor allem im Umgang mit Spin Doctors, Lobbyisten und Pressestellen. Gerade die politischen Nebelkerzen, die aus den Absprachen unter diesen Eliten hervorgehen, lösen im Volk Missgunst und Misstrauen aus. Möglicherweise könnten sogar die Bundesministerien zu Vorreitern einer Transparenzinitiative werden, wenn sie offener über die

Hintergründe politischer Entscheidungsprozesse informierten. Das würde dem Bürger zumindest wieder mehr das Gefühl geben, dass die handelnde Politik sich nicht zu stark von den Volksinteressen abkoppelt und ihr »eigenes Ding macht«.

Auch die Journalisten wären vermutlich weitaus weniger renitent, wenn man sie zu Lobbygesprächen einladen und ihnen strategische Entscheidungen genauer erklären würde. Der Umgang mit Lobbyisten muss also öffentlicher werden und sollte die Medien spätestens dort ganz urdemokratisch mit einbeziehen, wo er gesellschaftliche Interessen berührt. Die Veröffentlichung solcher weitgehend geheimen Entscheidungen würde unter sogenannten ganz normalen Leuten die Neugier für politische Belange fördern und sie sicher sogar zu mehr Engagement anregen.

Zu den wichtigsten Verbesserungspotenzialen im Politikbereich gehört zweifellos auch, dass sich der Umgang von Politikern mit Journalisten nicht mehr an einem Zweiklassensystem orientieren darf: Bekannte Berichterstatter mit Namen und einflussreichen Redaktionen im Rücken werden bei Anfragen schnell zurückgerufen und mit Informationen beliefert, Vertreter weniger bedeutender Medien dagegen müssen meist lange auf eine Reaktion warten – oft bis zum Sankt-Nimmerleins-Tag. Natürlich ist die Zeit knapp, vor allem von Spitzenpolitikern und ranghohen Vertretern der Volksparteien. Doch hat sich bereits mehrfach gezeigt, dass eine effiziente politische Kommunikationsstrategie vor allem darauf beruht, breit zu streuen und alle Medien, ob Print, Radio, Fernsehen oder Online, einzubeziehen; dies wäre nicht nur konsequent, sondern entspricht im Übrigen auch dem demokratischen Prinzip der Informationsfreiheit.

Die Pressestellen der Politik sind zudem notorisch unterbesetzt und – so zumindest der Eindruck vieler Hauptstadtjournalisten – in einem kritischen Maß inkompetent. Für ihr Wissen, ihre Eloquenz und ihre Mitteilungsbefugnis geschätzte Sprecher sind Einzelfälle, die belegen, wie sehr die Berichterstatter bei ihren Recherchen auf solch qualifiziertes Personal in den politischen

Institutionen angewiesen sind. Es ist eine dringliche Aufgabe für Parteien, Behörden und Ministerien, verlässlich wie nachhaltig für eine PR-Ausbildung zu sorgen, die den Anforderungen und Fallstricken des Berliner Politbetriebs gerecht wird, und die Öffentlichkeitsarbeiter in ihren Institutionen als essentielle, wenn nicht sogar bedeutendste Schnittstelle zwischen Öffentlichkeit und Politik zu etablieren. Ein ernsthaftes Bemühen, die Attraktivität dieses Berufes zu steigern – etwa im Verhältnis zur Arbeit in den Public-Relations-Abteilungen der freien Wirtschaft –, würde auch die Fluktuation in den politischen Pressestellen mindern und den Journalisten nicht nur verlässliche, sondern auch vertrauensvolle Ansprechpartner bieten.

Es ist nachvollziehbar, ja vielleicht nicht einmal bedauerlich, dass Politiker die Medien für ihre Zwecke zu instrumentalisieren versuchen. Aber ein fairer, respektvoller Umgang mit Journalisten ist langfristig gesehen für beide Seiten vorteilhafter, weil erfahrene Hauptstadtjournalisten in Hintergrundkreisen und auch in der Öffentlichkeit den Politikern in der Regel auf die Schliche kommen, wenn deren Äußerungen fadenscheinig sind. Die Folge ist bekanntlich wachsendes Misstrauen gegenüber dem Politikbetrieb, was wiederum nachteilig für das Medienbild der Volksvertreter sein kann. Das gilt besonders für solche Politiker, die eine kumpelhafte Nähe zu Journalisten für die beste Strategie halten, um ihr öffentliches Image aufzupolieren.

Während der Politik ein immenser Beratungsbedarf attestiert wird, gibt es vor allem bei der direkten Kommunikation mit Journalisten zahlreiche Ansatzpunkte für Verbesserungen. Das Verhältnis ist auf beiden Seiten oft allzu sehr von Argwohn und Instrumentalisierungsbestreben geprägt. Die Ausnahme des Vertrauensbruchs ist mittlerweile zur Regel geworden. Um die Kommunikation zwischen den meisten Politikern und Journalisten zu entgiften – und vor allem zu professionalisieren –, bedarf es keiner Pseudoannäherung des gemeinsamen Sehen-und-Gesehenwerdens, sondern eines Verhältnisses, in dem Fairness und gegenseitiger Respekt den Ton angeben. Notwendig wäre in dem Zusammenhang allerdings auch, dass sich die Politiker für ihren Umgang mit Medienvertretern mehr Souveränität antrainierten. Obwohl sich die meisten von den Medien zuweilen vieles gefallen lassen, weil sie wollen, dass den Wählern ein positivs Bild von ihnen vermittelt wird, wäre es an der Zeit, dass Politiker weniger Unverschämtheiten über sich ergehen lassen, als sie beispielsweise Frank-Walter Steinmeier nach der verlorenen Europawahl in der Sendung *Anne Will* mit Engelsgeduld hingenommen hat.

Nicht alle Politiker verachten Journalisten insgeheim, wie oft behauptet wird, und sicher wüssten es auch Journalisten zu schätzen, wenn bei den Politikern der Mensch etwas mehr durchschiene und sie von dem Image wegkämen, nur Phrasendrescher zu sein. Dies funktioniert allerdings nur, wenn sie eine stärkere Resistenz gegenüber den journalistischen Ritualen und Gepflogenheiten entwickeln und dem Hang vieler Medien zur Skandalisierung privater Bagatellen widerstehen, wie es etwa Bundestagspräsident Norbert Lammert regelmäßig tut, indem er penetranten Reportern zu verstehen gibt, dass sie sich einen anderen Dummen suchen müssen, der einen hochkomplexen politischen Sachverhalt in 15 Sekunden oder drei Sätzen erklärt. Eine solche konsequente, auf gegenseitiger Wertschätzung basierende Haltung würde nicht nur die Toleranz zwischen Politikern und Journalisten fördern, sondern langfristig auch das zerrüttete Verhältnis zwischen Politik und Öffentlichkeit entkrampfen und die gelegentlichen Unschärfen in der politischen Kommunikation minimieren.

Fazit

Raus aus dem Hamsterrad: Zehn Thesen
für einen besseren Hauptstadtjournalismus

»Journalisten sind nicht besser als die Welt,
über die sie berichten – aber auch nicht schlechter.«[86]

Dass Journalisten gelegentlich die Auflagen und Quoten ihrer
Berichterstattung durch mehr Schärfe und Angriffslust gegenüber der Politik aufmotzen wollen, kritisiert auch Bundespräsident Horst Köhler: »Was soll man davon halten, wenn viele von
Ihnen gern ein Urteil über die Dienstwagennutzung der Gesundheitsministerin zum Besten geben, aber die wenigsten ein kom-
petentes Urteil über die Gesundheitspolitik abgeben können?«,
sagte er in seiner Standpauke zum 60-jährigen Bestehen der Bundespressekonferenz und forderte mehr Haltung und Kompetenz
in der Berichterstattung. Und so gibt es natürlich auch viele
Bereiche, die Journalisten verbessern müssen, wenn sie weiter
ernst genommen werden und eine bedeutende Rolle in der Demokratie spielen wollen – umfassender recherchieren und weniger boulevardesk berichten zum Beispiel. Oder die Chancen,
die das interaktive Netz bietet, stärker nutzen, Laien und Blogger
einbinden und mehr Transparenz zulassen, indem sie bessere
Einblicke in ihre Arbeitsabläufe geben. Speziell im Hauptstadt-

journalismus gibt es einige Aspekte, die zeigen, warum die Politikberichterstattung aber trotz *Citizen Journalism* weiterhin ausgebildete Profis braucht, diese jedoch in Zukunft mehr Bereitschaft
zur Selbstkritik und Fairness gegenüber der Politik mitbringen
müssen.

These 1
Meinungsmacher sein ist ein Privileg, das nicht missbraucht werden darf.

Die in der Hauptstadt stark verbreitete Auffassung, ein schmutzi-
ger »Junk«-Journalismus entspreche dem publizistischen Zeitgeist,
schadet der politischen Berichterstattung nachhaltig und führt
über kurz oder lang zum Verlust ihrer Orientierungsfunktion. So
wichtig Meinungsjournalismus durch sein Versprechen ist, dem
überforderten Rezipienten pointierte Einordnungen zu geben –
solange nicht ausreichend transparent dargelegt wird, wie sich die
journalistischen Hohepriester ihre Meinung bilden, müssen die
Alarmglocken läuten. Erst die Rückbesinnung auf professionelle
Werte kann den Hauptstadtmedien wieder zu dem Renommee
verhelfen, das ihnen nach und nach abhanden gekommen ist.

Die Stärkung der Hauptstadtjournalisten als Schleusenwärter
in der Informationsflut, die Hintergründe recherchieren, Zusammenhänge erklären und tiefgründige Analysen liefern, ist gerade
im digitalen Zeitalter zur Notwendigkeit geworden. Anschwellen-
des Nachrichtenaufkommen, schnelllebige Themenkarrieren und
das exorbitante Meinungsdurcheinander im Internet stellen für
Journalisten eine echte Bedrohung dar und erfordern von ihnen,
ihre Berufsrollen als professionelle Politikvermittler, Rechercheure
im Dienste des Publikums und gesellschaftliche Aufklärer wieder
ernster zu nehmen. Statt mit uninspirierter und fadenscheiniger
Haltung eine seitens der Politik kreierten »Unkultur des Lavie-
rens und Schönredens«[87] zu unterstützen, sollten sich Hauptstadt-

journalisten insbesondere in der direkten Konfrontation mit der Politik auf ihre Rolle als Spürhund und Kritiker besinnen. Dazu gehört auch, dass sie Ruhe bewahren und ihre Geschichten erst nach eingehender Reflexion und Kontrolle veröffentlichen. Dass sich dies wegen der verschärften Wettbewerbsbedingungen immer schwerer einhalten lässt, ist ein Totschlagargument, das nicht geltend gemacht werden kann. Vielmehr müssen medienkritische Ansätze zur Einschränkung des Häppchenjournalismus und zur Rückbesinnung auf die Werte des Berufsstandes angestrebt werden, um die Qualitätsdebatte neu zu beleben und den Hauptstadtmedien wieder zu mehr Ansehen zu verhelfen.

Auch dürfen sie das in sie gesetzte Vertrauen nicht missbrauchen. Wie ein solcher Missbrauch aussehen kann, hat die im Sommer 2009 vor der Bundestagswahl initiierte YouTube-Werbekampagne »Geh hin!« gezeigt, bei der zwei Dutzend prominente Mediengesichter und Journalisten wie Jan Hofer, Sandra Maischberger und Sarah Kuttner versuchten, die Zuschauer auf irritierende Art und Weise auf ihr Wahlrecht hinzuweisen – der beste Beweis dafür, dass besonders bei Ironie in den Medien Vorsicht geboten ist: Verstanden wurde die von Friedrich Küppersbusch und dem Politikportal *politik-digital.de* mehr schlecht als recht vom US-Wahlkampf abgekupferte Aktion tatsächlich von vielen als Aufruf zum Wahlboykott und nicht, wie von den Initiatoren gedacht, als Provokation. Und dass die missglückte Show letztlich nicht der niedrigen Wahlbeteiligung und der steigenden Politikverdrossenheit entgegengewirkt hat, konnte man einige Monate später beobachten. Geschadet hat sie dafür aber möglicherweise den Musikern, Schauspielern und Medienprominenten, die sprichwörtlich ihren Kopf dafür hingehalten haben.

These 2

Die Informationsflut erfordert mehr Recherchekompetenz, um den Fastfoodjournalismus einzudämmen.

Für die Allgemeinheit wird es immer schwieriger, im Tohuwabohu von Informationsangeboten im Internet journalistische und nichtjournalistische Inhalte auseinanderzuhalten. Wenn dem Publikum im Wettbewerb um Aufmerksamkeit vorgegaukelt wird, Informationen aus undurchsichtigen Quellen seien seriös, wird die Wahrscheinlichkeit weiter steigen, dass es sich um interessengeleitete und parteiliche Inhalte handelt. Davon zeugt auch die offensichtliche Hilflosigkeit der Hauptstadtjournalisten gegenüber der Verlautbarungsmaschinerie vielfältiger Interessengruppen. Zwischen PR-Dauerfeuer und Lobby-Einflüsterern kommen selbst Journalisten im Alltagsstress nicht selten ins Trudeln, wenn es gilt, Informationen auf ihre Richtigkeit, Gültigkeit und Relevanz zu überprüfen.

Immer mehr Hauptstadtjournalisten verlassen sich bei ihren Recherchen daher hauptsächlich auf das Internet und einen kompakten Kanon von Leitmedien, die dank der digitalen Datenübertragung unkompliziert und schnell Informationsknäuel liefern. Sie werden zu Stubenhockern, die auf weitaus umständlichere Vor-Ort-Recherchen verzichten und dadurch die Gefahr erhöhen, Falschmeldungen und Nachrichtenirrläufern aufzusitzen. Damit geraten eher früher als später Sorgfaltspflicht und letztlich auch die Vertrauenswürdigkeit der Medien unter die Räder.

Um sich vor einer Selbstdegradierung zu derlei Fastfoodjournalismus zu schützen, bedarf es redaktionsseitiger Anstrengungen, zuallererst die Recherchekapazitäten (und nicht zuletzt den Willen dazu) zu stärken. Mittlerweile scheint eine gehörige Portion Chuzpe dazuzugehören, nicht zu glauben, bei Google und Wikipedia finde sich das Wissen der Welt. Insbesondere Hauptstadtjournalisten brauchen darüber hinaus die nötige Standfestigkeit, um nicht auf die Selbstdarstellungsattitüden der Politik hereinzufallen in dem falschen Glauben, es finde sich dafür ein interessiertes Publikum.

Ernst Elitz, Gründungsintendant des Deutschlandfunks, bezeichnete die klassischen journalistischen Medien einmal als »Glaubwürdigkeitsinseln«[88], ein Etikett, das hart erarbeitet wurde und nun leichtfertig aufgegeben wird zugunsten von Zeitökonomie und vermeintlich validen Wissensquellen im Netz. Doch schenkt man einigen der lang gedienten Politikkorrespondenten Glauben, gehört die Abkehr vom hehren Ideal der fundierten Recherche bereits zum Alltag. Dabei kann und sollte der Hauptstadtjournalist es sich nicht erlauben dürfen, auf Recherchen in den Abgründen des politischen Alltags, auf den Kontakt mit den leibhaftigen Akteuren der Bundespolitik und den von ihr Betroffenen zu verzichten.

These 3
Entschleunigung und Nachhaltigkeit (Slow Media) sind das stärkste Mittel gegen den Glaubwürdigkeitsverlust.

Im Jahr 1994 gründete eine Gruppe von Journalismusstudenten an der Universität von Missouri das Format *Mediastorm*, um »cinematische Erzählungen« über unterschiedliche mediale Plattformen hinweg zu veröffentlichen. Seit 2005 gibt es das Projekt online und wird von der *Washington Post* unterstützt: ein vorbildliches Portal für große Geschichten in Text, Bild und Ton über die Welt und die Menschen. *Mediastorm* verströmt aus jeder seiner digitalen Poren journalistische Sorgfalt, Besonnenheit, Zuverlässigkeit und Authentizität. In seinem harmonischen Zusammenspiel konnte ein solches journalistisches Markenprofil, das sich andere Medien über Jahrzehnte hinweg schwer erarbeiten mussten, nur zustande kommen, weil sich die Autoren die Zeit nehmen durften, die sie brauchten, um ihre Beiträge zu perfektionieren. Ein ähnlich ambitioniertes Projekt, jedoch in klassischer

Printform, kommt ausgerechnet aus Nordrhein-Westfalen: Studenten der NRW School of Governance gründeten *Hammelsprung*, ein »Magazin für politische Entscheidungen« mit schlichtem Design, großen Fotos und gar nicht mal so langen Texten. Die jedoch haben es in sich, spannen weite Bögen, erkunden die Tiefenschichten politischer Prozesse und strahlen all das aus, was in Berlin zu fehlen scheint: neugierige Muße und politische Musen. Doch für einen Ort wie die Hauptstadt an der Spree, die sich spätestens seit Fritz Langs visionärem Filmklassiker *Metropolis* danach sehnt, die »schnellste Stadt der Welt« zu sein,[89] scheint die Entdeckung der publizistischen Langsamkeit nicht zu taugen. Glaubt man den Äußerungen der redaktionellen »Gate Keeper«, müssen all diejenigen versagen, die mit der Veröffentlichung ihrer Inhalte allzu lange innehalten.

In den zwanziger Jahren staunte der große Essayist Siegfried Kracauer über das »rasende Tempo«, das in Berlin mit den speziell für Autos gebauten »besonderen Bahnen« Einzug halte. Heute mag in dem vom Berufsverkehr verstopften Berlin-Mitte zwar auf den Straßen Stillstand herrschen, doch in den elektronischen Datenkanälen braust ein Orkan. Auch wenn viele Hauptstadtjournalisten anscheinend längst resigniert haben – wenn sie sich weiterhin mitreißen lassen von der Atemlosigkeit des medial Möglichen, wenn selbst erfahrene Korrespondenten im Blindflug durch das politische Berlin schwirren, weil ihnen der Zwang zur Echtzeitberichterstattung den Überblick und die Differenziertheit nimmt, dann ist es an der Zeit, sich offensiv gegen den Wind zu stemmen. Insbesondere auf den Berliner Korrespondenten am Puls der bundespolitischen Legislative und Exekutive lastet die Verantwortung, sich frei zu machen von einem falschen Geschwindigkeitsrausch, der Gift ist für eine professionelle und bedachte Bewertung politischen Handelns. Diese ist jedoch wiederum die wichtigste Voraussetzung für den Status der Medien als Orientierungsgeber, Deutungsinstanz und Welterklärer. Wenn sie nicht bloße Protokollanten sein möchten, sondern ihr ohnehin erodierendes Publikum mit Überblick, Umsicht und Einsicht zu halten gewillt sind, müssen sich die Journalisten der pathologischen Raserei verweigern und auf penible Sorgfalt setzen, auch wenn das bedeutet, im Rennen um die (vor-)schnelle Nachricht der Letzte zu sein. Diese Entschleunigung kann freilich nur mit Unterstützung der Verleger und Senderchefs funktionieren, die ihren Angestellten den Rücken freihalten.

Das muss keine Abkehr von neumodischen, aber auch sinnvollen Kommunikationsmitteln wie Twitter, Blogs oder Smartphones bedeuten. Doch anstatt im ohnehin schnell rotierenden Hamsterrad den Turbogang einzulegen, sollten die sowieso schon überlasteten Redaktionsarbeiter und freischaffenden Bauchladenreporter lieber einen Gang zurückschalten. Analog zur genuss- und gesundheitsbewussten »Slow Food«-Bewegung ließe sich eine *Slow-Media*-Initiative ausrufen, eine Medienberichterstattung, die sich der Besinnung auf die nachhaltigen Qualitäten des Hauptstadtjournalismus verschriebe und im Gegensatz zum Multi- ein Monotasking kultivieren könnte, um politischen Themen durch ungeteilte Aufmerksamkeit sorgsam auf den Grund zu gehen.[90] Verlangsamung, gepaart mit Sorgfalt und der Konzentration aufs Wesentliche, verspricht also eine wirksame Verteidigung journalistischer Prinzipien abseits bedingungsloser Aktualität.

These 4
Innovation, nicht Rückspiegeldenken sichert die Zukunft des Politikjournalismus in der Hauptstadt.

Wohl kein Unternehmen der Branche hat mehr unter den Sparzwängen der Medienkrise gelitten als der Berliner Verlag. Nach seinem knapp 40 Monate währenden Martyrium unter der britischen Investorengruppe Mecom, deren Manager David Montgomery hausintern bald als Heuschrecke gefürchtet wie gehasst wurde, schienen mit der Übernahme des Berliner Traditionshauses durch den Kölner Verlag DuMont Schauberg rosigere Zeiten anzustehen. Doch während Juniorverleger Konstantin Neven DuMont auf dem Privatblog des Medienjournalisten Stefan Niggemeier über die Zukunft des Journalismus sinnierte und sich in Dialog-Scharmützel mit einem Heer von Kommentatoren stürzte, haderte der Betriebsrat des Berliner Verlags mit der offenkundigen Bigotterie der neuen Führung: Das Politik- und das Wirtschaftsressort, also traditionell Herz und Seele der Qualitätszeitung, wurden mit jenen weiterer Verlagsobjekte wie der *Frankfurter Rundschau*, dem *Kölner Stadtanzeiger* und der *Mitteldeutschen Zeitung* in einem 25-köpfigen Redaktionspool verschmolzen, der alle vier Abonnementtitel mit Artikeln zu den Themen Politik, Wirtschaft und Gesellschaft versorgt. Auch der neue Eigentümer folgte einem neuen, paradoxen Branchengesetz: die Berichterstattung bei gleichzeitiger Ausdünnung der Personaldecke schneller, effizienter und sogar qualitativ besser zu machen.

Die Folgen sind nicht nur für die perplexen Redakteure der *Berliner Zeitung* unübersehbar: Rationalisierung raubt in diesem Falle nicht nur, aber vor allem der Hauptstadtberichterstattung die Ressourcen, die helfen würden, ihrem fortschreitenden Bedeutungsverlust vorzubeugen. Ohne die nötige Bereitstellung von Mitteln und Personal in den Redaktionsbüros wird das Œuvre der Medien ungenauer, undifferenzierter und durchlässiger. Ausbleibende Innovationen und Investitionen in das erste und wichtigste Gut von Nachrichtenorganisationen – das ist und bleibt hochwertiger Journalismus – erhöhen den persönlichen Druck auf jeden einzelnen Berichterstatter, der sich im Zweifelsfall zu Vereinfachungen, Schnellschüssen oder Liebedienereien hinreißen lässt – kurzum: sich nicht mehr imstande sieht, seine verantwortungsvolle Aufgabe gewissenhaft wahrzunehmen. Damit dieser besorgniserregende Trend nicht noch stärker in ein ausgeprägtes Trittbrettfahrertum bei der Themensetzung und der Kommentierung politischer Akteure, Sachverhalte und Ereignisse umschlägt, muss der ideelle und nicht zuletzt auch monetäre Wert von sauber recherchierten Hintergrundartikeln und luziden Meinungsstücken wiederentdeckt werden, erarbeitet von Hauptstadtjournalisten, die sich ihres Berufes nicht schämen, sondern stolz auf ihn sind. Letzteres ist, wie gezeigt, durchaus nicht selbstverständlich: Weiter absackende Glaubwürdigkeitswerte zeugen auf entlarvende Weise von den Folgen der herben wirtschaftlichen Einschnitte im Redaktionsbetrieb.[91]

Statt eines Rückspiegeldenkens, das auf Gedeih und Verderb eine Kürzung der redaktionellen Kosten verfolgt, müssen schnellstens Alternativen umgesetzt werden, die ohnehin auf der Hand liegen: Berlin ist das Zentrum einer aufgeweckten Kreativindustrie, die quasi in den Startlöchern steckt, um den journalistischen Prozess mit ihrem Ideenreichtum tatkräftig zu unterstützen. Wenn aber vor allem die Zeitungsverlage mauern und stattdessen an längst überholten Vertriebs- und Werbevorstellungen festhalten, werden sie ihre vielleicht letzte Chance verpassen, die bislang weithin unkoordiniert erfolgten Schritte zu einem tragfähigen Finanzierungs- und Publikationsmodell für den digitalen Journalismus der Zukunft erfolgreich zu verbinden.

Berlin hat sich trotz der aktuellen Rezession seinen Nimbus als Experimentierfeld für innovative Presseerzeugnisse bewahrt. Gerade auf dem unabhängigen Zeitschriftenmarkt zeigt sich eindrucksvoll, dass die Leser journalistischen Druckerzeugnissen längst nicht abgeschworen haben – im Gegenteil: Erfindergeist, den die großen Zeitungsunternehmen allerdings nur selten an den Tag legen, wird goutiert. Hier kann eine Medienpolitik ansetzen, die günstige Rahmenbedingungen für journalistische Neugründungen und Anreize für publizistische Modellversuche schafft.

Auch lohnt der Blick ins Ausland: Kooperationsmodelle mit Hochschulen und Stipendienprogramme renommierter Zeitungshäuser werden in London, Paris und Washington, D.C., bereits vereinzelt praktiziert. Dabei stehen weniger die Aspekte der wirtschaftlichen Gewinnmaximierung im Vordergrund als vielmehr der Austausch qualitativ hochwertiger Inhalte und ein grenzüberschreitender Dialog, der von der öffentlichen Hand teilgefördert wird. Anzustreben ist auch der Aufbau starker journalistischer Marken im Umfeld des Kulturbetriebs und der großen Politik, wie er mit dem in Washington, D.C., ansässigen Online-Magazin für US-Innenpolitik *The Politico*[92] oder dem Politikblog *Talking Points Memo*[93] erfolgreich gelungen ist.

Als Regierungssitz von internationaler Bedeutung hat Berlin inmitten Europas einen wertvollen Standortvorteil, der sich auch im Internet publizistisch niederschlagen könnte. Dass die Hauptstadt damit endlich auch zum Kristallisationspunkt gesellschaftspolitischer Debatten würde, liegt selbstredend auch im Interesse der Bürger. So rasant, wie sich die Internetnutzung in allen Teilen der Gesellschaft derzeit ausbreitet, muss sich Berlin als Medienstandort ersten Ranges neu entwerfen, um Problemen wie Politikmüdigkeit oder Mediendesinteresse vorzubeugen. Medienpolitische Förderpreise und Ideenwettbewerbe sind dabei unumgänglich.

These 5
Politikberichterstattung braucht Lotsen und starke Wege, aber keinen Boulevard.

Sach- und Fachberichterstattung ist ein heikles Ding: Wenn sich selbst Vertreter des gedruckten und des Online-*Spiegel* mittlerweile genötigt sehen zu rechtfertigen, dass weiterhin hauptsächlich die Politik entgegen jeglichem Popularitätsgebot den höchsten Stellenwert in der redaktionellen Themensetzung genießt, ist der politische Journalismus dort angelangt, wohin er sich nie hätte abdrängen lassen dürfen: in der Defensive. Es stimmt nachdenklich, wenn die ehemalige Redaktionsleiterin Margaret Heckel (*Die Welt*) meint, die »besten Interviews über die Person Merkel« fänden sich in einem Boulevardmagazin.

Mit durchaus als mutig, aber häufiger noch als mulmig zu bezeichnenden Vermittlungsexperimenten wird unterdessen die Politikberichterstattung in der Tagespresse, in Magazinen, im Netz und nicht zuletzt im Fernsehen bis zur Unkenntlichkeit mit Banalitäten gespickt. Das Ziel: beim politikmüden Publikum Interesse für etwas zu wecken, das längst den Bezug zur Lebenswirklichkeit der breiten Bevölkerung verloren hat. Die Grundlage dafür bildet eine Entwicklung, an der auch die Medien eine Mitschuld tragen.

Dass es heutzutage bei Wahlen offenbar auch eine Rolle spielt, ob und wie ein Kandidat seine Kochkünste zu zelebrieren, sein Liebesleben zu verschleiern oder seinen Teint zu bräunen weiß, mag als Resultat einer langen, unabwendbaren Entwicklung gewertet werden, an der die Medienindustrie insgesamt ihren Anteil hatte. Die Affären oder Hausansichten unzähliger Spitzenpolitiker gehen jedoch auf das Konto einer Medien- und Journalismuskultur, die viele Tabus, aber keine Grenzen mehr kennt, diese auszuweiden. Letztlich sind es die Redaktionsleiter, die sich im Kampf um den Publikumserfolg nicht ausreichend dagegen gewehrt haben, dass der Hauptstadtjournalismus zum verlängerten Arm des Boulevards wird.

Journalisten sollten sich stärker von ihrem Beobachtungsobjekt distanzieren: Es dürfte eigentlich keinen Berichterstatter Überwindung kosten, einen Politiker nicht zu duzen, auch nicht aus Angst, sich dadurch Wege in die Hinterzimmer der Mächtigen zu verbauen. Auch die Lust am schönen Schein (und an der Aufdeckung der vermeintlich hässlichen Hintergründe) sollte gezügelt und in geregelte Bahnen überführt werden. Berliner Hauptstadtjournalisten sehen sich, anders als ihre vormaligen Bonner Kollegen, einem methodischen wie extrovertierten Kuschelkurs von Akteuren aus den Öffentlichkeitsbereichen Politik, Wirtschaft, Kultur und nicht zuletzt der Medien selbst ausgesetzt. Hier gilt es, sich gerade in der massenmedial überhitzten Kommunikationsblase in Berlin-Mitte vorzusehen, Substanz von Glanz zu unterscheiden und von inszenierungswilligen Prominenten (allen voran die Spitzenpolitik) nicht unter dem Schein der investigativen Informationsakquise in den Bann gezogen und hernach instrumentalisiert zu werden.

Gleichzeitig droht die Gefahr, dass der Identitätskern des Politikjournalismus untergraben wird, wenn sich der Nachwuchs der Branche der Neigung hingeben sollte, die Veröffentlichung von Details aus dem Privatleben von Politikern als festen Bestandteil der politischen Berichterstattung anzuerkennen. Zweifelhafte Achtungserfolge werden schon heute immer öfter mittels der Angewohnheit erzielt, mit vertraulichen Informationen aufzuwarten und so die publizistische Aufmerksamkeit auf die eigene Person zu lenken.

Überfällig erscheint ein Richtlinienkatalog für den Umgang mit den Granden der Politik: für den persönlichen Austausch ebenso wie für die Verwertung von Kenntnissen aus dem politisch irrelevanten Intimitätsbereich der Volksvertreter. Wer private Belange in der Berichterstattung aufgreift, öffnet dem Boulevard Tür und Tor, auch und gerade, wenn sich die Spitzenpolitik selbstgefällig inszeniert oder wenn schmackhafte, teils auch skandalträchtige Steilvorlagen von *Bild*, *Bunte* & Co. über den Ticker laufen. Immer dann, wenn Privates zum politischen Schicksalsthema hochgejubelt wird, behauptet der Boulevard sein Mitspracherecht im Olymp der Nachrichten. Das bedeutet aber auch: Unseriöse Recherchemethoden, zwielichtiges Moralverständnis und ethische Verfehlungen haben dort Einzug gehalten, wo das Diktum ausgewogener Sachberichterstattung einstmals gelebtes Ideal war. Der Glaube an den Skandal und die Unterstellung, dem Publikum schmecke die fortschreitende Boulevardisierung und Trivialisierung des Politikjournalismus, sind die zwei größten Irrtümer des zeitgenössischen Journalismus. »Die Leser interessiert auch Pornographie«, bringt es der ehemalige dpa-Büroleiter Martin Bialecki auf einen irritierenden gemeinsamen Nenner: Trotzdem sei es ja nicht die Aufgabe von Journalisten, diesem Wunsch nachzukommen, sagt Bialecki. Er musste sich mehr als einmal darüber wundern, dass seine Kunden, darunter viele ehrbare

Zeitungen und Sender, gleichwohl den Wunsch äußerten, weniger Politik und mehr Vermischtes, mehr Boulevardeskes geliefert zu bekommen. Politik aber braucht kein Boulevard – Politik braucht Aufklärung: Aufklärung entsteht durch Reduktion von Komplexität, aber nicht im Sinne der Befriedigung voyeuristischer Interessen, sondern indem abstrakte Politik der Lebenswelt der Bürger näher gebracht wird.

These 6
Ohne Rückzugsräume wird Selbstkorrektur in den Redaktionen ein Fremdwort bleiben – und das ist schlecht.

Warum beklagen sich viele Hauptstadtjournalisten, die tatsächlich etwas zu sagen haben und über die Möglichkeiten verfügen, etwas an der kritisierten Misere zu verändern, so beharrlich darüber, dass Selbstreflexion gut und schön und wichtig, ja unabdingbar sei, aber auch irgendwie und grundsätzlich gar nicht möglich? Es gibt allerhand Gründe, als Journalist in Berlin seine eigene Rolle zu hinterfragen: der konstante Druck, nicht den Anschluss zu verlieren, sich in gewisser Weise selbst zu produzieren, gleichzeitig aber nicht die eigenen Ideale zu verraten, um nur einige Problemfelder zu nennen, nicht zu vergessen die enormen Bekanntheits- und Einkommensklüfte unter den Berichterstattern. Sich der Umstände des eigenen Handelns bewusst zu werden gehört keineswegs zu den Stärken von Hauptstadtjournalisten. Zwar scheuen gerade Büroleiter nicht davor zurück, sondern zeigen sich sogar dankbar für Gelegenheiten, ihre Arbeitssituation in der Hauptstadt zu reflektieren und sich über offenbare Missstände Gedanken zu machen, doch lassen sie in der Regel konkrete Verbesserungsideen oder konkrete Versuche, die Lage zum Besseren zu wenden, im eigenen Berufsalltag vermissen.

Gleichwohl befinden sich die meist erfahrenen leitenden Politikkorrespondenten in einer besonders verzwickten Situation –

gegenüber der Geschäftsführung und gegenüber der Redaktion. Der Spagat zwischen ökonomischen Erwägungen und journalistischen Idealen stellt sie in Zeiten zunehmender Spannungen zwischen beiden Parteien vor ein scheinbar unlösbares Dilemma. In dieser Atmosphäre der Angst vor Arbeitsplatzverlust auf der einen und offensiv verfolgten Businessplänen auf der anderen Seite gehört es zu den anspruchsvolleren Aufgaben redaktioneller Entscheider, für ihre Mitarbeiter Freiräume zu finden, in denen Fehlerquellen diskutiert und alles Sonstige, was grundsätzlich im Argen liegt, zur Sprache kommen könnte und sollte. Dazu fehlt es in fast allen Hauptstadtbüros sowohl an Räumlichkeiten als auch an Gelegenheiten.

Seit der Medienjournalismus bundesweit herbe Rückschläge einstecken musste, weil namhafte Zeitungen wie die *Zeit* ihre Medienressorts auflösten und auch anderswo – wie im deutschen TV-Betrieb, der mit *Zapp* (NDR) nur ein veritables Medienmagazin kennt – keine wesentlichen Impulse zu erwarten waren, büßten viele Redaktionen automatisch auch ihr institutionalisiertes Gewissen ein. Seither belässt es das Gros notgedrungen bei der mehr oder weniger ernsthaften Ausdeutung von Leserstimmen und Einschaltquoten. Wenn sich Journalisten in aller Öffentlichkeit miteinander beschäftigen, dann in hohem Maße selbstreferentiell und lobhudlerisch zum Beispiel bei Branchentreffs oder der Verleihung von Medienpreisen.

So banal es klingt: Ein Raum der Reflexion könnte einem modernen Hauptstadtbüro wie jenem der dpa, in dem rund um die Uhr Tastaturen klickern und niemals Ruhe einkehrt, Wunder bewirken. Auch Journalisten brauchen Rückzugsräume, um im besten Sinne des Wortes zu sich selbst zu finden, ihre Fehler zu verstehen und ihre Potenziale zu entdecken. Und sie brauchen offene Ohren: Weniger hausinterner Wettbewerb und mehr Miteinander würden die von der aktuellen Wirtschaftslage verdorbene Redaktionskultur bereichern. Schließlich brauchen auch Redaktionen eine Innenrevision, aber keine im herkömmlichen anklagenden

Sinne: Sie würde nicht nach Kriterien der Schadensbegrenzung funktionieren, sondern als interne Selbstkontrolle aktiv und konstruktiv darauf hinwirken, eingefahrene Strukturen zu verlassen und festgewachsene Scheuklappen zu lösen.

These 7
Das Internet ist nicht der Feind des Journalisten, sondern seine Zukunft.

Die jahrhundertelange Einheit von Massenmedien und Journalismus ist gebrochen. Die Zeitungen, das Radio und das Fernsehen avancierten zu führenden Massenkommunikationsmitteln, weil es ihr primärer Zweck war, journalistische Inhalte zu verbreiten. Auch wenn der Anteil und die Bedeutung der herkömmlichen Vielfalt an Berichterstattungsmöglichkeiten nach und nach zurückgingen, blieben den Journalisten in allen drei klassischen Medienformen die Funktionen des Weltbeobachters und -erklärers erhalten. Doch mit dem Erscheinen des Internet änderten sich die Vorzeichen medialer Expansion grundlegend: Treibende Kraft sind in dieser neuen Konstellation der Informations- und Wissensvermittlung nicht mehr die Journalisten, sondern die Nutzer selbst. Schenkt man so manchem argwöhnischem Wortführer Glauben, regieren im weltumspannenden Netz in erster Linie Nonsens, Frivolitäten und Anarchie: gänzlich ungeeignete Bedingungen also, um nachhaltige Biotope für verlässliche Berichterstattung, geschweige denn für anspruchsvollen Politikjournalismus anzulegen.

Dass aber mittlerweile offenbar wurde, welch noch nie dagewesenes Potenzial das globale Netzwerk für die Einbeziehung artikulations- und diskussionsfreudiger Bürger hat, ist anscheinend noch immer nicht in die letzten Winkel der großen Nachrichtenbastionen vorgedrungen. Mehr linkisch als versiert versuchten einige Vorkämpfer in den Hauptstadtredaktionen in eine neue Ära des digitalen Mitmachjournalismus aufzubrechen, eines Prozesses also, der den Leser, Hörer und Zuschauer als souveränen Dialogpartner einbindet. Bar erfindungsreicher Rezepte und gebremst durch eine anpassungsunwillige Umgebung unbelehrbarer Kollegen, experimentierte nur eine Minderzahl internetaffiner Pioniere in den Redaktionen im Wahljahr 2009 engagiert, aber unkoordiniert mit den Möglichkeiten der interaktiven Kanäle: mit der Zuschaltung von YouTube-Videos in TV-Talkrunden, mit Blogging und Twitter und mit textbasierten Leserkommentaren auf den Websites der großen journalistischen Marken.

Doch ein tatsächlicher Dialog zwischen den Hauptstadtjournalisten und ihrem Publikum findet nicht statt. Noch immer begreifen sich viele angestellte Redakteure als Lohnschreiber, denen es obliegt, die hehre Aufgabe der Politikvermittlung allein wahrzunehmen. Ihre Autorität gründet auf einem Geflecht von Vertrauensvorschüssen, das zunehmend vom Zerfall bedroht ist, weil die traditionellen Nachrichtenorganisationen nicht oder nur unzureichend auf die Zeichen der Zeit reagieren. Stefan Niggemeier, der vom Fernsehkritiker der *Frankfurter Allgemeinen Sonntagszeitung* zu einem der meistgelesenen Blogger Deutschlands mutierte, warnte bereits: »Ein Problem wird die Internetfeindlichkeit der klassischen Medien und Journalisten nur – für die klassischen Medien und Journalisten.«[94] Kooperationsmodelle wie Hyper-Blogs, Social Communities und Open-News-Plattformen, welche die Mediennutzer zur Teilnahme motivieren und sie als Produzenten von relevanten Inhalten ernst nehmen, sind in den publizistischen Hochburgen Berlins immer noch Fremdwörter.

Erst wenn Laien und Journalisten gemeinsam an journalistischen Inhalten arbeiten – zum Beispiel indem Nutzer in die journalistische Recherche eingebunden werden (Crowdsourcing) oder deren Anmerkungen einen bereits fertigen journalistischen Beitrag veredeln (Annotationsprinzip) –, geht der Hauptstadtjournalismus einer gleich im mehrfachen Sinne glorreichen und krisensicheren Zukunft entgegen. Internetnutzer können als Augenzeugen, Zuarbeiter, Informanten, Netzwerker oder Experten die professionelle Arbeit von Journalisten vielfältig bereichern. Ein zu begrüßender Nebeneffekt: Politisches Interesse und Engagement könnten wieder zu einer Selbstverständlichkeit in einer Gesellschaft von Politikmuffeln werden.

Durch die Partizipations- und Interaktionseigenschaften des Internet stehen Begabungen und Neigungen der Nutzer stärker im Mittelpunkt; anders als bei analogen Medien können Journalisten dank Hintergrundinformationen und Reaktionen des Publikums Mehrdeutigkeiten und Unschärfen ihrer Angebote verringern und deren Transparenz steigern. Kreativität und Konversation, Interaktivität und Gemeinschaft sind die wichtigsten Merkmale eines zukunftsweisenden Journalismus, der die ort- und zeitsouveräne Beschaffenheit des Internet professionell einzusetzen weiß. Vor allem die Redaktionsarbeit über politische Themen würde von dynamischen Angebots- und Kommentarformen profitieren: Endlich könnte die klaffende Lücke zwischen Medien und Politik auf der einen und der Allgemeinheit auf der anderen Seite geschlossen werden, indem die Nähe zum Bürger, der mehr Aufmerksamkeit und Einflussmöglichkeiten verdient hat als in seiner bloßen Rolle als Wähler und Konsument, gesucht und gefunden wird.

Die Zukunft des Journalismus liegt also zweifellos im Internet. Auch wenn bisweilen noch Mittel und Wege ausbleiben, um eine tragfähige Finanzierungsbasis zu gewährleisten, muss auch in den Berliner Medienhäusern an nachhaltigen Geschäftsmodellen gearbeitet werden. Hier könnte die deutsche Hauptstadt eine Schlüsselposition besetzen, denn sie verfügt bereits über ein ansehnliches Portfolio an unverbrauchten, experimentierfreudigen Kleinunternehmen im Medien- und Kommunikationssektor. Mit der Unterstützung medienpolitischer Förderpreise und -programme gilt es, entsprechende Ressourcen bereitzustellen und gemeinsam mit der Medienwirtschaft weiterzuentwickeln. Unternehmen könnten dabei auf einen reichen Fundus privater Ideenpools zurückgreifen, beispielsweise aus dem Umfeld der Blog-Community, um beim Ausbau des multimedialen Online-Marktes mit ausländischen Großunternehmen Schritt zu halten.

These 8
Mitmachjournalismus in allen Ehren, doch Profis sind weiterhin gefragt.

Wenn Mediennutzer zu Selbstversorgern werden, die eifrig ihre eigenen Informationsnetzwerke knüpfen, und wenn diese vormals auf den passiven Nachrichtenkonsum eingeschränkten Heerscharen an mitteilungsbedürftigen Menschen selbst zu Meinungsmachern aufsteigen, indem sie sich von der mundgerechten Informationszuteilung und den ständigen Attacken auf ihre Meinungsbildung seitens der Journaille und der Politik emanzipieren – wozu bedarf es dann noch professioneller Berichterstatter? Dass diese Frage virulent innerhalb der Branche zirkuliert und überraschend unterschiedliche Antworten zutage fördert, war an einer Essayreihe zu beobachten, in der über 20 renommierte Journalisten, Wissenschaftler und Publizisten im Frühjahr 2010 diskutierten, was der Welt fehlen würde, aber was sie möglicherweise auch gewänne, sollte die journalistische Profession vielleicht schon bald der Vergangenheit angehören. Der Schlagabtausch zwischen honorigen Schwergewichten wie Hans Leyendecker, Michael Jürgs, Ernst Elitz und Manfred Bissinger sowie provokanten Querdenkern wie Sascha Lobo, Jakob Augstein und Stefan Niggemeier ausgerechnet beim Online-Ableger der *Süddeutschen Zeitung* führte zumindest zu einer gemeinsamen Gewissheit: Journalisten wird, Journalisten *muss* es immer geben – sie sollten nur zuverlässiger, glaubwürdiger, ehrlicher und etwas weniger eitel, engstirnig und eigenbrötlerisch sein.[95]

Journalisten tragen weiterhin die schwere Bürde, wider alle

Spaltungstendenzen in der Gesellschaft den so oft beschworenen gemeinsamen Nenner herzustellen. Professionelle Berichterstattung ist das Rückgrat jeder Demokratie, weil sie in komplexen Gesellschaftssystemen eine funktionierende Selbstverständigung aller Bevölkerungsgruppen untereinander sicherstellt. Journalisten werden also auch in Zukunft die Aufgabe übernehmen müssen, das Weltgeschehen einzuordnen, zu deuten und zu kommentieren, doch werden sie ihre exklusive Rolle der Universalerklärer einbüßen und erheblich stärker als bisher auf ihre Moderationsfähigkeiten angewiesen sein: Indem immer mehr Wissen kooperativ entsteht, indem Diskussionen über die Lage der Nation nicht mehr primär auf den Debattenseiten des politischen Feuilletons ausgetragen werden, sondern in untereinander verknüpften Blogs, obliegt es dem Hauptstadtjournalisten, seine Fallhöhe zu verringern: Er muss sich in Zukunft vermehrt den Ansichten all jener unzähligen Lemminge widmen, die etwas zu den drängenden bundespolitischen Themen der Zeit beizusteuern haben. Dem Politikkorrespondenten bleibt jedoch nichts anderes übrig, als seinen Adressatenkreis zu erweitern und sein Quellenspektrum zu vergrößern, um die Aufgabe eines digitalen Navigators zu übernehmen, der Ordnung in die ungestüme politische Netzkultur bringt.

So bietet sich hier die einmalige Gelegenheit, zwei Fliegen mit einer Klappe zu schlagen: erstens die Politikmüdigkeit zu überwinden, wenn Jung und Alt merken, dass ihnen zugehört wird, und zweitens zu zeigen, was zu tun ist, um die wohl drängendste Frage des verunsicherten Berufsstandes zu beantworten: Wie bleiben Journalisten unverzichtbar?

These 9
Wer bloggt, der bleibt: Das neue Leitprinzip politischer Kommunikation.

Der Medienwandel macht vor kaum etwas halt: Zeitungspapier und Druckerschwärze werden schon bald ebenso gestrig erscheinen wie die Angewohnheit von Edelfedern alter Schule, ihre Leitartikel mit Füllfederhalter auf Briefpapier zu formulieren, um sie später der Vorzimmerdame zu diktieren. Das ausgreifende politische Porträt, die geräuschvolle Reportage aus den langen Gängen des Bundeskanzleramtes, der geschmeidige Essay, die raffinierte Glosse, das akribisch redigierte Interview: all dies sind traditionelle Darstellungsformen der klassischen Qualitätsberichterstattung, die im Hauptstadtjournalismus der Bonner Jahre zu hoher Perfektion reiften. Es liegt nicht an Berlin, dass all diese schönen, griffigen, an Bildern, Gedanken und Wortkunst reichen Texte, Filme und Hörstücke rar geworden sind. Wirtschaftsnot, Zeitgeist, mitunter auch Phlegma haben ihre Zahl und Häufigkeit dezimiert. Doch müssen diese Kennzeichen einer stilistischen Verarmung nicht in einer Sackgasse münden. Dank Web 2.0 zeichnen sich längst neue Spielarten ab, die Ansätze zeigen, Informationen auf kreative, verständliche und nicht minder anregende Weise zu vermitteln, und die durch eine Devise umrissen werden können: Wer bloggt, der bleibt.

Ob Hyper, Meta oder Mikro – Blogs werden sich als meinungsstarke Leitmedien im Internet durchsetzen. Meinung und Persona: Beide Komponenten, das zeichnet sich schon jetzt bei charismatischen Bloggern wie Markus Beckedahl (*netzpolitik.org*), Sascha Lobo und Stefan Niggemeier ab, verbinden sich im Wust der Informationsangebote zu einem untrennbaren Haftmittel, das die Aufmerksamkeit breiter Nutzerschichten noch an sich binden kann. Ein Merkmal dieses neuen Darstellungsprinzips ist das Vertrauen in Einzelpersonen. Doch diese neue Form des Kolumnistendaseins beschränkt sich nicht auf alte Schlachtrösser wie Franz

Josef Wagner oder Elder Statesmen wie Graf von Nayhauß. Im Vordergrund steht die Fähigkeit des Autors, sei er ein alter Hase im Nachrichtengeschäft oder ein blutiger Anfänger, Sympathien und Vertrauen bestimmter Nutzer und ihrer jeweiligen Freunde und Freundesfreunde zu binden.

Die Nutzerschaft wird sich in Zukunft an individuellen Empfehlungen klar konturierter Persönlichkeiten orientieren, die selbst das starke Profil von etablierten Medienmarken übersteigen. Blogger – und damit sind auch bloggende Journalisten gemeint – ähneln in ihrem Handeln, aber auch in ihrer Bedeutung als Fixpunkte einer personenzentrierten Informationskultur den ersten Journalisten im 16. Jahrhundert. Erfahrene Berichterstatter können, wenn sie sich geschickt anstellen, ihre Arbeit aufwerten und dabei helfen, für die teils noch sehr anarchische Blogosphäre nach und nach professionelle Guidelines, Regeln und Standards herauszubilden. Es ist längst noch nicht zu spät, sich an die Spitze dieses Trends zu setzen.

These 10
Hauptstadtjournalismus braucht Leitwölfe und Vorbilder.

Die Entwicklungslinien der biographischen Werdegänge der Hauptstadtjournalisten gleichen einem Trümmerfeld. Sind die meisten Hauptstadtjournalisten mit Wagemut und hehren Idealen in ihren Job gestartet, mutet ihr Dasein im Berichterstattungsalltag zumeist an wie eine *mission perdue*: Was vormals groß auf die Fahnen geschrieben wurde, wird in der beruflichen Tretmühle schnell vergessen und verdrängt. Dabei bedeutet es dem gemeinen Hauptstadtjournalisten viel, sich zur sagenhaften »Vierten Gewalt« aufschwingen zu dürfen. Doch für so wichtig sich viele auch halten – wahre Lichtgestalten voller beneidenswertem Ethos, beeindruckender Finesse oder polarisierender Genialität finden sich nicht im publizistischen Berlin. Keiner unter ihnen

hat es geschafft, über dem System zu stehen, sich den Hauptstadtjournalismus zu eigen zu machen, ihm seinen (oder ihren) Stem-
pel aufzudrücken. Selbst die viel beschworenen Alphajournalisten
leiden unter einer disparaten Selbstwahrnehmung. Ihre Resigna-
tion und Unzufriedenheit mit der Lage des Hauptstadtjournalismus sind spürbarer als ihr Stolz auf all das, was sie leistungs- und
statusgemäß im Laufe ihres Berufslebens erreicht haben.

Ursprüngliche berufliche Ziele und Erwartungen mussten heruntergeschraubt werden; nur wenige haben die Verhältnisse des
Hauptstadtjournalismus neuer Prägung und der politischen Kommunikation so vorausgesehen, wie sie heute tatsächlich sind. In
einem Umfeld, wo ein Journalist bereits froh sein kann, wenn er
unter dem ständigen Druck von allen Seiten keine Fehler macht,
können Vorbilder schwerlich reifen. Während sich die Alten über
die Unbedarftheit und Unwissenheit der Jungen echauffieren, beschweren sich Letztere über Unnahbarkeit und Ausbeuterei, die
sie in den Redaktionsbetrieben bisweilen erleben. So sehr der
Hauptstadtjournalismus zu einer elektronisch-digital beschleunig-
ten Maschinerie verkommen ist, die möglichst im Minutentakt
mit neuen Inhalten gefüttert werden muss, hat er seine Unabhängigkeit und seinen Glanz eingebüßt. Die Zeiten sind längst vorbei,
in denen Politikjournalismus nicht nur die Nation in Atem zu
halten wusste, sondern auch den aufstrebenden Nachwuchs dazu
animierte, politikwissenschaftliche Theorien von Ahrendt über
Marx bis Weber in sich aufzusaugen und daran mit intellektuel-
lem Ungestüm die Regierungsarbeit ihrer Zeit zu messen. Groß-
denker vom Format eines Rudolf Augstein, eines Henri Nannen,
eines Hanns-Joachim Friedrichs oder auch eines Günter Gaus erscheinen heute undenkbar.

Gefragt sind keine publizistischen Halbgötter, die den Hauptstadtjournalismus vor einer fortschreitenden Verwahrlosung
bewahren. Wo allerdings die Aufklärung einem fragwürdigen
Profitstreben zum Oper fällt, sind Verfechter eines sich auflösen-
den Berufsethos vonnöten. Berlin braucht streitbare Geister – und

die kommen weder ohne fundierte Ausbildung noch ohne Leidenschaft aus.

In einer Stimmungslage, in der Wettbewerb und Selbstdarstellung zu den tonangebenden Erfolgsfaktoren zählen, haben Fakten, Hintergründe und Tiefenschärfe keine Chance. Hauptstadtjournalismus braucht Korrespondenten, die gegen den Strom schwimmen und zeigen, dass es auch anders geht: langsamer, reflektierter und akkurater. Eine Gesellschaft muss von ihren Nachrichtenmedien Orientierung verlangen, doch auch Journalismus selbst funktioniert nicht ohne Leitbilder.

Der zum Teil stark kritisierte Kompetenzmangel bei einem Großteil des journalistischen Nachwuchses auf dem politischen Parkett Berlins macht deutlich, dass die Journalistenausbildung an den Hochschulen und in den Redaktionen im Hinblick auf den Politikjournalismus im Allgemeinen und die Hauptstadtberichterstattung im Speziellen weitgehend versagt. Es hapert vor allem an historischem Kontextwissen und Kenntnissen über komplexere Sachverhalte. Um auf lange Sicht erfolg- und ertragreich aus Berlin zu berichten, ist mehr gefordert als politisches Grundwissen und die Fähigkeit, Politikergesichter zu erraten. Hauptstadtjournalismus braucht Vorbilder, um der nachrückenden Generation, die am liebsten nur »was mit Medien« machen würde, zu verdeutlichen, dass Politikjournalismus weder im Einsammeln von Statements besteht noch ausschließlich Neugier und Belastbarkeit erfordert, sondern auch Fleiß, Intuition und Training. Um es mit dem ehemaligen *Zeit*-Chefkorrespondenten Gunter Hofmann zu formulieren: »Journalisten sollen sich erst einmal als eigenständige Handwerker betrachten und mit dem kleinen Einmaleins anfangen.« Und dieser Ratschlag an seine Kollegen, gleich, welchen Alters, beinhaltet – wenn auch unfreiwillig – vielleicht die wichtigste Botschaft dieses Buches über die Meinungsmacher in der Hauptstadt: Selbstkritik ist der erste Schritt zur Besserung.

Anmerkungen

1 Ritschl, Otto (1976): Die Meinungsmacher. Schauspiel in drei Akten. Wiesbaden: Eigenverlag, S. 20.

2 Köhler, Horst (2009): »Aufklärung braucht Haltung« – Ansprache von Bundespräsident Horst Köhler bei der Veranstaltung »60 Jahre Bundespressekonferenz« am 8. Oktober 2009 in Berlin. http://www.bundespraesident.de/Reden-und-Interviews-, 11057.658093/Ansprache-von-Bundespraesident.htm?global. back=/-%2C11057%2C0/Reden-und-Interviews.htm%3Flink%3 Dbpr_liste.

3 Sauer, Sabine (1996): Meinungsbildung. In: *Kursbuch* Nr. 125 vom September 1996, S. 27–36.

4 Vgl. die vom Politikwissenschaftler Rudolf Speth vorgestellten Ergebnisse einer Untersuchung der politischen Kommunikationsbranche in Berlin auf der Pressekonferenz zum zweiten »Tag der politischen Kommunikation« am 25. Juni 2009 in Berlin.

5 Meyer, Bert Arne (1995): Vielleicht wird's ja nächstes Mal besser – Kinder zweifelten beim »natur«-Kindergipfel am Interesse der Politiker. In: *die tageszeitung* vom 25. September 1995, S. 24.

6 Vgl. Meiners, Kay (2000): Die Hauptstadt-Journalisten: Ein Überblick über die neue Presselandschaft in Berlin. In: Institut der Deutschen Wirtschaft (Hg.) (2000): Medienspiegel, Mediendienst des Instituts der Deutschen Wirtschaft. Köln: Dt. Inst.-Verlag; Teuffel, Friedhard (2000): Beeinflussung von Journalisten durch Politiker: Eine Untersuchung am Beispiel landespolitischer Presseberichterstatter in Berlin. Berlin: Freie Universität Berlin (Hochschulschrift).

7 Im Jahr 1997: 3 425 759; 1998: 3 398 822; 1999: 3 386 667; 2000: 3 382 169; 2001: 3 388 434 (Quelle: Amt für Statistik Berlin-Brandenburg).

8   Riehl-Heyse, Herbert (1997): Wenn der Chefredakteur aus dem
     13. Stock springen will. In: *Süddeutsche Zeitung* vom 19. Februar
     1997, S. 13–15.

9   »Innerhalb eines Jahres hat der chronische Verlustbringer seine
     Auflage immerhin um 7 Prozent auf 235 000 Exemplare steigern
     können, auch beim Anzeigenumsatz verzeichnet der Verlag ein
     Plus von 27 Prozent. Das kleine ›Welt‹-Wunder tröstet Vorstand
     Claus Larass über die übrigen Verlagsdaten auf seinem Schreib-
     tisch hinweg. Denn bei ›Bild‹, ›Bild am Sonntag‹ oder ›B. Z.‹
     gingen die Auflagen im Vergleich zum zweiten Vorjahresquartal
     nach unten – ›Bild‹ verlor gar 175 000 Exemplare.« In: Gehrs,
     Oliver (1999): Raus aus dem Muff. In: *Der Spiegel* vom 2. August
     1999, S. 88. Im darauf folgenden Jahr musste der Verlag vor allem
     in Berlin dann wieder heftige Verluste verkraften: Die Berlin-
     Auflage sank von 32 412 auf 16 644 Exemplare (IVW, II. Quartal
     1999).

10   Vgl. Pönitz, Grace (2000): Kaufzeitungen. In Berlin tobt der
     Wettbewerb zwischen den Boulevardzeitungen härter als in an-
     deren Märkten. In: *Horizont* 48 vom 30. November 2000, S. 61.

11   Kühn, Alexander (2007): Franz-Josef Wagner: Der Großstadt-
     Indianer. In: Stephan Weichert/Christian Zabel (Hg.): Die Alpha-
     Journalisten. Deutschlands Wortführer im Portrait. Köln: Halem,
     S. 358–365.

12   Vgl. Seifert, Heribert (2000): Hektisches Kommen und Gehen.
     Deutschlands Boulevardpresse auf Identitätssuche. In: *Neue
     Zürcher Zeitung* vom 8. Dezember 2000, S. 77.

13   »Das ist lange her, am 16. Oktober 1998 war's, und da war Franz
     Josef Wagner ziemlich frischer Chefredakteur der B.Z. und Ger-
     hard Schröder fast noch frischerer (B.Z.-lesender) Bundeskanzler.
     Es folgten furiose Titel, die in der Regel so sexistisch, dumpf,
     witzig und originell waren, dass sie sogar die spärliche Höhle
     eines taz-Redakteurs schmückten. Wagner war einfach Kult,
     zumindest bei Journalisten. Wagner, das war Rock'n'Roll: sex and
     drugs und laut. 2000 jedoch sank der Stern des großen Franz

Josef so schnell wie die Auflage der B.Z.« In: O.V. (2000):
Wagner-Titel. In: *die tageszeitung* vom 30. Dezember 2000, S. 24.

14 »Das scheint Larass erreicht zu haben. Seit der Renovierung steigt
die Auflage der *Bild*-Zeitung kontinuierlich. Das Blatt schreibt
seit dem zweiten Quartal 1994 ein Plus nach dem anderen. Keine
andere deutsche Tageszeitung kann in diesem Zeitraum eine ähnlich positive Entwicklung vorweisen. Larass: »Mit elf Millionen
Lesern haben wir die höchste Reichweite. Selbst das Fernsehen
kann das heute nur noch selten bieten.« O.V. (1998): Claus Larass.
In: *W&V*, Nr. 4 vom 23.01.1998, S. 20.

15 Boyes, Roger (2007): Kai Diekmann: Gott auf dem Gänsemarkt.
In: Weichert, Stephan/Zabel, Christian (Hg.) (2007): Die Alpha-
Journalisten. Deutschlands Wortführer im Porträt. Köln: Halem,
S. 144–153.

16 Vgl. Pönitz, Grace (2000): Kaufzeitungen. In Berlin tobt der
Wettbewerb zwischen den Boulevardzeitungen härter als in anderen Märkten. In: *Horizont* 48 vom 30. November 2000, S. 61.

17 Die durchschnittliche Auflage der *taz* betrug im zweiten Quartal
1998 61 641 Exemplare (IVW).

18 O.V. (1995): Die Berlin-Seite. In: *Süddeutsche Zeitung* vom
22. Februar 1995. S. 7.

19 O.V. (1999): Die SZ mit täglicher Berlin-Seite. In: *Süddeutsche
Zeitung* vom 19. April 1999, S. 1.

20 Kilz, Hans Werner (1999): Die Süddeutsche täglich aus Berlin.
In: *Süddeutsche Zeitung* vom 19. April 1999, S. 9.

21 Vgl. Rüther, Tobias (2002): Von der Bühne gefallen, aber mitten
im Parkett gelandet. In: *Süddeutsche Zeitung* vom 27. August 2002,
S. 16.

22 Zitiert nach: Mützel, Sophie (2007): Von Bonn nach Berlin:
Der gewachsene Hauptstadtjournalismus. In: Weichert, Stephan/
Zabel, Christian (Hg.) (2007): Die Alpha-Journalisten. Deutsch-
lands Wortführer im Portrait. Köln: Halem, S. 55–74, hier: S. 63.

23 Ebd., 56–69.

24 Vgl. exemplarisch Chervel, Thierry (2002): Das Schicksal der
    Ironie. Zum Ende der Berliner Seiten der FAZ. In: *Perlentaucher*
    vom 29. Juni 2002. http://www.perlentaucher.de/artikel/481.html.

25 Bruns (2007): Republik der Wichtigtuer. Ein Bericht aus Berlin.
    Freiburg im Breisgau: Herder, S. 8–9.

26 Kramp, Leif/Weichert, Stephan (2008): Turbogang im Hamster-
    rad. In: *Medium Magazin* 23 (2008), Nr. 7+8, S. 60–62.

27 Bruns, Tissy (2007): Republik der Wichtigtuer. Ein Bericht aus
    Berlin. Freiburg im Breisgau: Herder, S. 70.

28 Ebd., S. 72.

29 Unmittelbar vor dem Regierungsumzug 1999 waren in der BPK
    in Bonn rund 700 akkreditierte Parlamentskorrespondenten
    Mitglieder, in Berlin rund 900.

30 Weichert, Stephan/Zabel, Christian (Hg.) (2007): Die Alpha-
    Journalisten. Deutschlands Wortführer im Portrait. Köln: Halem;
    dies. (Hg.) (2009): Die Alpha-Journalisten 2.0. Deutschlands
    neue Wortführer im Portrait. Unter Mitarbeit von Leif Kramp.
    Köln: Halem.

31 Weischenberg, Siegfried/Malik, Maja/Scholl, Armin (2006): Die
    Souffleure der Mediengesellschaft. Report über die Journalisten
    in Deutschland II. Konstanz: UVK.

32 Hachmeister, Lutz (2007): Nervöse Zone. Politik und Journalismus
    in der Berliner Republik. München: DVA, S. 261.

33 Ebd., S. 12.

34 Bissinger, Manfred (2009): Geleitwort. In: Weichert, Stephan/
    Zabel, Christian (Hg.) (2009): Die Alpha-Journalisten 2.0.
    Deutschlands neue Wortführer im Portrait. Unter Mitarbeit von
    Leif Kramp. Köln: Halem, S. 7–9, hier: S. 9.

35 Bruns, Tissy (2007): Republik der Wichtigtuer. Ein Bericht aus
    Berlin. Freiburg im Breisgau: Herder.

36 Kai Diekmann: »Grundsätzlich gilt: Wer die Presse einlädt, wenn
    es im Fahrstuhl des Lebens nach oben geht, darf sie nicht aus-
    sperren, wenn er wieder nach unten fährt« – zitiert nach:
    Langner, Ingo (2007): Gehasst, gebraucht, gefürchtet: »Bild«

spaltet. In: *Die Tagespost – Katholische Zeitung für Politik, Gesell-schaft und Kultur* vom 10. November 2007, S. 12.

37 Röhrig, Johannes/Tillack, Hans-Martin (2010): Verfolgt und aus-gespäht. In: *Stern* vom 25. Februar 2010, S. 40–46; vgl. auch Thelen, Raphael (2010): Recherche-Methoden: Was Journalisten dürfen. In: *Zeit Online* vom 26. Februar 2010. http://www.zeit.de/gesellschaft/zeitgeschehen/2010-02/recherche-journalismus-promis?page=all.

38 Brauck, Markus/Elger, Katrin/Hülsen, Isabell/Röbel, Sven/Schlamp, Hans-Jürgen (2010): Auftrag zum Abschuss: Die People-Zeitschrift »Bunte« gerät wegen der Schnüffeleien einer von ihr beauftragten Firma unter Druck. In: *Der Spiegel* vom 1. März 2010, S. 154–155.

39 Stellungnahme der *Bunte*-Chefredaktion vom 25. Februar 2010. http://www.burda-news.de/content/stellungnahme-der-bunte-chefredaktion.

40 Vgl. Shinde, Sonia/Siebenhaar, Hans-Peter (2010): Müntefering rügt die »Bunte«. In: *Handelsblatt* vom 26. Februar 2010, S. 19.

41 Brauck, Markus/Hornig, Frank/Hülsen, Isabell (2008): Die Beta-Blogger. In: *Der Spiegel* vom 21. Juli 2008, S. 94.

42 Zitiert nach: Sagatz, Kurt (2007): »Loser Generated Content« er-regt die Blogosphäre. In: *Der Tagesspiegel* vom 30. Juni 2007, S. 27.

43 Vgl. Joffe, Josef (2008): Alles umsonst. Ein erfolgreiches Internet-angebot aus Amerika bedroht die Zukunft des gedruckten Wortes. Das brauchen wir aber mehr denn je. In: *Die Zeit* vom 14. August 2008, S. 11.

44 Die jährlich durchgeführte Computer- und Technikanalyse des Instituts für Demoskopie Allensbach hat im Jahr 2009 ermittelt, dass neun Prozent der Deutschen im Alter zwischen 14 und 64 Jahren selbst Autoren eines Weblogs sind. 18 Prozent sagten aus, dass sie Kommentare in Blogs anderer Autoren schreiben. 27 Prozent wiederum gaben zu Protokoll, zumindest selten oder ab und zu in Blogs zu lesen, vier Prozent dagegen häufig – Schneller, Johannes (2009): Zentrale Trends der Internetnutzung in den Bereichen Information, Kommunikation und E-Com-

merce. http://www.acta-online.de/praesentationen/acta_2009/
acta_ 2009_Trends_Internetnutzung.pdf.

45   Niggemeiers Rolle als Meinungsführer zeigt sich nachdrücklich
     an der Vielzahl von Leserkommentaren seines Blogs *stefan-nigge-*
     meier.de, die regelmäßig zu seinen Beiträgen abgegeben werden.

46   Kramp, Leif/Weichert, Stephan (2008):»Bis vor kurzem gaben
     die Reaktionäre den Ton an«. Interview mit Jay Rosen. In: *sued-*
     deutsche.de vom 13. März 2008. http://www.sueddeutsche.de/
     kultur/123/435869/text/.

47   Kramp, Leif/Weichert, Stephan (2010):»Die Phase des Wider-
     stands ist vorbei«. Interview mit US-Blogger Jay Rosen. In: *Focus.*
     de vom 18. Februar 2010. http://www.focus.de/digital/internet/di-
     gitale-mediapolis/tid-17260/us-blogger-jay-rosen-die-phase-des-
     widerstands-ist-vorbei_aid_480652.html.

48   Weichert, Stephan/Kramp, Leif (2009): Zeitung in der Todes-
     spirale. Interview mit Marc Fisher. In: *sueddeutsche.de* vom
     12. Februar 2009. http://www.sueddeutsche.de/kultur/495/457156/
     text/.

49   Kramp, Leif (2008): Presse ist Vergangenheit. Interview mit
     US-Medienexperte Jeff Jarvis. In: *sueddeutsche.de* vom 7. Oktober
     2008. http://www.sueddeutsche.de/kultur/106/313015/text/.

50   »Amoklauf: DJV betont Chronistenpflicht«. Pressemitteilung des
     Deutschen Journalisten-Verbandes vom 12. März 2009.

51   Im Jahr 2009 lag die durchschnittliche Fernsehdauer am Tag
     bei 212 Minuten (Media Control, Pressemitteilung vom 5. Januar
     2010).

52   Vgl. Schmidt, Holger (2009): Der Medienwandel wird immer
     schneller. In: *FAZ.net – Netzökonom* vom 2. November 2009.
     http://faz-community.faz.net/blogs/netzkonom/archive/2009/
     11/02/der-medienwandel-wird-immer-schneller.aspx.

53   Vgl. Ridder, Michael (2002): Das Yin- und Yang-Prinzip. Die
     Talk-Ladies gelten als grundverschieden, kann das das TV-Duell
     retten? In: *Frankfurter Rundschau* vom 7. September 2002, S. 22.

54 Kramp, Leif/Weichert, Stephan (2009): »Blogger sind wie Pitbulls«. Interview mit Arianna Huffington. In: *Süddeutsche Zeitung* vom 30. März 2009, S. 15.

55 Selbst im hitzigsten Wahlkampffieber setzten die Parteien hauptsächlich auf eine klassisch einseitige Vermittlung ihrer Botschaften wie zum Beispiel über die Videoplattform YouTube, aber auch auf Twitter. In den seltensten Fällen netzwerkten die Spitzenpolitiker selbst; die meisten delegierten den virtuellen Dialog mit Jungwählern an spezielle Arbeitsgruppen. Siehe auch: Beckedahl, Markus/Lüke, Falk/Zimmerman, Julian (2009): Politik im Web 2.0. Zwischen Strategie und Experiment. Kurzstudie #5. http://www.netzpolitik.org/wp-upload/kurzstudie-politik-im-web-2-auflage5.pdf.

56 Vgl. Dorfler, Tobias (2009): Luftschlösser für junge Journalisten. In: *sueddeutsche.de* vom 27. Juli 2009. http://www.sueddeutsche.de/wirtschaft/530/481996/.

57 Shepard, Alicia (2008): Woodward und Bernstein – im Schatten von Watergate. Weinheim: Wiley.

58 Leyendecker, Hans (2008): Freundschaft ist, wenn man trotzdem schreibt. In: *Süddeutsche Zeitung* vom 10. Mai 2008, S. 21.

59 Kutscha, Annika/Karthaus, Anne/Bonk, Sophie (2009): Alles anders? In: *Journalist* Jg. 59, Nr. 8/2009, S. 17–21.

60 Vgl. Krüger, Cord (2009): Nachrichtliches Perpetuum Mobile. Meldungen aus dem Sommerloch. In: *epd Medien* Nr. 59 vom 29.07.2009, S. 2.

61 Der mit dem Deutschen Presseclub rivalisierende Berliner Presseclub beruft sich gar auf eine noch deutlich längere Tradition: auf die des Vereins Berliner Presse nämlich, dessen Gründung auf das Jahr 1862 datiert wird – Fischer, Evelyn (2007): Vorwort. In: Fischer, Evelyn (Hg.) (2007): unter 3. Berliner Presse Club. Geschichte einer Institution. Berlin: dbb, S. 6–7, hier: S. 6.

62 Die ungewöhnliche Kodierung der Vertraulichkeitsstufen stammt noch aus dem Deutschen Reich unter Kaiser Wilhelm II: Nach Ausbruch des Ersten Weltkrieges wurde in Berlin von der Obers-

ten Heeresleitung ab August 1914 eine regelmäßige Pressekonferenz eingerichtet. Die Mitarbeiter der Zensurstelle waren angewiesen, Informationen nur unter bestimmten Klassifizierungen an die Presse weiterzugeben: Damals noch mit römischen Ziffern versehen, durften nur Mitteilungen unter I veröffentlicht werden.

Mitteilungen unter II wurden an die Presse ausschließlich zur vertraulichen Verwendung kommuniziert, und solche unter III waren nur für den internen Gebrauch in der Zensurbehörde gedacht – Koszyk, Kurt (1972): Deutsche Presse 1914–1945. Geschichte der deutschen Presse. Teil III. Berlin: Colloquium, S. 20. Die Dreistufenregelung wurde später von der Bundespressekonferenz in Bonn in der bis heute gültigen, abgewandelten Bedeutung übernommen und als allgemein verbindlich für den Informationsaustausch zwischen Politik und Medien adaptiert. In der BPK kommt es auch hin und wieder vor, dass »unter drei« gesprochen wird – wegen der Live-Fernsehübertragung der Sitzungen werden die Kameras dann zwar nicht aus-, der Ton aber stumm geschaltet.

63 Schwab-Felisch, Hans (1980): Shakespeares Komödie in rauem Klima. In: *Frankfurter Allgemeine Zeitung* Nr. 25 vom 30. 01. 1980, S. 25.

64 Baumann, Marc/Haberl, Tobias (2009): J wie Journalist. In: *SZ Magazin* Nr. 19 vom 08. 05. 2009, S. 14.

65 Vgl. Rosumek, Lars/Ackermann, Eduard (2007): Die Kanzler und die Medien. Frankfurt/Main: Campus, S. 64.

66 Nayhauß, Mainhardt Graf von (1986): Bonn vertraulich. Bergisch Gladbach: Lübbe, S. 8.

67 Bruns, Tissy (2007): Republik der Wichtigtuer. Ein Bericht aus Berlin. Freiburg im Breisgau: Herder, S. 9.

68 Koeppen, Wolfgang (2004): Das Treibhaus. München: Süddeutsche Zeitung Bibliothek, S. 83.

69 Vgl. Hoffmann, Jochen (2003): Inszenierung und Interpenetration. Wiesbaden: Westdeutscher Verlag.

70 Bruns, Tissy (2007): Republik der Wichtigtuer. Ein Bericht aus Berlin. Freiburg im Breisgau: Herder, S. 9.

71 Vgl. Weischenberg, Siegfried/Malik, Maja/Scholl, Armin (2006): Die Souffleure der Mediengesellschaft. Report über die Journalisten in Deutschland II. Konstanz: UVK.

72 Donsbach, Wolfgang/Rentsch, Mathias/Schielicke, Anna-Maria/ Degen, Sandra (2009): Entzauberung eines Berufs – Was die Deutschen vom Journalismus erwarten und wie sie enttäuscht werden. Konstanz: UVK.

73 Welker, Martin (2009): Studie Journalismus 2009 – zum Status des deutschen Journalismus. Journalisten aus Sicht der deutschen Bundesbürger (der bayerischen Bürger). München: Macromedia Hochschule für Medien und Kommunikation/YouGovPsychonomics.

74 Vgl. Weischenberg, Siegfried/Malik, Maja/Scholl, Armin (2006): Die Souffleure der Mediengesellschaft. Report über die Journalisten in Deutschland II. Konstanz: UVK.

75 Zitiert nach: Frey, Regina (2009): Beten hilft – genau hinhören hilft auch. http://www.ifp-kma.de/index.php?option=com_conten t&task=view&id=296&Itemid=102.

76 Donsbach, Wolfgang/Rentsch, Mathias/Schielicke, Anna-Maria/ Degen, Sandra (2009): Entzauberung eines Berufs – Was die Deutschen vom Journalismus erwarten und wie sie enttäuscht werden. Konstanz: UVK, S. 127.

77 Weischenberg, Siegfried/Malik, Maja/Scholl, Armin (2006): Die Souffleure der Mediengesellschaft. Report über die Journalisten in Deutschland II. Konstanz: UVK, S. 163.

78 Weichert, Stephan/ Kramp, Leif (2010). Wozu noch Journalismus? Wie das Internet einen Beruf verändert. Göttingen: Vandenhoeck & Ruprecht.

79 Vgl. Weischenberg, Siegfried/Malik, Maja/Scholl, Armin (2006): Die Souffleure der Mediengesellschaft. Report über die Journalisten in Deutschland II. Konstanz: UVK; Freund, Maike (2010): Journalisten sind kein Spiegel der Gesellschaft. In: *evangelisch.de* vom 23. Januar 2010. http://www.evangelisch.de/themen/medien/ journalisten-sind-kein-spiegel-der-gesellschaft10354.

80 Kepplinger, Hans Mathias (2009): Rivalen um Macht und Moral: Bundestagsabgeordnete und Hauptstadtjournalisten. In: Kaspar, Hanna/Schoen, Harald/Schumann, Siegfried/Winkler, Jürgen R. (Hg.): Politik – Wissenschaft – Medien. Festschrift für Jürgen W. Falter zum 65. Geburtstag. Wiesbaden: VS Verlag für Sozialwissenschaften 2009, S. 307–321.

81 Korte, Karl-Rudolf (2009): Massenmedien und Wahlkampf. In: *Bundeszentrale für politische Bildung*, Dossier Bundestagswahlen. http://www1.bpb.de/themen/PBRV67,0,Massenmedien_und_Wahlkampf.html.

82 Hofmann, Gerhard (2007): Die Verschwörung der Journaille zu Berlin. Ein Politisches Tagebuch samt Schlussfolgerungen. 2. verbesserte Auflage. Bonn: Bouvier, S. 407.

83 Zubayr, Camille/Geese, Stefan (2009): Die Informationsqualität der Fernsehnachrichten aus Zuschauersicht. Ergebnisse einer Repräsentativbefragung zur Bewertung der Fernsehnachrichten. In: *media perspektiven* 4/2009, S. 158–173.

84 Ebd., S. 158 und 160.

85 Gerhardt, Rudolph (1999): Lesebuch für Schreiber. Vom journalistischen Umgang mit der Sprache. Ein Ratgeber in Beispielen. 6. erw. und überarb. Auflage. Frankfurt am Main: F.A.Z. Institut für Management-, Markt- und Medieninformation, S. 33.

86 Rosenbach, Marcel/Schmundt, Hilmar (2009): Aufstand der Netzbürger. In: *Der Spiegel* vom 3. August 2009, S. 26–28.

87 Winterbauer, Stefan (2010): Die hohlen Phrasen der Bosse. In: *Meedia* vom 14.01.2010. http://meedia.de/nc/background/meedia-blogs/stefan-winterbauer/stefan-winterbauer-post/article/die-hohlen-phrasen-der-bosse_100025633.html?tx_ttnews[backPid]=1692&cHash=6c35ea9f35.

88 Elitz, Ernst (2008): Glaubwürdigkeitsinseln im Netz. Die Migration klassischer Medien auf digitale Plattformen. In: Klumpp, Dieter/Kubicek, Herbert/Roßnagel, Alexander/Schulz, Wolfgang (Hg.) (2008): Informationelles Vertrauen für die Informationsgesellschaft. Berlin/Heidelberg: Springer, S. 153–157.

89   Vgl. Baumunk, Bodo-Michael (1987): Metropolis: Die schnellste Stadt der Welt. In: Korff, Gottfried/Rürup, Reinhard (Hg.) (1987): Berlin. Die Ausstellung zur Geschichte der Stadt. Berlin: Nicolai, S. 459–472.

90   Vgl. hierzu das sogenannte Slow-Media-Manifest des Soziologen Benedikt Köhler auf der Internetseite www.slow-media.de.

91   Vgl. Donsbach, Wolfgang/Rentsch, Mathias/Schielicke, Anna-Maria/Degen, Sandra (2009): Entzauberung eines Berufs – Was die Deutschen vom Journalismus erwarten und wie sie enttäuscht werden. Konstanz: UVK.

92   http://www.politico.com.

93   http://www.talkingpointsmemo.com.

94   Niggemeier, Stefan (2010): Vorteil Internet. Und dann war da plötzlich ein Medium, mit dem man alles machen konnte. In: *sueddeutsche.de* vom 15. Februar 2010. http://www.sueddeutsche.de/medien/842/501101/text/.

95   Weichert, Stephan/Kramp, Leif (Hg.) (2010): Wozu noch Journalismus? Eine Serie zur Zukunft des Journalismus auf *sueddeutsche.de*. http://www.sueddeutsche.de/medien/545/501796/uebersicht/.

Glossar: Hauptstadtjournalismus von A bis Z

2+Leif: Talkshow im SWR-Fernsehen, die von Thomas Leif moderiert wird. Seit Januar 2009 empfängt der Journalist und Vorsitzende des »Netzwerk Recherche« jeweils zwei Gäste in seiner Sendung und interviewt sie zu einem politischen Thema der Woche.

Agenda-Setting: Der Begriff aus der Kommunikationswissenschaft (dt. Agendasetzung) bezeichnet die Funktion der Massenmedien, die öffentliche Agenda zu bestimmen, indem sie bestimmte Themenschwerpunkte und Einschätzungen setzen. Der Theorie von Bernard C. Cohen (1963) zufolge haben die Medien zwar keinen großen Einfluss auf das, was das Publikum zu einzelnen Themen denkt, aber einen erheblichen Einfluss darauf, worüber es sich überhaupt Gedanken macht.

Agentur: Sogenannte Nachrichten- oder Pressagenturen verkaufen internationale Nachrichten und Informationen an Massenmedien. Sie dienen den Zeitungs- und Rundfunkredaktionen als Quelle für ihre Berichterstattung und spielen im weltweiten Nachrichtenfluss eine zentrale Rolle. Seit im Internet allerdings viele aktuelle Informationen frei verfügbar sind, geraten Agenturen immer mehr unter Druck.

Akkreditierung: Um zu bestimmten Veranstaltungen (wie Messen, Kongressen oder Kulturevents) Zutritt zu erhalten, benötigen Medienvertreter eine Zulassung, die sogenannte Akkreditierung. Um eine solche zu erhalten, müssen sich Journalisten zuvor meist unter Vorlage ihres Presse- oder Redaktionsausweises anmelden.

Alphajournalist: Journalistische Funktions- und Leistungselite, die sich dadurch auszeichnet, dass ihre Mitglieder einem breiten Publikum bekannt sind und enge Kontakte zu Politikern und Prominenten pflegen.

Alphasyndrom: Der Begriff beschreibt das Phänomen, dass bekannte (Alpha-)Journalisten häufig in der Öffentlichkeit stehen, weil sie beispielsweise in Talkshows oder andere Fernsehsendungen eingeladen werden, was ihre Prominenz noch steigert.

Amerikanisierung: Seit Anfang der neunziger Jahre wird die Kritik laut, dass sich der deutsche Wahlkampf zunehmend an das US-Modell anpasse. Zum einen würden die Medien- und Vermarktungsstrategien der Parteien und Politiker immer professioneller, zum anderen würden in der personalisierten Medienberichterstattung nur noch die Spitzenkandidaten statt der Sachthemen thematisiert.

Anchorman: Englisch für Moderator bzw. Nachrichtensprecher.

Anne Will: Im September 2007 ging die ehemalige *Tagesthemen*-Moderatorin Anne Will mit ihrer gleichnamigen Talkshow im ersten öffentlich-rechtlichen Fernsehprogramm auf Sendung. Die sonntagabendliche Gesprächsrunde, in der über politische Themen diskutiert wird, löste das erfolgreiche Vorbild von Sabine Christiansen ab.

ARD: Die »Arbeitsgemeinschaft der öffentlich-rechtlichen Rundfunkanstalten der Bundesrepublik Deutschland« besteht aus den neun deutschen Landesrundfunkanstalten, die die Gemeinschaftsfernsehprogramme Das Erste, EinsPlus, EinsFestival und EinsExtra, die Auslandsrundfunkanstalt Deutsche Welle sowie jeweils eigene regionale Programme betreiben. Das Kürzel wird häufig synonym mit dem ersten deutschen Fernsehprogramm Das Erste verwendet.

»Arm, aber sexy«: Der Berliner Bürgermeister Klaus Wowereit wurde 2003 in einem Interview gefragt, ob Geld sexy mache. Er antwortete: »Nein. Das sieht man an Berlin. Wir sind zwar arm, aber trotzdem sexy.« Später gebrauchte Wowereit diesen Satz auch gern als persönlichen Berlin-Slogan.

Associated Press (AP): Die Nachrichtenagentur mit Hauptsitz in New York City wurde im Mai 1848 (als »Harbour News Association«) gegründet. AP hat heute rund 243 Büros mit über 4000 Mitarbeitern in 97 verschiedenen Ländern und beliefert über 12 000 Redaktionen weltweit mit ihren Nachrichten. Die deutsche Tochter der AP wurde im Dezember 2009 von der Nachrichtenagentur ddp Deutscher Depeschendienst übernommen.

Aufmacher: Als Aufmacher bezeichnet man in den Printmedien den wichtigsten, bei Zeitungen auf der Titelseite hervorgehobenen Artikel. Er ist, oft mit einem Bild kombiniert, als Text oder Schlagzeile auf der oberen Blatthälfte platziert und soll so die Aufmerksamkeit des Lesers erregen.

Aufmerksamkeit: Die Aufmerksamkeit des Publikums zu erregen ist eines der wichtigsten Ziele von Massenmedien, die dadurch ihre Reichweite und Auflage steigern können.

Autorisierung: Autorisierung: In Deutschland gängige Praxis bei Interviews. Politiker oder Prominente lassen sich vor Veröffentlichung ihres Interviews den Text noch einmal vorlegen, um sicherzustellen, dass ihr Medienimage nicht beschädigt wird oder ungewollte Äußerungen nicht an die Öffentlichkeit gelangen.

Axel Springer AG: Das Unternehmen mit Sitz in Berlin ist Deutschlands größter Zeitungsverlag und verlegt unter anderem die Boulevardzeitung → *Bild* und die Tageszeitung → *Die Welt*.

B.Z.: Boulevardzeitung aus Berlin, die im Ullstein Verlag, einem hundertprozentigen Tochterunternehmen der Axel Springer AG, erscheint. Die *B.Z.* ist die Berliner Lokalzeitung mit der größten Auflage und nicht zu verwechseln mit der seit 1945 erscheinenden → *Berliner Zeitung* und der in der DDR erschienenen Boulevardzeitung *BZ am Abend* (heute *Berliner Kurier*).

BamS: Die Boulevardzeitung *Bild am Sonntag* (kurz *BamS*) erscheint seit 1956 beim Axel Springer Verlag und ist die auflagenstärkste Sonntagszeitung Europas. Sitz der Redaktion ist Berlin. Im Gegensatz zu ihrer werktags erscheinenden Muttermarke → *Bild* ist die *BamS* inhaltlich weniger reißerisch und keine reine Straßenverkaufszeitung.

Berliner Republik: Der Begriff steht in der Tradition der Termini Weimarer und Bonner Republik und bezeichnet die historische Periode nach der Wiedervereinigung Deutschlands, insbesondere nach dem Regierungsumzug von Bonn nach Berlin. Das gleichnamige Magazin, das 1999 gegründet wurde, beschäftigt sich mit aktuellen politischen Themen und wird von den Mitgliedern des Netzwerks Berlin herausgegeben, einer reformerischen Strömung innerhalb der SPD.

Berliner Seiten (allgemein): Mit dem Regierungsumzug in einigen überregionalen Zeitungen eingeführte Spezialseiten, die sich inhaltlich ausschließlich mit der neuen Hauptstadt Berlin, dem Regierungsumzug und den Eigenheiten der → Berliner Republik beschäftigen.

Berliner Verlag: Der Verlag wurde im Jahre 1945, noch vor der Gründung der DDR, im Ostteil Berlins als Zeitungs- und Zeitschriftenverlag gegründet. Heute gibt der Berliner Verlag unter anderem die Tageszeitungen → *Berliner Zeitung* und *Berliner Kurier* heraus.

Berliner Zeitung: 1945 gegründete regionale Tageszeitung aus Berlin. Sie ist die größte Abonnementzeitung der Region Berlin-Brandenburg und wird vor allem in den östlichen Bezirken der Bundeshauptstadt gelesen. Chefredakteur ist seit 1. Juni 2009 Uwe Vorkötter, der das Blatt bereits von 2002 bis 2006 geleitet hatte.

Bild: Die *Bild* (oder früher auch offiziell *Bildzeitung*) ist eine deutsche Boulevardzeitung, die seit 1952 im Axel Springer Verlag erscheint. Das Boulevardblatt ist die auflagenstärkste Tageszeitung Europas. Ihre Berichterstattung ist Gegenstand zahlreicher öffentlicher Diskussionen und massiver Kritik.

»*Bild, BamS* und Glotze«: Nur diese drei, sagte der ehemalige Bundeskanzler Gerhard Schröder, brauche er zum Regieren. Dieser provokante Ausspruch markierte ein neues Zeitalter der politischen Kommunikation, in der die mediale Selbstinszenierung von Politikern immens an Bedeutung gewann.

Bildblog: Seit 2004 von mehreren Medienjournalisten betriebenes Watchblog, das die Arbeit der Boulevardzeitung *Bild*, deren Ableger *Bild am Sonntag* und deren Online-Auftritt *Bild.de* kritisch beobachtet. Im April 2009 erweiterte das Blog sein Themenfeld auch auf andere Publikationen. *Bildblog* weist häufig Fehler in der Berichterstattung, ungenügend recherchierte Artikel und Schleichwerbung nach und macht auch auf Verstöße gegen den Pressekodex aufmerksam.

Blackberry: Von der Firma RIM entwickeltes Mobiltelefon mit Internet-Funktion und angeschlossenem E-Mail-Dienst. Blackberry-Handys wurden durch ihren breiten Einsatz im Business-Bereich bekannt.

Blog/Weblog: Der englische Begriff Blog, oder auch Weblog, ist eine Wortschöpfung aus World Wide Web und Logbuch. Gemeint ist damit ein virtuelles Tagebuch oder Journal, das von einem Autor, dem Blogger, geführt und regelmäßig mit neuen Veröffentlichungen aktualisiert wird. Die Gesamtheit der Weblogs, die untereinander häufig vernetzt sind, wird als → Blogosphäre bezeichnet.

Blogger: Herausgeber und zumeist Autor eines → Blogs, der für den Inhalt des selbigen verantwortlich ist.

Blogosphäre: Der Begriff beschreibt die Gesamtheit der Weblogs und ihrer Verbindungen und ist an den Ausdruck »Logosphäre« (»Welt der Worte«) angelehnt. Er entspringt der Wahrnehmung, dass Blogs durch ihre Vielzahl von Vernetzungen untereinander eine Art soziales Netzwerk darstellen.

Bonner *General-Anzeiger*: Die regionale Tageszeitung aus dem Großraum Bonn war bis zum Regierungsumzug eine der wichtigsten deutschen Tageszeitungen. Der *General-Anzeiger* wurde 1725 gegründet und befindet sich in zehnter Generation im Besitz der Familie Neusser. Unter seinem heutigen Titel erscheint der *General-Anzeiger* seit 1889.

Borchardt: Restaurant in Berlin, das als Treffpunkt der Politik-, Medien- und Kunstschickeria gilt.

Boulevardpresse: Periodisch und meist mit hoher Auflage erscheinende Zeitungen oder Zeitschriften, denen mangelnde Seriosität zugeschrieben wird. Viele Boulevardblätter sind nur auf der

Straße (Boulevard) erhältlich und nicht im Abonnement. An-
knüpfend hat sich der Begriff Boulevardjournalismus etabliert,
der heute eine eigene Gattung im Journalismus bezeichnet.

Buddy-Journalismus: Journalistische Praxis, bei der sich Journalisten an die Meinung ihrer Kollegen anpassen, weil sie diese für
grundsätzlich richtig halten oder sich nicht trauen, sich gegen die
Mehrheitsmeinung zu stellen.

Bundespresseamt: Das Presse- und Informationsamt der Bundesregierung, auch kurz Bundespresseamt (abgekürzt BPA) genannt,
mit Sitz in Berlin und Bonn ist die Informationszentrale der deutschen Bundesregierung. Sie ist unmittelbar der Bundeskanzlerin
unterstellt und für das Informationsmanagement der einzelnen
Bundesministerien sowie des Bundeskanzleramtes zuständig.

Bundespressekonferenz (BPK): Weltweit einzigartiger Zusammen-
schluss von Journalisten deutscher Medien mit Sitz im Pressehaus
am Schiffbauerdamm in Berlin. Zweck des Vereins ist es, Pressekonferenzen mit maßgeblichen Personen aus Politik, Wirtschaft
und Kultur zu veranstalten, um den Journalisten regelmäßig Zugang zu wichtigen Informationen zu verschaffen. Die wichtigsten
Termine sind die sogenannten Regierungspressekonferenzen, bei
denen Regierungssprecher sowie die Sprecher der Ministerien zu
Gast sind, um auf alle Fragen zum politischen Geschehen zu antworten.

Café Einstein Unter den Linden: 1996 eröffnetes Café im Regierungsviertel, das zu den bekanntesten Kaffeehäusern Berlins zählt.
Es liegt auf dem Boulevard Unter den Linden und ist Treffpunkt
für Vertreter der Politik- und Medienbranche.

Capital City Journalism: Englischer Begriff für → Hauptstadtjournalismus.

Cicero: Monatlich erscheinendes politisches Magazin, das 2004 von dem Journalisten Wolfram Weimer (→ *Focus*) gegründet wurde und im Schweizer Ringier-Verlag erscheint. Bekannt wurde es unter anderem durch die sogenannte »*Cicero*-Affäre«, bei der Mitarbeiter der Staatsanwaltschaft Potsdam im September 2005 die Redaktionsräume des Magazins durchsuchten. Hintergrund war ein Artikel, in dem der Journalist Bruno Schirra den jordanischen Terroristen Abu Musab az-Zarqawi porträtiert hatte und dabei Informationen aus vertraulichen Akten des Bundeskriminalamtes zitierte. Die deutsche Presse kritisierte die Durchsuchung als Angriff auf den unabhängigen Journalismus.

Closed-Shop-Prinzip: Mit dem Ausdruck wird die Neigung der Berliner Elite von → Alphajournalisten und Politikern beschrieben, Außenstehenden den Zugang zum eigenen Kreis zu verwehren, sich abzugrenzen und keinen Einblick zu gewähren.

Community-Redakteur: Redakteur, der in einer → Social Community die Kommentare und Diskussionen der Benutzer überwacht und steuert.

Credibility: Der Begriff bezieht sich auf die Glaubwürdigkeit von Informationen im Internet, insbesondere in → Blogs. Die Credibility eines Blogs wird dadurch gesteigert, dass andere Blogger per Link darauf verweisen oder die Leser durch ihre Kommentare die Qualität des Textes bescheinigen.

CvD: Der Chef vom Dienst (CvD) ist der jeweils zuständige Redakteur, der für die Koordination von Redaktion, Herstellung, Vertrieb und der Anzeigenabteilung zuständig ist. Seine Aufgabe ist es, die technisch und terminlich korrekte Anlieferung der zu druckenden Texte in Zeitungsredaktionen bzw. des zu sendenden Materials beim Rundfunk zu gewährleisten.

Déformation professionnelle: Die Redewendung (frz.: »berufliche Verzerrung«) ist abgeleitet von *formation professionnelle* (»berufliche Ausbildung«) und zielt auf die Neigung ab, professionelle Arbeitsweisen oder Perspektiven unbewusst auf den Alltag zu übertragen. Dies kann zu einer eingeengten Sicht, unangemessenem Verhalten oder Fehlurteilen führen.

Deutsche Presse Agentur (dpa): Deutschlands größte Nachrichtenagentur (→ Agentur) mit Sitz in Hamburg. Chefredakteur ist seit 2010 Wolfgang Büchner, Vorsitzender der Geschäftsführung seit 2006 Malte von Trotha. Die dpa hat etwa 1200 Beschäftigte und ist in rund 100 Ländern der Welt vertreten, in Deutschland gibt es mehr als 50 Büros.

Deutschlandfunk: Informations- und kulturorientiertes Hörfunkprogramm des Deutschlandradios mit Redaktionssitz in Köln. Bis 1993 war der Deutschlandfunk eigenständig, seit 1994 ist er eines von zwei Programmen des Deutschlandradios (neben Deutschlandradio Kultur).

Dramatisierung: Gängige Praxis im Journalismus, bei der Ereignisse in der Berichterstattung übertrieben dargestellt werden, damit sie möglichst spannend erscheinen und Aufmerksamkeit erregen.

Entertainisierung: Beschreibt den Hang von Politik und Medien, politische Informationen immer häufiger in Form von Unterhaltung zu präsentieren. Dahinter steckt die Annahme, Unterhaltung würde, im Gegensatz zu trockenen Nachrichten, einen größeren Anklang beim Publikum finden.

Exklusivität: Informationen gewinnen für einen Journalisten an Wert, wenn sie exklusiv, also sonst für niemanden zugänglich sind, da sie somit von keinem anderen Medium früher veröffentlicht werden können. Durch die Exklusivmeldung gewinnt das Medium unter Umständen an Ansehen und kann ein großes Publikum erreichen.

Facebook: → Social Community, die weltweit über 250 Millionen Nutzer hat.

Flickr: → Social Community zum Austausch und zur Veröffentlichung privater Fotos.

Focus: Wöchentlich erscheinendes Nachrichtenmagazin aus dem Burda Verlag in München. Chefredakteur und Herausgeber ist Helmut Markwort, sein designierter Nachfolger ist Wolfram Weimer (→ *Cicero*). Burda und Markwort gründeten und konzipierten das Magazin als Konkurrenzblatt zu dem deutschen Nachrichtenmagazin → *Der Spiegel.* Die Berichterstattung des Magazins gilt in der deutschen Medienlandschaft als konservativ und wirtschaftsliberal.

Focus.de: Online-Ausgabe des Magazins → *Focus.*

Frankfurter Allgemeine Sonntagszeitung (FAS): Sonntagsausgabe der → *FAZ,* die seit 2001 bundesweit erhältlich ist. Obwohl die beiden Zeitungen zum Teil vom selben Redaktionsteam erstellt werden, tritt die *FAS* eigenständig auf. Optisch unterscheidet sie sich deutlich von der *FAZ,* da sie durchgängig mehrfarbig ist, eine andere Satzgestaltung und Schrift hat. Ihr Ton ist leichter, lockerer und unterhaltsamer als der der gesetzteren *FAZ.*

Frankfurter Allgemeine Zeitung (FAZ): Überregionale Abonnement-Tageszeitung, die mehrheitlich (zu 58 Prozent) der Fazit-Stiftung gehört und zu den deutschen Qualitätszeitungen zählt. Die Linie der *FAZ* wird nicht von einem Chefredakteur, sondern von den fünf Herausgebern Werner D'Inka. Berthold Kohler, Günther

Nonnenmacher, Frank Schirrmacher und Holger Steltzner bestimmt. Das Blatt gilt als konservativ-liberal.

Frankfurter Rundschau: Linksliberale überregionale Abonnement-Tageszeitung aus Frankfurt am Main, die in einer Stadt- und in einer Deutschlandausgabe sowie in drei Regionalausgaben erscheint. Sie war die zweite Tageszeitung, die nach dem Zweiten Weltkrieg gegründet wurde, und galt als eines der deutschen Leitmedien. Seit 2003 befindet sich die Zeitung aufgrund von finanziellen Schwierigkeiten, Eigentümerwechsel (Inhaber ist der Verlag M. DuMont Schauberg) und damit verbundenen Umstrukturierungen und Kürzungen in einer tiefen Krise.

Goldener Prometheus: Deutscher Journalistenpreis, der von 2006 bis 2009 in Berlin vom Medienmagazin → *V. i. S. d. P.* (vormals Verlag → Helios Media) verliehen wurde.

Google: Suchmaschine des US-Unternehmens Google Inc., die seit 1998 im Internet verfügbar ist und heute weltweit mehrheitlich als Marktführer unter den Internet-Suchmaschinen gilt. Durch einen speziellen Algorithmus kann Google die aufgelisteten Internetseiten nach Relevanz sortieren, was seinen großen Erfolg ausmacht.

Grill Royal: Restaurant in Berlin-Mitte, das als beliebter Szenetreff von Vertretern aus Politik, Kulturindustrie und Medien gilt.

Guardian, The: Britische Tageszeitung, die 1821 gegründet wurde und im Besitz des Scott Trust ist, einer Stiftung, die das Hauptziel hat, die journalistische und finanzielle Unabhängigkeit des *Guardian* zu sichern. The Guardian wird zu den seriösen und angesehenen Zeitungen in Großbritannien gezählt. Sie hat eine linksliberale Gesamtausrichtung. Chefredakteur ist Alan Rusbridger.

Hart aber fair: Die von Frank Plasberg moderierte politische Talk-show wird seit 2001 im öffentlich-rechtlichen Fernsehen ausgestrahlt. Mehrere Gäste diskutieren jeweils über ein aktuelles Thema aus Politik, Wirtschaft oder Gesellschaft. Die Sendung wurde mit mehreren Preisen ausgezeichnet, unter anderem 2005 mit dem Adolf-Grimme-Preis in der Kategorie »Information & Kultur«.

Hauptstadtjournalismus: Journalismus, der in Berlin betrieben wird und sich durch die geographische und persönliche Nähe zur Politik und die große Konkurrenz innerhalb der Medienbranche auszeichnet.

Helios Media: Berliner Verlagshaus, das sich auf die Themenfelder Politik, Wirtschaft und Medien spezialisiert hat. Helios Media gibt unter anderem das Magazin *politik&kommunikation* und gab bis 2009 das Online-Medienmagazin → *V. i. S. d. P.* heraus.

Hintergrundkreis: Zusammentreffen von ausgewählten Journalisten und Politikern, bei dem das aktuelle politische Tagesgeschehen diskutiert wird und Inhalte, die nicht für die Öffentlichkeit bestimmt sind, zur Sprache kommen. Hintergrundkreise dienen der Information von Journalisten über Sachverhalte und zur freien Aussprache von politischen Standpunkten. So soll das gegenseitige Verständnis zwischen Politik und Medien geschärft werden.

Holtzbrinck AG: Eines der größten Medienunternehmen Deutschlands mit Sitz in Stuttgart. Es wurde 1984 als Stuttgarter Hausdruckerei gegründet und wird von Stefan von Holtzbrinck geleitet. Holtzbrinck gibt unter anderem die Wochenzeitung → *Die Zeit* und die Berliner Tageszeitung → *Der Tagesspiegel* heraus.

Homestory: Interne redaktionelle Bezeichnung für einen journalistischen Beitrag, in dem die private Seite einer prominenten Person dargestellt wird. Dies kann in Form eines Textes erscheinen, einer Fotogeschichte oder eines Films. Sie ist besonders in den Boulevardmedien (→ Boulevardpresse) verbreitet.

Huffington Post: Das Politblog wurde 2005 von den Journalisten Arianna Huffington und Kenneth Lerer gegründet und enthält neben Kolumnen von Huffington und dem festen Redaktionsteam auch regelmäßige Beiträge von Prominenten aus den Bereichen Politik, Journalismus, Wirtschaft und Unterhaltung. Laut *Spiegel Online* ist die *Huffington Post* das »einflussreichste Alternativmedium der USA«.

Hype: Unter Hype (engl. von *hyperbole*) oder Medienrummel werden meist kurzlebige, in den Massenmedien aufgebauschte oder übertriebene Nachrichten verstanden, die gezielt von Interessenträgern zur Werbung für bestimmte Ideen, Ansichten oder Produkte lanciert wurden.

iPhone: Von der Firma Apple entwickeltes Mobiltelefon, das über einen iPod-ähnlichen Medienspieler verfügt und weitgehend über den Bildschirm gesteuert wird. Dieser besitzt wie der iPod touch eine Multi-Touch-Funktionalität, ermöglicht also eine Bedienung mit mehreren Fingern gleichzeitig.

Kampagne: Medienkampagnen werden meist direkt von einzelnen Medien oder Journalisten ausgelöst, um Gesetzwidrigkeiten und Unregelmäßigkeiten aufzudecken, oder sie dienen dem Interesse von einzelnen Personen oder Gruppen, die nicht direkt in Erscheinung treten wollen.

Kanzlerreise: Berufliche Reisen der Bundeskanzlerin oder des Bundeskanzlers, bei der er oder sie von einer Gruppe Journalisten begleitet wird.

Kommunikationspolitik: Politikfeld, das sich mit der Organisation, Funktionsweise, Ausgestaltung und materiellen bzw. personellen Situation von Massenmedien beschäftigt. Während die zugehörige → Medienpolitik nur auf Massenkommunikation abzielt, normiert Kommunikationspolitik auch die Individualkommunikation.

Korrespondent: Journalist, der für Printmedien, Hörfunk, Fernsehen, Nachrichtenagenturen (→ Agentur) oder Online-Redaktionen außerhalb der Redaktion über ein Land, eine Region oder über besondere Ereignisse berichtet. Es gibt Korrespondenten im In- und im Ausland.

Leitmedium: Einzelnes Medium, das sich in einer bestimmten historischen Phase der Medienentwicklung besonders hervortut, weil ihm eine Leitfunktion in der Konstitution gesellschaftlicher Kommunikation und von Öffentlichkeit zukommt.

Lobbyismus: Form der Interessenvertretung in der Politik, bei der die Interessengruppen die Politik durch persönliche Kontakte oder über die Massenmedien zu beeinflussen versuchen. Lobbyismus wird in Deutschland gelegentlich auch als Fünfte Gewalt der parlamentarischen Demokratie bezeichnet.

Maybrit Illner: Die wöchentliche Talkshow im → ZDF wird von der Journalistin Maybrit Illner moderiert. Die Sendung wird im Berliner Hauptstadtstudio Unter den Linden produziert und widmet sich aktuellen politischen Themen, die Illner mit den anwesenden Gästen, zumeist Politikern, diskutiert.

Mediendemokratie: Der Begriff bezieht sich auf die Tendenz, politische Entscheidungen an der Präsentation von Politikern und ihrer Aussagen in den Massenmedien zu orientieren oder sogar auszurichten. Grund dafür ist, dass die Massenmedien den wichtigsten Kanal für die Vermittlung von politischen Beschlüssen an die Bevölkerung darstellen.

Medienpolitik: Alle Diskurse, Verfügungen und Maßnahmen, die in einen Ordnungsrahmen für publizistische Medien münden (Gesetze, Verordnungen, Richtlinien) und deren Spielraum definieren. Ziel ist es, sicherzustellen, dass politische und wirtschaftliche Machtgruppen keinen bestimmenden Einfluss auf das publizistische Angebot und die politische Willensbildung der Bevölkerung nehmen können

Medienrepublik: → Mediendemokratie.

Meute, Die: Fußvolk der Journalisten, das in großer Zahl auftritt, um auf das Erscheinen eines Politikers oder Prominenten zu warten. Diesem »Lungern« folgt, sobald das Objekt der Begierde in Erscheinung tritt, ein massenhafter Ansturm mit dem Ziel, wenigstens einen → O-Ton und ein Bild zu erhaschen.

Monitor: Investigatives Fernsehmagazin der → ARD mit überwiegend politischen Themen. Schwerpunkt ist die deutsche Innenpolitik. Das Magazin wurde 1965 von Claus Hinrich Casdorff gegründet und wird seit 2002 von Sonia Mikich moderiert.

Multiplikatorwirkung: Rolle der Massenmedien bei der Verbreitung politischer Inhalte. Je mehr Medien sich einem bestimmten Thema widmen, desto mehr Menschen können davon erfahren.

MySpace: → Social Community mit mehreren Sprachversionen, die sich über Werbung finanziert und den Nutzern ermöglicht, kostenlose Benutzerprofile mit Fotos, Videos, Blogs, Foren usw. einzurichten.

Nachrichtenagentur → Agentur

Nachrichten-Bias: Der Ausdruck (dt. Nachrichtenverzerrung) bezeichnet die einseitige bzw. verzerrte Darstellung oder Bewertung von Ereignissen in den Medien.

Netzeitung: Bis Ende 2009 ausschließlich im Internet erscheinende Tageszeitung mit Sitz in Berlin. Sie wurde 2000 gegründet und war die erste deutsche Online-Zeitung mit Vollredaktion und überregionaler Ausrichtung. Chefredakteurin war zuletzt Domenika Ahlrichs.

New Journalism: Der von Tom Wolfe u.a. geprägte Begriff (dt. Neuer Journalismus) bezeichnet einen Reportagestil, der um die Mitte der sechziger Jahre entstand und sich dadurch auszeichnete, dass seine Vertreter literarische Stilmittel verwendeten und Sachverhalte stark subjektiv schilderten.

New York Times, The: Einflussreichste überregionale Tageszeitung Amerikas mit Sitz in New York, die von der New York Times Company geleitet wird. Sie wird auch „The Gray Lady" genannt. Der derzeitige Herausgeber ist Arthur O. Sulzberger jr., Chefredakteur ist seit Juli 2003 Bill Keller.

Newsroom: Englisch für Redaktionsraum, der Begriff wird auch für den Presse- oder Medienspiegel auf Websites verwendet.

Next Media Generation: Neue Generation von Journalisten und Bloggern, die im Internet publizieren und sich bewusst gegen die etablierten Gefüge u.a. von Medien und Politik in Berlin auflehnen und diese kritisch beobachten.

Non-governmental Organization (NGO): Unabhängige Organisation (dt. Nichtregierungsorganisation), die keine Gewinnabsicht verfolgt und häufig gemeinnützig organisiert ist. Eine bekannte internationale NGO ist Greenpeace, in Deutschland fallen auch Arbeitgeberverbände, Gewerkschaften oder Sportvereine unter diese Bezeichnung.

Off the records: Bezeichnet die Weitergabe von inoffiziellen oder vertraulichen Informationen (ohne diese aufzuzeichnen).

Öffentlichkeitsarbeit → Public Relations.

Online first: Unter diesem Motto stellen Zeitungsverlage ihre Beiträge bereits vor der späteren Druckausgabe im Internet zur Verfügung. Das Veröffentlichen von Nachrichten im Internet erhält damit Vorrang vor der Publikation im Printmedium.

O-Ton: Ein O-Ton, kurz für Originalton, ist eine aufgezeichnete Aussage, die in den Medien gedruckt oder gesendet wird. Dabei kann es sich u.a. um die Rede eines Politikers, ein Interview oder die Antwort eines befragten Passanten handeln.

Panorama: Ältestes deutsches politisches Fernsehmagazin, das seit 1961 im → ARD-Fernsehen ausgestrahlt und vom NDR produziert wird. Moderatorin ist seit 2001 Anja Reschke.

Pauschalisten: Journalisten, die für ein Medium arbeiten, aber nicht fest angestellt sind und einen pauschalen (meist untertariflichen) Betrag für ihre Beiträge oder Artikel erhalten.

People Press: Publikumszeitschriften, die sich auf die Berichterstattung über das Privatleben einzelner Personen, besonders von Prominenten, spezialisiert haben.

Phoenix: Öffentlich-rechtlicher Fernsehsender mit Sitz in Bonn, der in Kooperation von → ARD und → ZDF betrieben wird. Das Programm des Spartensenders setzt sich vor allem aus Dokumentationen, Reportagen, Nachrichtensendungen, Live-Übertragungen und Diskussionssendungen zusammen.

Podcast: Der Begriff setzt sich aus iPod (tragbarer Musikspieler der Firma Apple) und Broadcasting (engl. für senden) zusammen. Ein Podcast ist eine Reihe von Audio- oder Videodateien, die automatisch über das Internet bezogen werden können.

Politainment: Wortschöpfung aus den Wörtern Politik und Entertainment (dt. Unterhaltung), die die Verschmelzung der Genres Politik und Unterhaltung in den Medien bezeichnet. In die Kategorie Politainment fallen u. a. unterhaltende Talksendungen, in denen Politiker zu Gast sind.

Politikaward: Ein von dem Magazin *politik&kommunikation* (→ Helios Media) vergebener Preis, der im Rahmen des Politikkongresses an Politiker und Akteure der Kommunikationsbranche für ihre Leistungen in Wahlkämpfen und für politische Kampagnen vergeben wird.

Politische Kommunikation: Alle Formen der Kommunikation von politischen Akteuren zur Erreichung spezifischer Ziele, aber auch Kommunikation politischer Akteure untereinander und Kommunikation über Politik und politische Akteure.

Popjournalismus: In den achtziger Jahren in Europa entstandene Literaturgattung, die mit dem → New Journalism verwandt ist und sich mit der Pop-Kultur beschäftigt. Wichtige internationale Vertreter waren Julie Burchill und Tony Parsons.

PR → Public Relations.

Privatleben: Sensibler Teil des Lebens eines Politikers oder Prominenten, dessen Offenlegung zu dessen raschem Aufstieg oder Fall beitragen kann.

Prominenzierung: Journalistisches Phänomen, bei dem Journalisten sich selbst oder Kollegen in den Mittelpunkt ihrer Berichterstattung rücken und so dazu beitragen, dass die jeweilige Person eine größere Bekanntheit erlangt, also selbst in den Vordergrund tritt.

Public Affairs: Teilbereich des → Lobbyismus, der häufig von Agenturen als Dienstleistung betrieben wird. Ziel ist die Herstellung von Kontakten zwischen den auftraggebenden Organisationen (meist aus der Wirtschaft) und der Politik zur Vertretung der jeweiligen Interessen.

Public Relations (PR): Externe Kommunikation von Unternehmen oder Institutionen (dt. Öffentlichkeitsarbeit), die zum Ziel hat, ein positives Selbstbild in der Öffentlichkeit zu erzeugen.

Qualitätsjournalismus: Herausragende Form des Journalismus, der sich an professionellen Normen und ethischen Kodizes orientiert, um eine akkurate, faire und ausgewogene Berichterstattung zu gewährleisten.

re:publica: Eine von dem Blogger Markus Beckedahl initiierte jährliche Konferenz in Berlin, die sich rund um das Web 2.0 dreht, vor allem Weblogs, soziale Medien und die Digitale Gesellschaft. Veranstaltet wird die Konferenz seit 2007 von den Betreibern der beiden deutschen Blogs *spreeblick* und *netzpolitik.org*.

Recherche: Der Begriff bezeichnet die gezielte, professionelle Suche nach Informationen.

Regierungskommunikation: Vermittlung von Informationen politischer Entscheidungsträger. Regierungskommunikation teilt sich in Informationspolitik (Unterrichtung der Öffentlichkeit über politische Projekte) und Öffentlichkeitsarbeit (→ Public Relations) auf.

Relaunch: Einführung eines neuen Designs oder Formats im Printjournalismus, um den veränderten Ansprüchen oder Geschmäckern des Publikums gerecht zu werden.

Rheinischer Journalismus: Der Begriff bezieht sich auf die journalistischen Arbeitsweisen und Besonderheiten der Phase, in der Bonn Regierungssitz war.

Riepl'sches Gesetz: Das sogenannte Riepl'sche Gesetz besagt, dass »Mittel, Formen und Methoden«, die sich einmal durchgesetzt haben, von nachfolgenden »niemals wieder gänzlich oder dauernd verdrängt oder außer Gebrauch gesetzt« werden können, sondern allenfalls andere Aufgaben- und Verwertungsbereiche aufsuchen müssen. Die Formulierung stammt von dem Historiker und Chefredakteur der *Nordbayerischen Zeitung* Wolfgang Riepl, der seine These jedoch explizit nicht als wirkliches »Gesetz« oder umfassend gültige Aussage verstanden wissen wollte. Vielmehr bezog er sich in seiner Dissertation aus dem Jahr 1911 auf das Nachrichtenwesen des Altertums. Dass Riepls These zu einer beliebten Formel in der Diskussion rund um den Medienwandel wurde, insbesondere hinsichtlich der Annahme, das Internet könne die klassischen Medien nicht verdrängen, ist der Kommunikationswissenschaft zu verdanken.

RTL: Deutschsprachiger Privatsender der RTL Group mit Sitz in Köln. Als Ableger des französischsprachigen Fernsehsenders RTL Télévision nahm der Sender 1984 unter dem Namen RTL plus in Deutschland seinen Betrieb auf. Es werden rund 1150 fest angestellte Mitarbeiter in Deutschland beschäftigt. Geschäftsführerin ist seit 2005 Anke Schäferkordt.

Sabine Christiansen: Bis 2007 wurde die politische Talkshow jeden Sonntag (auf dem besten Sendeplatz nach dem *Tatort*) im → ARD-Fernsehen gezeigt. Die Sendung war nach ihrer gleichnamigen Moderatorin benannt, die mit den zumeist hochrangigen Gästen über Themen diskutierte, die aktuelle politische Debatten in den Medien aufgriffen.

Sat.1: Die SatellitenFernsehen GmbH entstammt dem Ludwigshafener Kabelpilotprojekt »Programmgesellschaft für Kabel- und Satellitenfunk«, die am 1. Januar 1984 ihren Sendebetrieb aufnahm. Heute ist Sat.1 als Vollprogramm mit Sitz in Unterföhring eine Tochter der von Leo Kirch gegründeten ProSiebenSat.1 Media AG.

Schwarmintelligenz: Der Begriff beschreibt das Phänomen, dass eine Vielzahl von Individuen durch Kommunikation und Zusammenarbeit intelligente Verhaltensweisen der sozialen Gemeinschaft hervorrufen kann. Das Internet vereinfacht dies, indem verstreutes Wissen koordiniert wird und so kollektive Intelligenz nutzbar gemacht werden kann.

Schwarzbrotjournalismus: Klassische Alltagsarbeit im Nachrichtenjournalismus, der berufliche Erfahrung erfordert, rechercheintensiv ist und sich an journalistischen Qualitätsstandards orientiert.

Schweigespirale: Die Theorie der Schweigespirale wurde in den siebziger Jahren von der Anfang 2010 verstorbenen Kommunikationswissenschaftlerin Elisabeth Noelle-Neumann aufgestellt. Noelle-Neumann ging davon aus, dass es einen Einfluss auf die Bereitschaft des Einzelnen haben kann, seine Meinung öffentlich zu äußern, wenn er oder sie glaubt, die Mehrheit habe eine gegenläufige Meinung. Klassischen Massenmedien, die Meinungsbilder konstruieren und transportieren, kommt demnach bei der Beeinflussung des Einzelnen eine signifikante Bedeutung zu.

Selbstreferenzialität: Selbstbezüglichkeit des Mediensystems, die unter Umständen dazu führen kann, dass Journalisten den Bezug zu ihrem Publikum verlieren und sich nur noch mit sich selbst beschäftigen.

Self-Marketing: Der Begriff (dt. Selbstvermarktung) bezeichnet die systematische und bewusste Vermarktung der eigenen Person.

Skandalisierung: Praxis im Journalismus, bei der Vorgänge über ihre Bedeutung hinaus skandalisiert werden, um damit die Aufmerksamkeit eines möglichst großen Publikums zu erzielen.

SMS: Short Message Service (engl. für »Kurznachrichtendienst«) ist ein Telekommunikationsdienst zur Übertragung von Textnachrichten über Mobiltelefone.

Social Community/Social Network: Virtuelles Netzwerk (dt. Soziales Netzwerk), das es seinen Mitgliedern ermöglicht, Profile anzulegen, Inhalte zu erstellen und mit den anderen Mitgliedern zu kommunizieren. Im Vordergrund steht das Knüpfen von Verbindungen, sogenannten Freundschaften.

Spiegel Online: Reichweitenstärkste deutschsprachige Nachrichten-Website im Internet. Sie wurde 1994 als Online-Version des Nachrichtenmagazins → *Der Spiegel* gegründet. Chefredakteur ist seit 2009 Rüdiger Ditz.

Spiegel, Der: Wichtigstes deutsches Nachrichtenmagazin, das im Hamburger Spiegel-Verlag erscheint. Aufgrund seiner historisch gewachsenen Stellung in der deutschen Presselandschaft und seiner Leuchtturmfunktion im öffentlichen Diskurs gilt *Der Spiegel* als Leitmedium. Das Magazin wurde 1947 von Rudolf Augstein gegründet und enthüllte im Laufe seiner Geschichte zahlreiche politische Affären. Chefredakteure sind seit 2008 Georg Mascolo und Mathias Müller von Blumencron.

Spin Doctor: Bezeichnung für einen Image- oder Medienberater, der Politikern dabei hilft, die Darstellung von Ereignissen mit dem richtigen »Dreh« (engl. *spin*) zu versehen, sodass sie in der Öffentlichkeit positiv wahrgenommen werden.

Stern: Wochenmagazin, das 1948 von Henri Nannen in Hannover gegründet wurde. Der *Stern* ist der größte Konkurrent von → *Spiegel* und → *Focus*. Chefredakteure sind seit 1999 Andreas Petzold und Thomas Osterkorn, herausgegeben wird das Magazin vom Hamburger Verlagshaus Gruner + Jahr, einem Unternehmen der Bertelsmann Media Group.

StudiVZ: → Social Community, die mehrheitlich der Verlagsgruppe Georg von Holtzbrinck gehört. StudiVZ hat Ähnlichkeit mit den populären amerikanischen Web-2.0-Plattformen → Facebook oder → MySpace. Ableger sind schülerVZ (Schülerverzeichnis) und meinVZ.

Süddeutsche Zeitung: Größte deutsche überregionale Abonnement-Tageszeitung. Sie wird im Süddeutschen Verlag in München verlegt, Chefredakteur bis Ende 2010: Hans Werner Kilz. Innenpolitisch gilt die *Süddeutsche Zeitung* als linksliberal.

Tagesspiegel, Der: 1945 gegründete Berliner Abonnementzeitung. *Der Tagesspiegel* ist im Besitz der Dieter von Holtzbrinck Medien GmbH, die das Blatt im Juni 2009 von der Verlagsgruppe Georg von Holtzbrinck übernahm. Chefredakteure sind seit 2004 Stephan-Andreas Casdorff und Lorenz Maroldt.

Talking Head: Ausdruck im Fernsehjournalismus, der beschreibt, dass Reporter und zu Wort kommende Personen zumeist mit Oberkörper und Kopf im Bild erscheinen und die Berichterstattung durch Wortbeiträge prägen.

Talkshow: Gesprächssendung in Hörfunk und Fernsehen. Das Gespräch findet dabei entweder zwischen dem Gastgeber und einem oder mehreren Gesprächspartnern oder als Diskussion zu einem gegebenen Thema unter den Talkgästen selbst statt. In letzterem Fall leitet der Gastgeber normalerweise als Moderator die Diskussion.

taz: Die *tageszeitung* (*taz*) wurde 1978 in West-Berlin als überregionale Tageszeitung gegründet. Profilbildend ist die selbstverwaltete Organisation des Blattes sowie ihre linksalternative Prägung. Herausgegeben wird die *taz* von einer Verlagsgenossenschaft, an der maßgeblich auch viele tausend Leser beteiligt sind. Der langjährigen Chefredakteurin Bascha Mika folgte Mitte Juli 2009 Ines Pohl.

Themenkarriere: Entwicklung eines bestimmten Themas in den Medien über einen begrenzten Zeitraum hinweg. Der Ablauf einer Themenkarriere ist von verschiedenen Faktoren abhängig, unter anderem vom → Agenda-Setting.

Think-Tank: Forschungsinstitut (dt. Denkfabrik) oder Gruppierung, die mit ihrer Forschungsarbeit und Veranstaltungen politische, soziale und wirtschaftliche Konzepte oder Strategien entwickelt und dadurch die öffentliche Debattenkultur fördert.

Tweets: Beiträge, die im → Social Network → Twitter von einem Mitglied veröffentlicht werden.

Twitter: → Social Network, über das die Mitglieder Kurznachrichten, sogenannte → Tweets, an alle mit ihnen vernetzten Personen gleichzeitig versenden können.

V. i. S. d. P.: Die Formel »Verantwortlich im Sinne des Presserechts« (V. i. S. d. P.) ist die Nennung einer Person, die für den Inhalt eines Mediums verantwortlich ist. Die Angabe findet sich meist im Impressum. Das gleichnamige Magazin im → Helios Media Verlag wurde 2004 gegründet und berichtet über die Vorgänge in der Medienwelt. Die Druckausgabe wurde 2006 wieder eingestellt.

Verbonnerung: Prozess der Angleichung der medialen Bedingungen und Verhaltensweisen in Berlin an die Zeit, in der Bonn noch Regierungssitz war.

Vierte Gewalt: Den Medien wird gelegentlich eine Funktion als »Vierte Gewalt« in der Demokratie (nach der Legislative, Exekutive und Judikative) zugesprochen, die mit ihrer Kontroll- und Kritikfunktion der Politik, aber auch anderen Bereichen wie der Wirtschaft gegenüber begründet wird.

Vorab: Redaktionen veröffentlichen sogenannte Vorabmeldungen, beispielsweise indem sie diese an → Nachrichtenagenturen weiterreichen. Ziel ist es, darauf hinzuweisen, dass man mit einer interessanten Geschichte aufwartet, um möglichst häufig zitiert zu werden.

WamS: Die *Welt am Sonntag* (*WamS*) erscheint im Axel Springer Verlag mit Hauptsitz in Berlin. Die Sonntagszeitung wurde 1948 in Hamburg als eigene Redaktion zur Ergänzung der Tageszeitung → *Die Welt* gegründet und 1953 vom Verleger Axel Springer übernommen. 2001 erfolgte der Umzug von Hamburg nach Berlin. Chefredakteur ist seit 2008 Jan-Eric Peters.

Watergate: Als Watergate-Affäre (oder kurz Watergate) bezeichnet man eine Reihe von gravierenden Vorfällen von politischem Machtmissbrauch, die während der Amtszeit des republikanischen US-Präsidenten Richard Nixon zwischen 1969 und 1974 auftraten. Die Enthüllung der Affäre im Jahre 1972 führte mittelfristig zum Rücktritt Nixons (1974). Das Vertrauen der Bevölkerung in das Regierungshandeln war – auch aufgrund des Vietnamkriegs – derart erschüttert, dass eine Verfassungskrise folgte, aus der insbesondere die Presse als öffentliches Kontrollorgan gestärkt hervorging.

Welt, Die: Bundesweit erscheinende Tageszeitung des Axel Springer Verlags. Die erste Ausgabe erschien unter Aufsicht der britischen Besatzer bereits im April 1946. 1953 wurde *Die Welt* von Axel Springer übernommen, der die Zeitung nach bürgerlich-konservativer Linie weiterführte. Chefredakteur ist seit 2010 Jan-Eric Peters.

Wikipedia: 2001 gegründete, freie Online-Enzyklopädie, die in zahlreichen Sprachen existiert und es Nutzern ermöglicht, selbst Beiträge zu verfassen und zu bearbeiten. Der Name Wikipedia setzt sich aus »Wiki«, dem hawaiischen Wort für »schnell«, und »Encyclopedia« zusammen.

YouTube: 2005 gegründetes Internet-Videoportal mit Sitz Kalifornien, auf dem die Benutzer kostenlos Videoclips ansehen und einstellen können. 2006 übernahm Google das Unternehmen.

ZDF: Das ZDF (»Zweites Deutsches Fernsehen«) ist eine öffentlich-rechtliche Sendeanstalt mit Sitz in Mainz. Der im Gegensatz zur föderal organisierten ARD zentralisiert arbeitende Sender ist einer der größten Europas.

Zeit, Die: Jeden Donnerstag erscheint die 1946 gegründete Hamburger Wochenzeitung, die als bundesweites Intelligenzblatt gilt. Die größtenteils akademische Leserschaft verhalf dem Blatt in der Medienkrise seit 2001 zu unerwarteten Auflagensteigerungen. Seit 1996 gehört *Die Zeit* zur Verlagsgruppe Georg von → Holtzbrinck. Ihre politische Haltung gilt als liberal. Chefredakteur ist seit 2004 Giovanni di Lorenzo.

Biographien der Gesprächspartner

Sabine Adler, geb. am 6. Juni 1963 in Zörbig (Sachsen-Anhalt), leitet das Hauptstadtbüro des Deutschlandfunks. Sie begann ihre journalistische Laufbahn bei der Zeitung zum Hörfunk, wechselte zu Radio DDR und arbeitete nach der Wende für den Privatfunk radio ffn, den WDR und die Deutsche Welle.

Günter Bannas, geb. am 8. Mai 1952 in Kassel, leitet die politische Redaktion der *Frankfurter Allgemeinen Zeitung* in Berlin. Bannas arbeitete u. a beim Deutschlandfunk und im Berliner Büro der *Süddeutschen Zeitung*. Ab 1998 war er Leiter der Nachrichtenredaktion der *FAZ* in Bonn und nach dem Regierungsumzug in Berlin.

Iris Bethge, geb. am 12. Dezember 1969 in Dannenberg/Elbe, leitet den Bereich Presse und Kommunikation des Bundesverbandes deutscher Banken (BdB) in Berlin und ist Mitglied der Geschäftsführung. Zum Zeitpunkt des Interviews war sie Pressesprecherin sowie Leiterin des Referats Presse im Ministerium für Familie, Senioren, Frauen und Jugend unter der damaligen Bundesfamilienministerin Ursula von der Leyen.

Martin Bialecki, geb. am 25. Oktober 1967 in Nürnberg, ist seit November 2009 Geschäftsführer der Berliner Public-Affairs-Agentur PLATO Kommunikation. Zum Zeitpunkt des Interviews war Bialecki Leiter des Bundesbüros/Ressort Politik Deutschland der Nachrichtenagentur dpa. Bialecki volontierte bei der dpa und arbeitete dort anschließend u. a. als Ressortleiter Politik Deutschland.

Roger Boyes, geb. am 7. August 1952 in Hereford (Großbritannien), ist Korrespondent der britischen Tageszeitung *Times* in Berlin und Kolumnist des *Tagesspiegel* (»My Berlin«). Boyes ist außerdem Autor der Bücher *My Dear Krauts. Wie ich die Deutschen entdeckte* (2006) und *How to be a Kraut. Leitfaden für ein wunderliches Land* (2007).

Tissy Bruns, geb. am 1. Januar 1951 in Zeitz (Sachsen-Anhalt), ist Leiterin des Parlamentsbüros des *Tagesspiegels*. Im ersten Beruf war Bruns Lehrerin, später arbeitete sie für *taz, Stern, Wochenpost,* leitete das Berliner Korrespondentenbüro der *Welt* und war Vorsitzende der Bundespressekonferenz.

Ulrich Deppendorf, geb. am 27. Januar 1950 in Essen, ist Chefredakteur und Leiter des ARD-Hauptstadtstudios. Während seiner vielseitigen Karriere arbeitete Deppendorf u. a. als Programmdirektor Fernsehen beim WDR und moderierte verschiedene Sendungen, wie den »Bericht aus Berlin«.

Michael Donnermeyer, geb. am 4. Februar 1960 in Mettingen (Westfalen), ist Geschäftsführer des Lobbyistenverbands »Informationszentrum Klima« (IZ Klima). Donnermeyer war zuvor sechs Jahre Sprecher des Berliner Senats und arbeitete u. a. in den Wahlkampfteams von Gerhard Schröder mit.

Corinna Emundts, geb. 1970 in Essen, leitet seit Juli 2008 das Berliner Parlamentsbüro von *tagesschau.de* im ARD-Hauptstadtstudio. Sie berichtete als freie Politikkorrespondentin aus Berlin unter anderem für die *Die Zeit* und Deutschlandfunk/Deutschlandradio und arbeitete u. a. als Redakteurin und Reporterin für die *Süddeutsche Zeitung,* die *Frankfurter Rundschau* und *Die Woche.* Emundts ist Theodor-Wolff-Preisträgerin.

Brigitte Fehrle, geb. am 19. Dezember 1954 in Stuttgart, ist seit 2010 Chefredakteurin der DuMont Redaktionsgemeinschaft GmbH. Fehrle arbeitete u. a. als Leiterin des Berliner Redaktionsbüros der Wochenzeitung *Die Zeit* sowie als stellvertretende Chefredakteurin der *Frankfurter Rundschau* und der *Berliner Zeitung*.

Karl Feldmeyer, geb. 30. November 1938 in Mindelheim (Schwaben), ist seit 2004 Journalist im Ruhestand und engagiert sich seither für Initiativen wie die »Allianz für den Rechtsstaat e. V.« und kommentiert das politische Zeitgeschehen in seinem Blog karlfeldmeyer.de. Feldmeyer war 33 Jahre lang bei der *Frankfurter Allgemeinen Zeitung* tätig, zuletzt als Parlamentskorrespondent in Bonn und später in Berlin. Er wurde zweimal mit dem Theodor-Wolff-Preis ausgezeichnet.

Peter Frey, geb. am 4. August 1957 in Bingen am Rhein, ist seit April 2010 Chefredakteur des ZDF. Ab 2001 leitete er das ZDF-Hauptstudio und war zuvor ZDF-Korrespondent in Washington, moderierte das *ZDF Morgenmagazin*, das *auslandsjournal* und zahlreiche *ZDF-spezial*-Sendungen.

Nico Fried, geb. am 1. Oktober 1966, leitet seit Oktober 2007 die Parlamentsredaktion der *Süddeutschen Zeitung* in Berlin. Fried schrieb zuvor als freier Mitarbeiter, u. a. für *Die Zeit* und die *Süddeutsche Zeitung*, bevor er 1996 als Redakteur der *Berliner Zeitung* in die Hauptstadt wechselte.

Margaret Heckel, geb. am 6. Juni 1966 in Heilbronn, leitet gemeinsam mit der Wirtschaftsjournalistin Ursula Weidenfeld das Web-Portal für moralische Fragen das-tut-man-nicht.de und ist Gründerin des Kommentarportals starke-meinungen.de. Zum Zeitpunkt des Interviews leitete sie das Politikressort von *Welt*, *Welt am Sonntag* und *Berliner Morgenpost*. Zuvor war sie Chefin des Berliner Büros der *Financial Times Deutschland* und Korrespondentin bei der *Wirtschaftswoche*.

Ulrike Hinrichs, geb. am 8. Februar 1969 im niedersächsischen Oldenburg, ist beim Dokumentationskanal Phoenix von ARD und ZDF für Sonderprojekte in Berlin zuständig und arbeitet in der Programmgeschäftsführung bei ZDF/Phoenix. Als das Interview entstand, war Hinrichs Pressesprecherin des deutschen Verbraucherschutzministeriums. Zuvor arbeitete sie als Sprecherin von Horst Seehofer und schon einmal als Journalistin beim ZDF (u. a. *Kennzeichen D* und *Frontal 21*).

Dr. Gerhard Hofmann, geb. am 3. August 1948 in Miltenberg (Main), leitet die »Agentur Zukunft – Büro für Nachhaltigkeitsfragen«. Zuvor vertrat er als Vice President International Affairs die City Solar AG in Berlin und war Chefkorrespondent des Senders RTL sowie Leiter des RTL-Politikressorts in Berlin. Außerdem arbeitete er bei n-tv und ist Autor des Buchs *Die Verschwörung der Journaille zu Berlin* (2007).

Dr. Gunter Hofmann, geb. am 31. Dezember 1942 in Oberwernersdorf (Sudeten), arbeitete bis 2008 als Chefkorrespondent der Wochenzeitung *Die Zeit* in Berlin. Davor war Hofmann sieben Jahre Korrespondent für die *Stuttgarter Zeitung* in Bonn und ist Autor mehrerer Bücher, darunter *Abschiede, Anfänge. Die Bundesrepublik, eine Anatomie* (2002).

Jürgen Hogrefe, geb. am 21. April 1949 in Bergen (Niedersachsen), ist Vorsitzender des Arbeitskreises »Urban Technologies« der BDI-Initiative »Innovationsstrategien und Wissensmanagement«, die von der Energie Baden-Württemberg AG (EnBW) finanziert wird. Bis Ende 2008 leitete Hogrefe als Generalbevollmächtigter den Bereich »Wirtschaft, Politik und Gesellschaft« der EnBW.

Der gelernte Journalist war zuvor 18 Jahre lang Redakteur beim *Spiegel*, u. a. als Nahostkorrespondent in Jerusalem.

Jens König, geb. am 17. Januar 1964 in Berlin, ist Reporter im Hauptstadtbüro des *Stern*. König leitete jahrelang das Parlamentsbüro der *tageszeitung* (taz) und ist Autor mehrerer Bücher, u. a. *Einfach abgehängt. Ein wahrer Bericht über die neue Armut in Deutschland* (2006).

Thomas Kröter, geb. am 28. Juni 1951 in Köthen (Anhalt), ist seit 1. Oktober Leiter der Parlamentsredaktion des *Kölner Stadt-Anzeigers* (*KStA*). Zuvor war er u. a. als Redakteur in der Berliner Redaktion der *Frankfurter Rundschau* sowie als Reporter bei der *Neuen Presse* Hannover tätig sowie als politischer Nachrichtenredakteur beim *KStA* und als Korrespondent des *Tagesspiegels* in Bonn und Berlin.

Henning Krumrey, geb. am 6. April 1962 in Berlin, ist seit 2009 stellvertretender Chefredakteur der *Wirtschaftswoche* mit Sitz in Berlin. Zum Zeitpunkt des Interviews leitete Krumrey die Parlamentsredaktion von *Focus*. Er begann bereits seine berufliche Laufbahn als Bonner Korrespondent der *Wirtschaftswoche* und ist Autor der Bücher *Aufschwung Ost – Märchen oder Modell?* (1992) und *Kinder – ein Luxus?* (1994).

Lars Kühn, geb. am 12. Mai 1966 in Berlin, war zuletzt persönlicher Berater im Wahlkampfteam von Andrea Nahles (SPD). Als das Interview mit Kühn geführt wurde, war er Sprecher des SPD-Parteivorstandes und langjähriger Mitarbeiter von Franz Müntefering. Zuvor arbeitete Kühn als Sprecher der Bundestagsfraktion und als freier Journalist, u. a. für die *Süddeutsche Zeitung*.

Carsten Lietz, geb. am 11. März 1972 in Hannover, ist seit März 2009 Leiter der Pressestelle in der Berliner Vertretung der Europäischen Kommission. Zum Zeitpunkt des Interviews war er Leiter der Inlandsredaktion bei der Nachrichtenagentur Reuters in Berlin. Er begann als freier Redakteur bei der *Hannoverschen Allgemeinen Zeitung* und war später in Brüssel als deutschsprachiger EU-Korrespondent im internationalen Reuters-Büro tätig.

Dr. Richard Meng, geb. am 18. Juni 1954 in Gelnhausen (Hessen), ist Staatssekretär und Sprecher des Senats von Berlin. Meng war rund zwanzig Jahre bei der *Frankfurter Rundschau* tätig, zuletzt als stellvertretender Chefredakteur und Leiter der Berliner Redaktion. Meng schrieb mehrere Bücher, zuletzt: *Der Medienkanzler – was bleibt vom System Schröder* (2002) und *Merkelland – wohin führt die Kanzlerin?* (2006).

Mainhardt Graf von Nayhauß-Cormons, geb. am 1. Juli 1926 in Berlin, ist Kolumnist der Illustrierten *Bunte* und der *Bild*-Zeitung. Zuvor war er Korrespondent verschiedener Tages- und Wochenzeitungen (*Der Spiegel, Stern, Bunte, Die Welt, Welt am Sonntag, Wirtschaftswoche, Bild am Sonntag*) und ist Autor mehrerer Bücher, u. a.»Die Geheimnisse der Kanzlerreisen – Unterwegs mit der Macht« (2007).

Thomas Rietig, geb. am 5. Juni 1952 in Minden, ist langjähriger Leiter des Hauptstadtbüros und stellvertretender Chefredakteur der Nachrichtenagentur Associated Press (AP). Rietig volontierte und arbeitete bei der *Frankfurter Neuen Presse* und ist seit 1984 bei AP tätig.

Holger Schmale, geb. 22. August 1953 in Hamburg, ist Leiter des Bundesbüros der *Berliner Zeitung*. Er arbeitete für die Deutsche Presse-Agentur (dpa) in West- und Ost-Berlin, im dpa-Bundesbüro in Bonn und als Korrespondent in Washington, bis er 2001 als politischer Korrespondent zur *Berliner Zeitung* wechselte.

Christoph Schmitz, geb. am 26. Oktober 1965 in Kevelaer am Niederrhein, ist seit Herbst 2009 Leiter der Pressestelle der Dienstleistungsgewerkschaft ver.di. Er war zum Zeitpunkt des Interviews Leiter der Pressestelle der Bundestagsfraktion Bündnis 90/ Die Grünen. Zuvor war er als Korrespondent im Parlamentsbüro der *Rheinischen Post* und im Hauptstadtbüro der *Bild*-Zeitung tätig.

Christoph Schwennicke, geb. am 20. März 1966 in Bonn, arbeitet als Reporter im Hauptstadtbüro des *Spiegels*. Zuvor war er Korrespondent der *Süddeutschen Zeitung* in Bonn, Berlin und London. Schwennicke ist Preisträger des Theodor-Wolff-Preises.

Michael H. Spreng, geb. am 10. Juli 1948 in Darmstadt, ist Gesellschafter des Mediendienstes DWDL.de. und schreibt in seinem Blog sprengsatz.de über politische Themen. Spreng war u. a. Chefredakteur der *Bild am Sonntag* in Hamburg, Kolumnist des *Hamburger Abendblatts* und 2002 Wahlkampfberater des CDU/CSU-Kanzlerkandidaten Edmund Stoiber. 2004 beriet er außerdem den nordrhein-westfälischen Ministerpräsidenten und CDU-Landeschef Jürgen Rüttgers im Landtagswahlkampf.

Dr. Thomas Steg, geb. 6. Mai 1960 in Braunschweig, war zuletzt Medienberater des SDP-Kanzlerkandidaten Frank-Walter Steinmeier in dessen Wahlkampfteam. Zuvor war Steg stellvertretender Sprecher der Bundesregierung und seit 2005 stellvertretender Leiter des Presse- und Informationsamtes der Bundesregierung. Steg arbeitete u. a. als Pressesprecher der SPD-Fraktion im niedersächsischen Landtag und als stellvertretender Leiter des Kanzlerbüros im Bundeskanzleramt.

Severin Weiland, geb. am 24. November 1963 in Wilhelmshaven, ist seit 2004 stellvertretender Leiter des Berliner Büros von *Spiegel Online.* Zuvor arbeitete Weiland u. a. als bundespolitischer Korrespondent im Hauptstadtbüro der *taz* und ist Autor des 2001 erschienenen Krimis *Santiago.*

Dr. Thomas Wittke, geb. am 16. Juli 1953 in Nienburg an der Weser, leitet das Berliner Hauptstadtbüro des *Bonner General-Anzeigers* und ist im Vorstand der Bundespressekonferenz. Wittke begann seine Laufbahn beim *General-Anzeiger* in der Lokal-Redaktion, wechselte 1984 in das politische Ressort und trat 1989 in das Bonner Korrespondentenbüro ein.

Dieter Wonka, geb. 15. Mai 1954 in Kaufbeuren, ist Politikchef und Büroleiter der *Leipziger Volkszeitung* in Berlin. Zuvor arbeitete Wonka u. a. für die *Neue Presse* in Hannover und Bonn und anschließend für den *Stern.*

Register

2+Leif 127, 261,
60 Minutes 107
Adenauer, Konrad 181
Adler, Sabine 50, 62, 71, 139, 168, 289
Afghanistan 140
AFP 190
Agenda-Setting 36, 58, 65, 67, 75–77, 83, 87, 90, 101 f., 123–125, 216, 261, 284
Ahlrichs, Domenika 276
Alphajournalisten 14, 20, 31, 39–63, 57, 160, 248, 262, 268
Alterman, Eric 21
Amend, Christoph 25
Anda, Bela 86
Arbeitsgemeinschaft Fernsehforschung (AGF) 219
ARD 22, 65, 127, 143, 149, 175, 219, 262 f., 275, 278
Associated Press (AP) 66, 67–69, 190, 263
Augstein, Jakob 116, 244
Augstein, Rudolf 248
Aust, Stefan 127
Autorisierungsprinzip 191–196, 263
Axel Springer Verlag 25–29, 76, 102, 153 f., 185, 190, 263–265, 285 f.

B. Z. 26–28, 49, 251 f. 264
Bannas, Günter 63, 80, 88, 106, 124, 132, 146, 168 f., 175, 185, 289
Bartels, Hans-Peter 21
Basic, Robert 56
Baumann, Marc 177
Beck, Kurt 90, 99, 163–166, 174 f.
Beckedahl, Markus 56 f., 111 f., 246, 280

Berater 10, 16 f., 92, 112, 133, 135, 147–149, 153–155, 187, 189, 192, 194, 221 f., 224, 283
Berger, Jens 112
Berliner Republik 20–23, 25, 29–31, 34, 40, 53, 143, 159, 172, 264
Berliner Seiten 31 f., 252, 264
Berliner Verlag 233, 264
Berliner Zeitung 23–26, 32, 83 f., 103, 193, 234, 264 f.
Berlin-Mitte 11, 33, 45, 57, 60, 80 f., 129, 155, 201, 232, 237, 271
Bernstein, Carl 160 f.
Bethge, Iris 289
Bialecki, Martin 69 f., 73, 81, 91, 123, 144, 176, 179, 181, 198, 238, 289
Bild 22, 26–28, 49, 65, 79, 83, 85, 87, 90–93, 95 f., 100, 117, 169, 188, 209, 238, 251 f., 263–265
Bild am Sonntag (BamS) 96, 98, 251, 264 f.
»*Bild, BamS*, Glotze« 22, 190, 265
Bildblog 58, 107, 265
Bissinger, Manfred 54, 56, 244
Blackberry 135, 137, 265
Blog 53 f., 56, 58, 66, 103–112, 246–247, 254 f., 266, 268
Blogosphäre 106, 109, 118, 247, 254, 266
Blumencron, Mathias Müller von 283
Böhme, Erich 23, 124
Boulevardisierung 14, 36 f., 90–100, 135, 210, 238
Boyes, Roger 27 f., 106, 153 f., 194–196, 290
Brandt, Willy 78, 99, 167
Bremer, Heiner 127

Broder, Henryk M. 24, 40
Brück, Fred 17f.
Bruns, Tissy 33–35, 45f., 48f., 53, 62,
 82, 98, 167f., 178f., 201, 205, 218, 221,
 290
Büchner, Wolfgang 269
Buddy-Journalismus 90, 267
Bundespressekonferenz (BPK) 9, 33,
 38, 45, 75, 133, 156f., 216, 227, 250,
 253, 256f., 267
Bunte 65, 90, 92–99, 163, 238, 254
Bunz, Mercedes 43
Burchill, Julie 279
Bürgerjournalismus/Bürgerjourna-
 listen 58, 118
Buschheuer, Else 116
Bush, George W. 107

Café Einstein Unter den Linden 33,
 49, 60, 181, 267
Campbell, Alastair 148
Carstens, Peter 86
Casdorff, Claus Hinrich 275
Casdorff, Stephan-Andreas 284
CDU 27, 86, 95, 97, 100, 128, 137, 142,
 149, 157, 164, 176
Chef vom Dienst (CvD) 157, 268
Christiansen, Sabine 125–128, 281
Citizen Journalism 227
Clinton, Hillary 194
Closed-Shop-Prinzip 33, 169, 206, 268
CNN 74, 117, 118
Cohen, Bernard C. 261
Crowdsourcing 242

Das Duell 127
Déformation Professionelle 39, 45, 89,
 269
Deppendorf, Ulrich 59, 62, 80, 95,
 140, 155f., 175, 178, 186, 190, 290
Deprofessionalisierung 171
Deutsche Presse Agentur (dpa) 66, 70,
 167, 190, 240, 269

Deutscher Bundestag 9, 15–17, 20f.,
 29f., 36, 86, 93, 98, 101, 127, 133, 137,
 152, 162, 178, 216, 218, 225, 229, 258
Deutscher Depeschendienst (ddp) 66,
 190
Deutscher Journalisten-Verband
 (DJV) 118, 255
Deutschlandfunk 65, 269
Di Lorenzo, Giovanni 24f., 40, 54, 287
Die Meute 17–20, 51, 76, 275
Diedrichsen, Diedrich 24
Diekmann, Kai 27f., 40, 54, 56, 100
Diepgen, Eberhard 27
Dietl, Helmut 60
Digitalisierung 35f., 43, 57, 66, 74, 82,
 106–108, 117–119, 121, 136, 143,
 157f., 241–245
D'Inka, Werner 270
Ditz, Rüdiger 282
Don Alphonso 56f.
Donnermeyer, Michael 80, 138,
 151f., 154, 290
Donsbach, Wolfgang 209–211
Döpfner, Mathias 25f., 154, 190
Dracula-Journalismus 88
Dreier, Horst 100
DuMont Schauberg Verlag 103, 234
Dürr, Tobias 21
Duzen 155, 177–179, 237

Ehmke, Horst 99f.
Elitz, Ernst 231
Emundts, Corinna 170f., 290
EnBW 150f.
Engelke, Anke 221
Erpressung 99

Fastfoodjournalismus 230
FDP 24, 73, 95, 138, 149, 181
Fehrle, Brigitte 59, 96f., 131, 195, 291
Feldmeyer, Karl 175, 176f., 184, 291
Financial Times Deutschland 98, 193
Fischer, Gus 28

Fischer, Joschka 145, 173, 183 f., 215
Fisher, Marc 113
Flamm, Stefanie 31
Focus 55, 100, 102, 117, 130, 193, 209, 270
Focus Online 118, 209, 270
Frankfurter Allgemeine Sonntagszeitung (FAS) 108, 242, 270
Frankfurter Allgemeine Zeitung (FAZ) 22, 23, 25, 30 f., 32, 40, 52, 55, 65 ,83 f., 86−88, 174, 193, 198, 209, 270
Frankfurter Rundschau 22, 32, 103, 193, 234, 271
Frey, Peter 80, 98 f., 106, 114, 124, 126, 129, 131, 178, 291
Friebe, Holm 57
Fried, Nico 89, 107, 126, 127, 130, 139, 167 f., 173, 178 f., 191, 291
Friede-Springer-Connection 153 f.
Friedman, Michel 127
Friedrich-Ebert-Stiftung 51, 149
Friedrichs, Hanns-Joachim 248
Fritzenkötter, Andreas 189
Frontal 21 123

Gabriel, Sigmar 21, 102, 157
Gafron, Georg 26
Gala 65, 95 f.
Gaus, Bettina 55
Gaus, Günter 248
Gebauer, Matthias 57
Geese, Stefan 219
Geissler, Holger 207−209
Gelbe Karte 167, 180
General-Anzeiger 84, 197, 266
Geschwindigkeit (Beschleunigung/Entschleunigung) 15, 35, 68−71, 74, 82, 88, 156, 231−233
Glaser, Peter 43, 55
Glos, Michael 217
Glotz, Peter 51
Goldener Prometheus 155, 271
Google 106, 230, 271, 286

Grill Royal 33, 60, 181, 271
Große Koalition 41, 52, 72, 128, 144, 157, 192
Grünen, Die 95, 96, 150, 178
Gruner + Jahr 23, 283
Guttenberg, Karl-Theodor zu 95, 143, 217

Haberl, Tobias 177
Hachmeister, Lutz 24, 52 f.
Hamburger Morgenpost 25
Hammelsprung (Zeitschrift) 232
Handelsblatt 41, 55
Hanns-Seidel-Stiftung 149
Häppchenjournalismus (Klein-Klein-Berichterstattung) 80, 143, 229
Harbor News Association 68
Hart aber fair 66, 125, 272
Hartz, Peter 90
Heckel, Margaret 95, 97, 119 f., 195 f., 236, 291
Heil, Hubertus 21
Heinrich-Böll-Stiftung 149
Helios Media 155, 271 f., 279
Hetzel, Rudolf 155
Heye, Uwe-Karsten 35, 167
Hinrichs, Ulrike 78, 147, 292
Hintergrundkreise 36, 49, 133, 159, 161, 167−183, 224, 272
Hofer, Jan 229
Höfer, Werner 124
Hofmann, Gerhard 87, 120−122, 144 f., 174, 178, 218 f., 292
Hofmann, Gunter 75−78, 81, 120, 249, 292
Hogrefe, Jürgen 150, 292
Hohrmann, Helmut 167
Hollywood 194
Holtzbrinck, Stefan von 272
Hombach, Bodo 21
Homestory 90, 94, 96, 273
Homosexualität 15
Huffington Post 135, 255, 273

Huffington, Arianna 135, 273
Hunzinger, Moritz 92

Illies, Florian 31, 43
Illner, Maybrit 40, 56, 98, 125,
  127–129, 275
Initiative Neue Soziale Marktwirt-
  schaft 153
Interaktivität 136, 141, 222, 227, 242 f.
Internationale Frühschoppen, Der 124
IZ Klima 151

Jakobs, Hans-Jürgen 56
Jarvis, Jeff 115
Jauch, Günter 221
Joffe, Josef 54, 56, 104
Jörges, Hans-Ulrich 40–42, 56, 60 f.,
  104, 131
Journalistenausbildung (Absolventen/
  Hochschulen) 78, 247–249
Jürgs, Michael 56, 244

Kampagne 10, 27, 100–102, 136, 148,
  229, 274, 279
Kanzlerreisen 146, 187–191, 274
Kauder, Volker 142
Keller, Bill 277
Kennzeichen D 292
Kepplinger, Hans Mathias 216 f.
Kilz, Hans Werner 29 f., 283
Kir Royal 60
Kirch, Leo 28
Kleber, Claus 56
Kloeppel, Peter 56
Koch, Roland 164
Koelbl, Herlinde 17 f.
Koeppen, Wolfgang 204–206
Kohl, Helmut 27, 183–185, 188 f.
Kohler, Berthold 270
Köhler, Horst 9 f., 227
Kollegenorientierung 66, 89 f.
Kölner Stadt-Anzeiger 24, 103, 193
Kommunikationsblase 147, 237

König, Jens 142, 157, 167, 170, 183, 293
Konken, Michael 119
Konrad-Adenauer-Stiftung 149, 172
Köppel, Roger 55
Kornelius, Stefan 161
Kracauer, Siegfried 232
Kracht, Christian 43
Krise 11, 32, 34, 48, 54, 57, 63, 73, 80,
  103, 120, 129, 155, 210, 212, 233
Kröter, Thomas 42, 80, 89, 155, 179 f.,
  293
Krumrey, Henning 87, 102, 114, 193,
  293
Kuhn, Fritz 96
Kühn, Lars 99, 169, 293
Küppersbusch, Friedrich 131, 229
Kutcher, Ashton 117
Kuttner, Sarah 229

Lafontaine, Oskar 93, 127, 215
Larass, Claus 27 f., 252
Lauterbach, Karl 61
Leif, Thomas 11, 55 f., 127, 180, 261
Leinemann, Jürgen 134
Leipziger Volkszeitung 83, 199
Leitmedium/Leitmedien 44, 49, 55,
  65, 84, 87, 91, 102, 121 f., 152, 181,
  197 f., 230, 246, 274, 283
Lerer, Kenneth 273
Leyen, Ursula von der 95, 157
Leyendecker, Hans 56, 160 f., 244
Lietz, Carsten 77 f., 294
Lobbyismus 10, 17, 45, 133, 149–153,
  222 f., 230, 274
Lobo, Sascha 43, 57, 116 f., 244, 246
Logemann, Alexander 17
Lübberding, Frank 112

Maier, Michael 23 f.
Maischberger, Sandra 40, 229
Malik, Maja 44
»Malvolio-Symptom« 177
Markwort, Helmut 54, 130, 270

Maroldt, Lorenz 284
Martenstein, Harald 24
Mascolo, Georg 283
Mediastorm 231
Medienbrötler 48–50
Medienereignis 47, 70, 74, 269, 276
Medienkanzler(in) 22, 55, 185 f.
Meng, Richard 61 f., 75, 78, 82, 87, 98,
101, 154, 166–168, 171, 174, 180, 186,
190, 294
Merkel, Angela 95, 138–144, 146, 154,
158, 168, 181, 185–187, 189–191
Meyer, Rainer 56 f.
Meyer, Thomas 51 f.
Mika, Bascha 284
Mikich, Sonia 55, 275
Mitteldeutsche Zeitung 103
Monitor 123, 149, 275
Müller, Albrecht 112
Multitasking 119
Müntefering, Franz 93, 94 f., 99, 142,
168
Mützel, Sophie 20, 31 f.
MySpace 136, 276, 283

N24 127
Nähe-Distanz-Problem 11, 19, 134,
159, 177–179, 183–187
Nannen, Henri 124, 248, 283
Naumann, Michael 163 f.
Nayhauß-Cormons, Mainhardt Graf
von 95, 99 f., 110, 124, 127, 163,
181 f., 187 f., 247, 294
Netzbürger 222
Netzeitung 110, 276
netzpolitik.org 58, 111, 246, 280
Neue Gesellschaft/Frankfurter Hefte 51
Neven DuMont, Konstantin 234
New York Times 23, 113, 277
Nickel, Eckhart 31
Niggemeier, Stefan 56, 108, 234, 242,
244, 246, 254
Noelle-Neumann, Elisabeth 282

Nolte, Paul 21
Non-Governmental-Institution
(NGO) 16, 277
Nonnenmacher, Günther 270
n-tv 74, 127

Obama, Barack 135 f., 141
Obermann, René 99
Öffentlichkeitsarbeit/Public Rela-
tions 17, 92, 122, 134, 143, 147–149,
153, 159–163, 170, 182 f., 193, 198,
210, 212, 224, 230, 277, 279 f.
Online first 76, 120, 277
Osterkorn, Thomas 283
Özdemir, Cem 95

Panorama 123, 278
Parsons, Tony 279
Passauer Neue Presse 165
Peters, Jan-Eric 285 f.
Petzold, Andreas 283
Phillips, Macon 136
Plasberg, Frank 40, 56, 125, 127–129,
272
Platzeck, Matthias 21
Podcast 119, 138 f., 278
Politainment 141, 278
Politico 236
Politikaward 155, 156, 279
Politik-digital.de 229
Politische Kommunikation 11, 15–17,
37 f., 54 f., 59, 67 f., 139, 144, 148, 166,
175, 195, 199, 216, 223, 246, 248, 250,
279
Pornographie 238
Power, Samantha 194
Prantl, Heribert 56
Pressesprecher 133 f., 144, 147, 154 f.,
172, 182, 199, 206
Privatheit 10, 36, 49, 55, 91–100, 122,
162, 225, 238, 278 f.

Quiring, Holger 167

Rather, Dan 107
Rau, Johannes 175 f.
Raumschiff Bonn 31, 33
Realitätsverlust 11, 202, 205, 217
Recherche 11, 36–38, 47, 72 f., 75, 78,
82, 93 f., 109, 156–162, 172, 174,
182 f., 192, 198 f., 208, 211, 224, 228,
230 f., 238, 242, 280 f.
Regierungskommunikation 135–158,
280
Reichstag 95
Reimann, Carola 21
Reinecke, Stefan 34
Reitz, Ulrich 55
Reschke, Anja 278
Restaurant Borchardt 15, 30, 33, 49,
181, 266
Reuters 66, 77, 190
RIAS 167
Richter, Jürgen 27 f.
Riehl-Heyse, Herbert 24
Riekel, Patricia 94
Riepl, Wolfgang 280
Riepl'sches Gesetz 120, 280
Rietig, Thomas 68 f., 126, 145, 189 f.,
294
Rinke, Moritz 24
Röbel, Udo 28
Röhrig, Johannes 93
Rosa-Luxemburg-Stiftung 149
Rosen, Jay 110
Rösler, Philipp 95
Rötzer, Florian 55
RTL 98, 219, 281
Rusbridger, Alan 271

Salden, Julia 180
Sapolsky, Robert M. 46 f.
Sat.1 17 f., 127, 219, 281
Sauer, Sabine 10
Schäfer, Gümbel, Thorsten 137
Schäferkordt, Anke 281
Scharping, Rudolph 90, 92, 142

Schäuble, Wolfgang 90, 168
Schirra, Bruno 268
Schirrmacher, Frank 31, 40, 270
Schmale, Holger 73, 115, 131, 145, 186,
196, 294
Schmidt, Helmut 5, 187
Schmidt, Ursula 162, 170
Schmitz, Christoph 79, 82, 154, 295
Schneider, Carsten 21
Scholl, Armin 44
Scholz, Olaf 193
Schröder, Gerhard 21 f., 41, 86, 95, 97,
142, 183–188, 190
Schumacher, Hajo 127
Schumann, Michelle 93
Schwab-Felisch, Hans 176
Schwarz, Patrik 34
Schwennicke, Christoph 63, 85, 100 f.,
139, 168, 174, 177, 180, 185 f., 218, 295
Schweriner Volkszeitung 165
Scotsman, The 194
Seehofer, Horst 90 f., 93, 95, 100, 171
Seidl, Claudius 56
Senat, Berliner 75
Sender-Empfänger-Modell 141, 222
Shakespeare, William 176 f.
Simonis, Heide 96
Sixtus, Mario 43
Slangen, Christoph 165 f., 174
Slow Media 231–233, 259
Smartphones 144, 233
SMS 96, 136, 144–146, 282
SPD 20–22, 51, 61, 86, 90, 95, 99,
127 f., 137, 157, 163–167, 193, 205, 264
Spiegel Online 36, 57, 65, 85–88, 98,
117, 169, 236, 282
Spiegel, Der 34, 41, 55, 65, 83, 85, 102,
104, 106, 124, 127, 174, 188, 192, 209,
270, 282 f.
Spiegelblog 107
Spiegelfechter 112
Spin Doctors 45, 134, 222, 283

Spreng, Michael H.   96, 112, 123, 128, 139 f., 146, 148 f., 154, 178, 184 f., 197, 217, 295
sprengsatz   112, 295
Springer, Axel   285 f.
Springer, Friede   154
Steg, Thomas   42, 60 f., 72, 74, 78, 140 f., 171, 295
Steinbrück, Peer   21, 168
Steingart, Gabor   41
Steinmeier, Frank-Walter   21 f., 138, 142, 168, 225
Steltzner, Holger   270
Stern   40–42, 55, 65, 93, 98, 104, 124, 131, 188, 199, 209, 283
Stoiber, Edmund   148, 197
Strafe-Belohnungs-System (auch Zuckerbrot und Peitsche)   183, 196
Strauß, Franz Josef   215
Strobl, Thomas   112
Strunz, Claus   54, 127
Studio Friedman   127
StudiVZ   135, 137, 220, 283
Süddeutsche Zeitung (SZ)   22–25, 29 f., 32, 52, 55, 65, 83 f., 89, 106 f., 160 f., 174, 193, 198, 209, 244, 283
Sulzberger jr., Arthur O.   277
Super Illu   96
Super!   26
Superwahljahr   113, 153
Süskind, Martin E.   24

Tagesschau   73 f., 262
Tagesspiegel, Der   24–26, 32 f., 83 f., 193, 215, 272, 284
Tagesthemen   74, 125
tageszeitung (taz)   19, 28 f., 34, 65, 178, 193, 251 f., 284
Talk im Turm   124
Talking Heads   40, 77, 284
Talking Points Memo   236

Talkshow   65, 66, 124–132, 261 f., 272, 275, 281, 284
Talkshowisierung   126
Telekratie   125
Thierse, Wolfgang   126
Thomsen, Frank   56
Tiefensee, Wolfgang   21
Tietje, Hans-Hermann   127
Tillack, Hans-Martin   93
Treibhaus   19, 203–205, 215
Trotha, Malte von   269
Twitter   66, 103, 116–119, 137, 220, 233, 242, 255, 285

Ulrich, Bernd   41
Uslar, Moritz von   31

Verheugen, Günter   100
Verschwörungstheorien   10, 151, 180, 194
Vierte Gewalt   45, 59, 61, 159, 210, 214, 285
Virilio, Paul   74 f.
Vodcast   138–140, 157
Vogt, Ute   21
Volkery, Carsten   86
Vorkötter, Uwe   265
Vorwärts   21, 167

Wagenknecht, Sahra   93
Wagner, Franz Josef   26, 40, 247, 251 f.
Wahlkampf   9, 67, 86, 98, 114, 134 f., 137 f., 141, 143, 148, 162 f., 194, 197, 229, 255, 262, 279
Waigel, Theo   94
Walz, Udo   60
Washington Post   84, 113, 160, 231
Web 2.0   56 f., 246, 280, 283
Weber, Max   213
Wedel, Dieter   60
Wegner, Jochen   56
Wehner, Herbert   78

Weiland, Severin   86f., 89, 97, 143, 178, 296
Weimer, Wolfram   25, 40, 268, 270
Weischenberg, Siegfried   44f., 212f.
Welker, Martin   207–209
Welt, Die   25, 193, 209, 263, 285
Westerwelle, Guido   127, 138, 181
Wettbewerbszwänge   11, 13, 67
White House Press   199
Wikipedia   143, 230, 286
Wilhelm, falscher   143
Wilhelm, Ulrich   189
Will, Anne   40, 125, 127–129, 262
Winer, Dave   105
Winkler, Heinrich August   21
Wittke, Thomas   88, 148, 157, 161, 178, 186, 190, 197f., 296

Wohnzimmerkreis   167f.
Wonka, Dieter 83, 94, 160f., 186, 199f., 296
Woodward, Bob   160f.
Wowereit, Klaus   15, 92, 125, 263
Wulff, Christian   96f.

YouTube   136f., 229, 242, 255, 286
Ypsilanti, Andrea   164f.

Zapp Medienmagazin   163, 240
ZDF   22, 65, 78, 114, 127, 129, 143, 219, 221, 275, 278, 286
Zeit, Die   40f., 65, 209, 272, 287
Zubayr, Camille   219f.